普通高等院校"十三五"

管理统计学实验教程

主　编　宋冬梅
副主编　崔琳琳

配套资源申请

南京大学出版社

图书在版编目(CIP)数据

管理统计学实验教程 / 宋冬梅主编. — 南京：南京大学出版社，2017.2(2018.1重印)

普通高等院校"十三五"规划教材·工商管理类

ISBN 978-7-305-18259-4

Ⅰ.①管… Ⅱ.①宋… Ⅲ.①经济统计学 Ⅳ.①F222

中国版本图书馆 CIP 数据核字(2017)第 013947 号

出版发行	南京大学出版社
社　　址	南京市汉口路 22 号　　邮　编　210093
出 版 人	金鑫荣
丛 书 名	普通高等院校"十三五"规划教材·工商管理类
书　　名	管理统计学实验教程
主　　编	宋冬梅
责任编辑	武　坦　尤　佳　　编辑热线　025-83597482
照　　排	南京南琳图文制作有限公司
印　　刷	常州市武进第三印刷有限公司
开　　本	787×1092　1/16　印张 14.25　字数 356 千
版　　次	2017 年 2 月第 1 版　2018 年 1 月第 2 次印刷
ISBN	978-7-305-18259-4
定　　价	32.00 元

网　址：http://www.njupco.com
官方微博：http://weibo.com/njupco
微信服务号：njuyuexue
销售咨询热线：(025) 83594756

* 版权所有，侵权必究

* 凡购买南大版图书，如有印装质量问题，请与所购
　图书销售部门联系调换

前　言

　　本书共分为14章35个实验，融合了Excel、SPSS在统计分析中的应用，一个是基础篇，另一个是提高篇。基础篇紧扣Excel 2007在统计分析中的应用，相对应的基础知识理论较少，重点放在典型案例和综合实战。提高篇是基于SPSS 22.0中文版进行编写的，以统计分析的实际应用为主线，在对主要统计分析方法的基本概念和统计学原理进行简明介绍的基础上，以实例为载体对SPSS 22.0中各种分析方法的操作过程进行了清晰说明。

　　本书主要特点：一是由浅入深、循序渐进；二是图文并茂，直观形象；三是兼顾统计原理与Excel、SPSS软件操作应用，对其原理和适用条件作了较详细说明；四是每类统计分析给出具体实例以及软件操作应用，并对输出结果做了详细的分析，章后配备了思考与练习。

　　本书由宋冬梅担任主编，崔琳琳担任副主编。宋冬梅负责第6章至第14章的编写；崔琳琳负责第1章至第5章的编写。宋冬梅负责本书的统稿和最后定稿工作。

　　统计分析原理和Excel、SPSS软件的操作涉及很多基本原理、方法，因此在本书的编写过程中参阅较多国内外已经出版的相关著作（详见参考文献）。在此，谨向这些著作的作者表示衷心的感谢。

　　盐城工学院、南京大学出版社对本书的立项和出版给予支持和帮助，在此表示衷心的感谢！

　　由于编者水平有限，书中错误、疏漏之处在所难免，敬请广大读者、同仁批评指正。欢迎读者通过电子邮箱sdmsds@163.com与我们联系。

编　者
2017年1月

目　录

第一部分　基础篇

第 1 章　Excel 统计分析功能概述　1

1.1　Excel 的界面　1
1.2　Excel 中的统计函数及功能　2
1.3　数据分析子菜单的加载及功能　4
【本章小结】　6

第 2 章　统计数据的整理　7

实验一　分布数列的编制　7
实验二　统计图的绘制　11
【本章小结】　17
【思考与练习】　17

第 3 章　统计数据特征的描述　18

实验一　原始数据特征的描述　18
实验二　分布数列特征的描述　21
【本章小结】　22
【思考与练习】　22

第 4 章　相关分析和回归分析　24

实验一　相关分析　24
实验二　回归分析　28
【本章小结】　31
【思考与练习】　32

第 5 章　时间序列分析　33

实验一　时间序列分析指标的计算　33

实验二　时间序列的长期趋势分析 ·· 36
【本章小结】 ·· 39
【思考与练习】 ··· 39

第二部分　提高篇

第 6 章　SPSS 统计分析软件概述 　41

1.1　SPSS 的界面 ··· 41
1.2　利用 SPSS 进行数据分析的步骤 ··· 45
【本章小结】 ·· 46

第 7 章　SPSS 数据文件的建立与预处理 　47

实验一　建立数据文件 ··· 47
实验二　数据文件的编辑 ··· 54
实验三　SPSS 数据加工 ··· 61
【本章小结】 ·· 67
【思考与练习】 ··· 68

第 8 章　统计图形的制作与编辑 　69

实验一　条形图及其制作 ··· 69
实验二　直方图及其制作 ··· 74
【本章小结】 ·· 78
【思考与练习】 ··· 78

第 9 章　描述性统计分析 　79

实验一　频数分析 ··· 79
实验二　描述性分析 ··· 85
实验三　探索性分析 ··· 88
实验四　交叉列联表分析 ··· 96
【本章小结】 ·· 102
【思考与练习】 ··· 102

第 10 章　假设检验 　103

实验一　单样本 T 检验 ·· 103
实验二　两独立样本 T 检验 ·· 106
实验三　两配对样本 T 检验 ·· 109

【本章小结】 ··· 111
　　【思考与练习】 ··· 112

第 11 章　方差分析　113

　　实验一　单因素方差分析 ··· 113
　　实验二　多因素方差分析 ··· 120
　　实验三　协方差分析 ·· 129
　　【本章小结】 ··· 134
　　【思考与练习】 ··· 134

第 12 章　相关分析和回归分析　136

　　实验一　相关分析 ··· 136
　　实验二　偏相关分析 ·· 140
　　实验三　一元线性回归分析 ·· 142
　　实验四　多元线性回归分析 ·· 151
　　实验五　曲线估计 ··· 158
　　实验六　二元 Logistic 回归分析 ··· 162
　　【本章小结】 ··· 170
　　【思考与练习】 ··· 170

第 13 章　聚类分析和判别分析　172

　　实验一　两步聚类 ··· 172
　　实验二　K 平均值聚类 ··· 177
　　实验三　系统聚类 ··· 182
　　实验四　判别分析 ··· 188
　　【本章小结】 ··· 194
　　【思考与练习】 ··· 195

第 14 章　主成分分析和因子分析　196

　　实验一　主成分分析 ·· 196
　　实验二　因子分析 ··· 206
　　【本章小结】 ··· 216
　　【思考与练习】 ··· 216

参考文献　217

第一部分 基础篇

第1章 Excel 统计分析功能概述

微软公司的 Excel 是一个快速制表、将数据图表化以及进行数据分析和管理的工具软件包。在当今众多的电子表格软件中，Excel 以其先进的技术、强大的功能、良好的可操作性、简单易用，赢得了用户的广泛认可。Excel 可以管理、组织纷繁复杂的数据，对数据进行分析处理，并能以图表形式给出分析结果。尤其重要的是，Excel 提供了超强的统计分析程序，以分析工具库和统计函数的形式来提供统计分析功能，范围涵盖了最基本的统计分析。Excel 在管理统计学中的应用主要体现在三个方面：一是借助 Excel 中的统计函数实现统计分析指标的计算；二是借助 Excel 加载宏中的分析工具库提供的数据分析功能实现统计数据整理及分析；三是借助 Excel 插入菜单中的图表实现统计图的绘制以及借助单元格的公式编辑计算功能实现统计分析指标的计算等。本章就 Excel 中统计函数的表达式、统计分析功能以及如何加载数据分析、使用数据分析工具进行简要介绍。

1.1 Excel 的界面

现以 Excel 2007 为例，启动 Excel 后可看到它的主界面。Excel 2007 的界面包括：标题栏、快速访问工具栏、菜单选项卡、功能区、工作表等（见图1-1）。Excel 的统计分析功能主要分布在"插入"、"公式"、"数据"等菜单选项卡中。

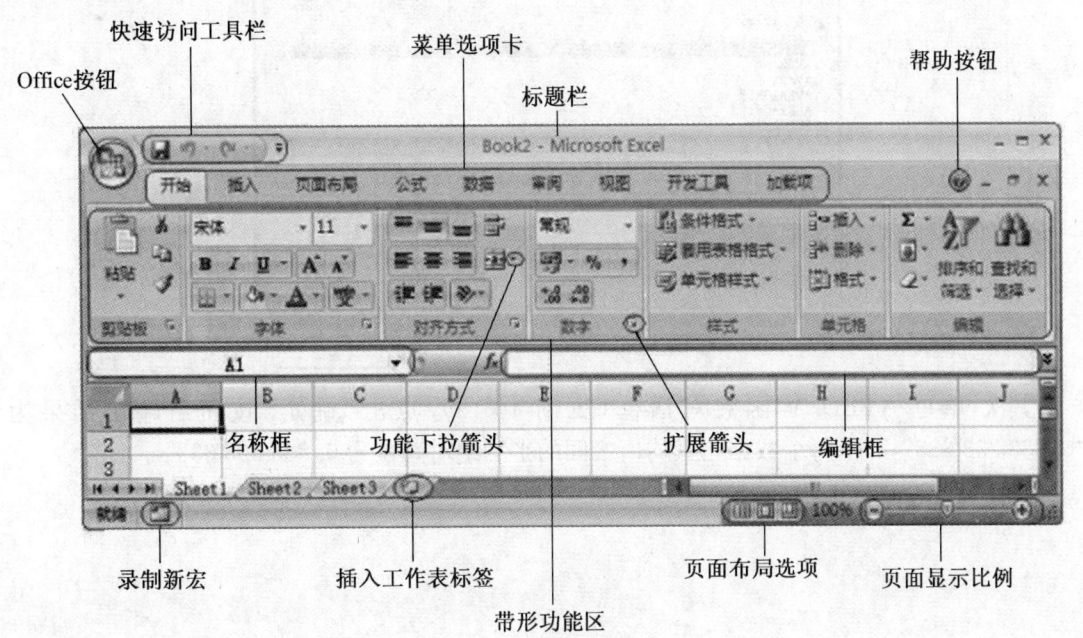

图1-1 Excel 2007 的界面

1.2 Excel 中的统计函数及功能

1. 统计函数表达式及功能

Excel 中的统计函数共有 80 个(详见前言二维码中学习资料"Excel 统计函数"),现以"公式"菜单下"插入函数"子菜单中的统计函数中的第一个"AVEDEV"为例,说明其表达式、功能及应用如下:

AVEDEV 函数用途:返回一组数据与其平均值的绝对偏差的平均值,该函数可以评测数据的离散度。

语法:AVEDEV(number1,number2,…)。

参数:Number1、number2、… 是用于计算绝对偏差平均值的一组参数,参数的个数可以有 1 到 255 个,可以用单一数组(即对数组区域的引用)代替用逗号分隔的参数。

说明:输入数据所使用的计量单位将会影响函数 AVEDEV 的计算结果。参数必须是数字或者包含数字的名称、数组或引用。逻辑值和直接键入到参数列表中代表数字的文本被计算在内。如果数组或引用参数包含文本、逻辑值或空白单元格,则这些值将被忽略;但包含零值的单元格将计算在内。

平均偏差的公式为: $\dfrac{1}{n}\sum |x-\bar{x}|$

例如,在工作表 A1～A6 单元格分别输入 4、5、6、5、4、3 六个数据,使用 AVEDEV 函数计算其平均偏差。首先,点击"公式"菜单下"插入函数"子菜单,选择统计函数,选择"AVEDEV"(见图 1-2)。

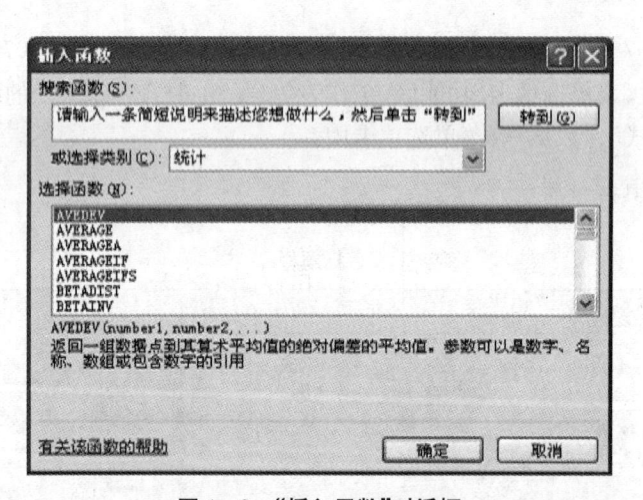

图 1-2 "插入函数"对话框

其次,填写 AVEDEV 函数对话框(见图 1-3),点击"确定"按钮后输出结果为 "0.833 333 333",表示每个数据与其均值之间的平均绝对离差为 0.833 333 333。

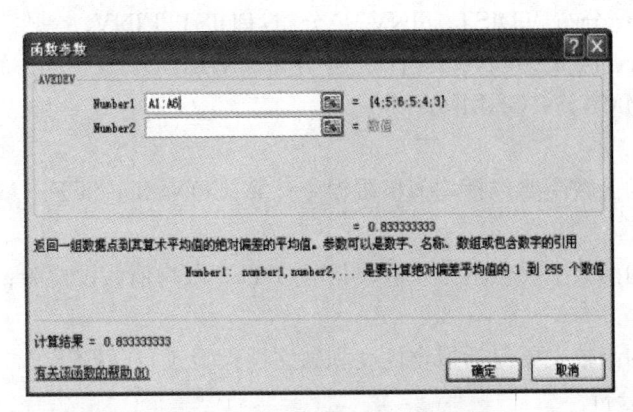

图 1-3 "AVEDEV 函数"对话框

其他统计函数的表达式、用途、语法等参见学习资料:Excel 统计函数。

2. 统计函数的统计分析功能

概括起来,Excel 中的统计函数的统计分析功能主要体现在以下几方面:

(1) 频数分布处理。

用于频数分布处理的函数主要有:COUNTIF、FREQUENCY。

(2) 计算描述统计量。

① 集中趋势计算。

用于集中趋势计算的函数主要有算术平均数:AVERAGE、AVERAGEA;几何平均数:GEOMEAN;调和平均数:HARMEAN;中位数:MEDIAN;众数:MODE;四分位数:QUARTILE;K 百分比数值点:PERCENTILE;内部平均值:TRIMMEAN。

② 离散程度计算。

用于离散程度计算分析的函数主要有平均差:AVEDEV;样本标准差:STDEVA、STDEV;总体的标准偏差:STDEVP、STDEVPA;样本方差:VAR、VARA;总体方差:VARP、VARPA;样本偏差平方和:DEVSQ。

③ 数据分布形态的描述计算。

用于数据分布形态的描述计算的函数主要有偏斜度:SKEW;峰度:KURT;标准化值 z:STANDARDIZE。

④ 数值计算。

数值计算的函数主要包括计数:COUNT、COUNTA;极值:MAX、MAXA、MIN、MINA、LARGE、SMALL;排序:RANK、PERCENTRANK。

(3) 概率计算。

① 离散分布概率计算。

用于离散分布概率计算的函数主要包括排列:PERMUT;概率之和:PROB;二项分布:BINOMDIST、CRITBINOM、NEGBINOMDIS;超几何分布:HYPGEOMDIST;泊松分布:POISSON。

② 连续变量概率计算。

用于连续变量概率计算的函数主要包括正态分布:NORMDIST、NORMINV;标准正态分布:NORMSDIST、NORMSINV;对数正态分布:LOGINV、LOGNORMDIST;卡方分布:

· 3 ·

CHIDIST、CHIINV;t 分布:TDIST、TINV;F 分布:FDIST、FINV;β 概率分布:BETADIST、BETAINV;指数分布:EXPONDIST;韦伯分布:WEIBULL;Γ 分布:GAMMADIST、GAMMAINV、GAMMALN、GAMMALN。

(4) 参数估计。

用于参数估计的函数主要包括均值极限误差计算:CONFIDENCE。

(5) 假设检验。

用于假设检验的函数主要包括方差假设检验:FTEST;均值假设检验:TTEST、ZTEST。

(6) 卡方检验。

用于卡方检验的函数主要包括拟合优度和独立性检验:CHITEST。

(7) 相关、回归分析。

用于相关、回归分析的函数主要包括相关分析:COVAR、CORREL、PEARSON、FISHER、FISHERINV;线性回归分析:FORECAST、RSQ、LINEST、INTERCEPT、SLOPE、STEYX、TREND;曲线回归分析:LOGEST、GROWTH。

1.3 数据分析子菜单的加载及功能

1. 数据分析子菜单的加载

Excel 中如果没有数据分析选项,可以进行加载。

(1) Excel 2003 版本的,可以通过工具菜单中的加载宏加载,可在工具菜单下选择加载宏,在弹出的对话框中选择分析工具库,便可出现数据分析选项,具体步骤为:点击"工具"菜单,选择"加载宏",选中"分析工具库"(打钩)。如果 Excel 2003 组件齐全,就会直接加载,加载后工具菜单下多一个数据分析模块;如果 Excel 2003 组件不全,则需进行光盘安装。

(2) Excel 2007 版本的,可以通过自定义快速访问工具栏加载。点击 Excel 2007 界面最上一行自定义快速访问工具栏(右边的下拉箭头)(见图 1-4)。点击后选择"其他命令",出现 Excel 选项对话框,点击左边选项中的"加载项"后,点击右边的"分析工具库",再点击右下方"确定"按钮,可完成了"数据分析"子菜单的加载(见图 1-5)。

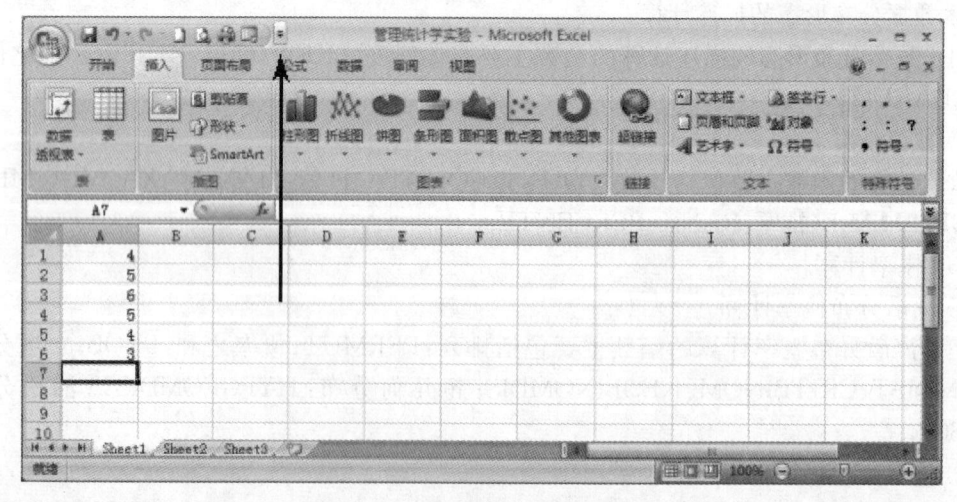

图 1-4 自定义快速访问工具栏

图1-5 "Excel选项"对话框

2. "数据分析"工具的统计分析功能

Excel软件提供了15个数据分析工具,称为"分析工具库"。在进行统计分析时只需为每一个分析工具提供必要的数据和参数,分析工具就会使用适宜的统计函数,在输出表格中显示相应的结果。因此,使用分析工具比使用统计函数更加简便,可节省操作步骤。其中,有些分析工具在生成输出表格时还可以同时生成图表。15个数据分析工具的统计分析功能主要体现为以下几个方面:

(1) 统计绘图、制表。

利用Excel分析工具库中的"直方图"分析工具,可以进行频数分布处理和绘制直方图。

(2) 计算描述统计量。

利用Excel分析工具库中的"描述统计"分析工具,可以计算常用的集中趋势描述、离散程度描述、数据分布特征描述及其他基本统计量。

① 集中趋势描述的指标主要有:平均值、中位数、众数。

② 离散程度描述的指标主要有:极差(全距)、标准误差(相对于平均值)、标准偏差、方差。

③ 数据分布特征描述的指标主要有:峰值、偏斜度。

④ 数值统计的指标主要有:最小值、最大值、总和、总个数。

利用"排位与百分比排位"分析工具,可以产生一个数据列表,在其中罗列给定数据各个数值的大小次序排位和相应的百分比排位,用来分析数据中各数值间的相互位置关系。

(3) 参数估计。

利用"描述统计"分析工具,可以计算正态分布下方差未知的样本均值极限误差,从而实现单一总体均值的区间估计。

(4) 假设检验。

利用F-检验分析工具、t-检验分析工具、z-检验分析工具,可以进行总体均值、方差的假设检验。

① 两个总体均值检验:包括利用"z-检验:双样本平均差检验"分析工具,可以在两总体方差已知时,进行两总体均值的假设检验;利用"t-检验:双样本等方差假设"分析工具,可以在

两正态总体方差未知但相等时,进行两总体均值的假设检验;利用"t-检验:双样本异方差假设"分析工具,可以在两正态总体方差未知且不相等时,进行两总体均值的假设检验;利用"t-检验:成对双样本均值分析"分析工具,可以进行均值的成对检验。

② 两个总体方差检验:利用"F-检验:双样本方差分析"分析工具,可进行两个总体的方差检验。

(5) 方差分析。

利用方差分析工具,可进行单因素和双因素的方差分析。

① 单因素方差分析:利用"单因素方差分析"分析工具,可以对两个以上总体均值的显著性差异进行检验。

② 双因素方差分析:利用"无重复双因素分析"分析工具,可以对两个因素各自对实验结果影响的显著性进行检验;利用"可重复双因素分析"分析工具,可以对两个因素各自对实验结果及两因素交互作用对实验结果影响的显著性进行检验。

(6) 相关分析、回归分析。

利用"相关系数"分析工具和"协方差"分析工具,可以对两个及两个以上变量间的相关关系进行分析计算。利用"回归分析"分析工具,可以建立简单线性回归和多元线性回归模型,并可对模型的有效性进行检验分析。

(7) 时间序列分析。

利用"指数平滑"分析工具,可对时间序列基于前期预测值导出相应的新预测值,进行趋势分析。利用"移动平均"分析工具,可对时间序列数据进行移动平均处理,进行数据的趋势分析。

(8) 抽样。

利用"随机数发生器"分析工具,可以按照用户选定的分布类型,在工作表的特定区域中生成一系列独立随机数。利用"抽样分析"分析工具,可以以输入区域为总体构造总体的一个样本。当总体太大而不能进行处理或绘制时,可以选用具有代表性的样本。如果确认输入区域中的数据是周期性的,还可以对一个周期中特定时间段中的数值进行采样。例如,如果输入区域包含季度销售量数据,以4为周期进行。

(9) 数据变换。

利用"傅里叶分析"分析工具,可以对数据进行快速傅里叶变换和逆变换,变换后的数据用于相关系数检验和分析。

本 章 小 结

1. 了解 Excel 的界面,"公式"菜单中"插入函数"子菜单,理解 Excel 统计函数的含义。
2. 理解 Excel 数据分析子菜单的加载及主要分析工具的统计分析功能。

第 2 章 统计数据的整理

本章主要介绍如何利用 Excel 的"公式"、"插入"、"数据"等菜单中的子菜单"插入函数"、"图表"、"数据分析"等实现统计数据的整理,根据研究需要编制分布数列,同时运用统计图表展示统计分布数列。

实验一 分布数列的编制

【实验目的】

学会对统计数据的整理,并掌握统计分布数列的编制方法。

【实验内容】

【例 2-1】 表 2-1 是某电脑公司某年在 108 个商场的销售量数据。

表 2-1 某电脑公司某年在 108 个商场的销售量数据 (单位:台)

224	186	206	220	218	212	196	191	271
169	200	233	270	212	227	235	238	172
257	202	208	214	221	251	211	192	224
179	253	235	281	222	227	235	182	193
214	202	209	184	223	228	192	193	180
268	204	198	215	223	210	236	194	274
262	216	210	173	214	229	236	196	184
215	205	279	215	224	208	209	235	199
258	280	210	226	284	233	238	197	185
216	206	228	206	224	227	240	271	209
210	252	248	217	246	234	241	198	187
235	206	211	218	226	234	242	198	244

要求:用 Excel 编制分布数列(组距取 20)。参见数据文件:Excel 2-1.xls。

【实验步骤与实验结果】

1. 使用统计函数——COUNTIF 进行汇总

(1) 输入数据(见图 2-1)。

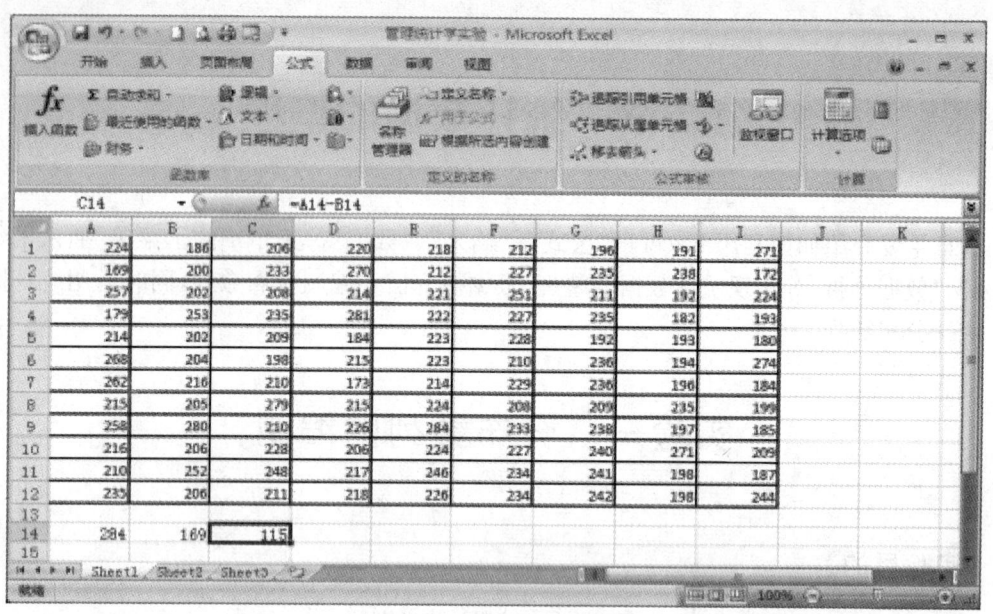

图 2-1 输入原始数据

（2）确定最大值与最小值，利用函数 MAX（见图 2-2）和函数 MIN 函数（见图 2-3）确定，最大值为 284，最小值为 169，全距为 115（＝284－196）。

图 2-2 "MAX 函数"对话框

图 2-3 "MIN 函数"对话框

(3) 确定组数与组距。用户确定,本例组数可定为 7 个组,组距可定为 20。

(4) 确定分组状况。上下组限由用户确定,根据本例数据,可分为以下 7 个组:160~180,180~200,200~220,220~240,240~260,260~280,280~300。

(5) 汇总每组频数(利用统计函数 COUNTIF 汇总)。

将光标移动到输出汇总结果的单元格,点击"插入函数"子菜单,选择类别"统计",在选择函数中找到"COUNTIF",填写"COUNTIF"对话框(见图 2-4),以统计第一组单位数为例,"Range"中输入原始数据区域,本例为 A1:I12,"Criteria"为汇总时的组上限条件区域,第一组为 160~180 之间的,输入"<180",点击"确定"按钮,汇总出第一组频数,为 4。

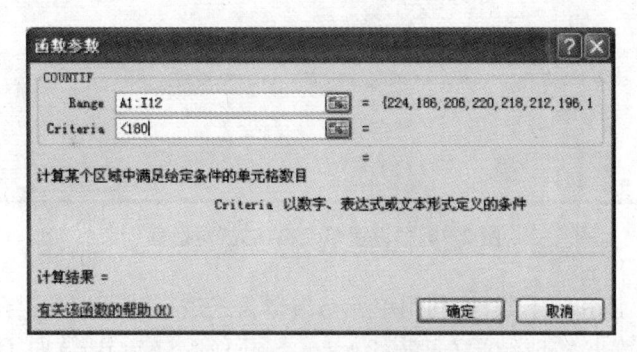

图 2-4 "COUNTIF 函数"对话框

依次汇总其他组的频数。需要注意,采用 COUNTIF 汇总结果,组限大的组包含组限小的组的频数,因此组限大的组的频数应为:汇总结果减去组限小的组的频数。

(6) 计算各组频率(利用单元格编辑公式进行计算,见图 2-5)。

	分组 A	各组单位数 B	频率(%)
14			
15	160-180	4	=B15/$B$22*100
16	180-200	20	
17	200-220	33	
18	220-240	30	
19	240-260	11	
20	260-280	7	
21	280-300	3	
22	合计	108	

图 2-5 频率计算公式

比如第一组频率的计算公式为:

$$=B15/\$B\$22*100$$

此公式编辑好后,点击"回车",得到此组频率。由于一般情况数值保留两位小数,可将光标移至此单元格后点击鼠标右键,点击"设置单元格格式",设置数值保留位数(见图 2-6)。这样第一组的频率公式编辑计算完成,其他组可采用光标拖拽方式复制此公式,具体操作:将光标移至编辑好公式的单元格,当光标右下方空心"十"字形变成实心"十"字形时,进行拖拽,复制此公式计算各组频率。

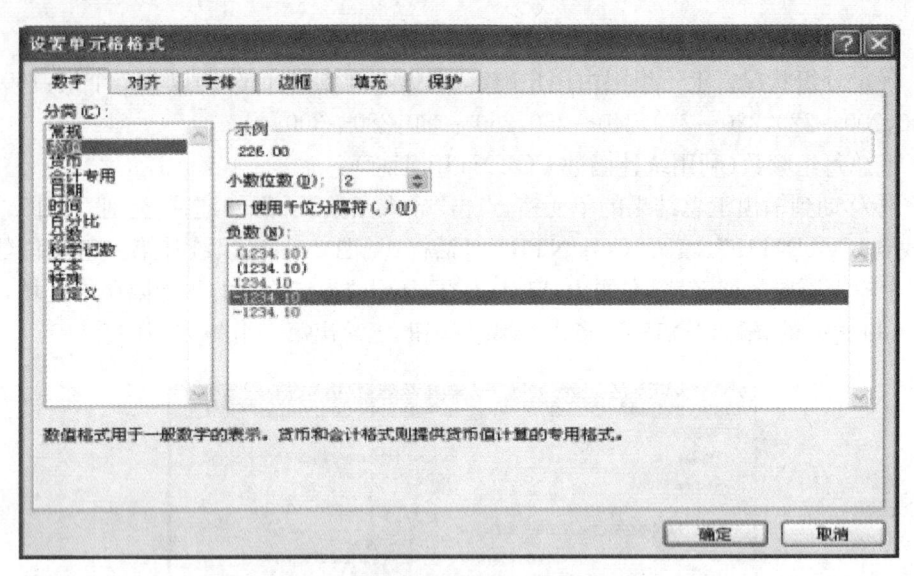

图 2-6 "设置单元格格式"对话框

（7）进行向上累计和向下累计（利用单元格编辑公式进行计算，方法与频率计算类似），编制统计表描述统计数据整理结果（见表 2-2），SUM(B\$15:B15)向上累计；SUM(B15:B\$21)向下累计。

2. 使用统计函数——FREQUENCY 进行汇总

函数"FREQUENCY"可以汇总在给定的组距范围内的频数。组数、组距、分组状况（上下组限）同上述步骤。"FREQUENCY"可以一次汇总所有组的频数，其步骤如下：

（1）在单元格中输入每组上限。由于本例中采用了重叠组限，根据"上限不在内"的统计规则，每组上限比设定的稍小一点，此例中可分别取"179、199、219、239、259、279、300"（用单元格 G16～G22 表示），频数的输出区域可以设定为 B16～B22（见图 2-7）。

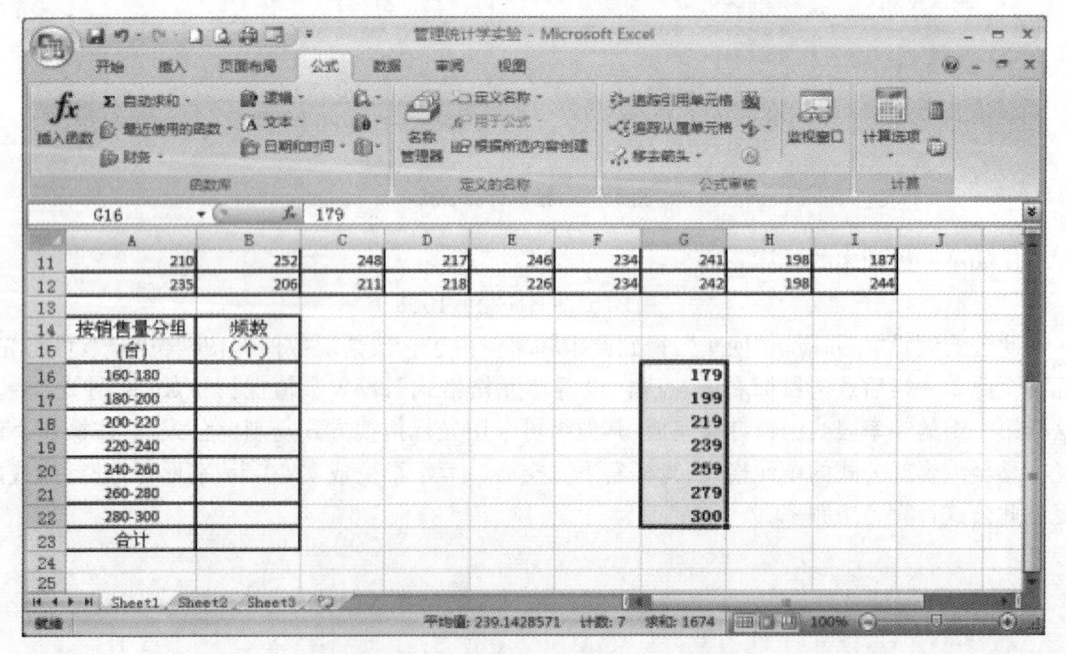

图 2-7 各组组限及频数输出区域图

(2) 用光标选定各组频数的输出单元格区域(此例中为 B16～B22 为七个单元格),点击"插入函数"子菜单。选择"FREQUENCY",出现"FREQUENCY"对话框,填写相关条件。"Data_array"指原始数据输入区域,"Bins_array"指事先输入的每组组上限所在区域(G16～G22)(见图 2-8),填写好后,同时按"Ctrl+Shift+Enter"键,得到各组的频数汇总结果。

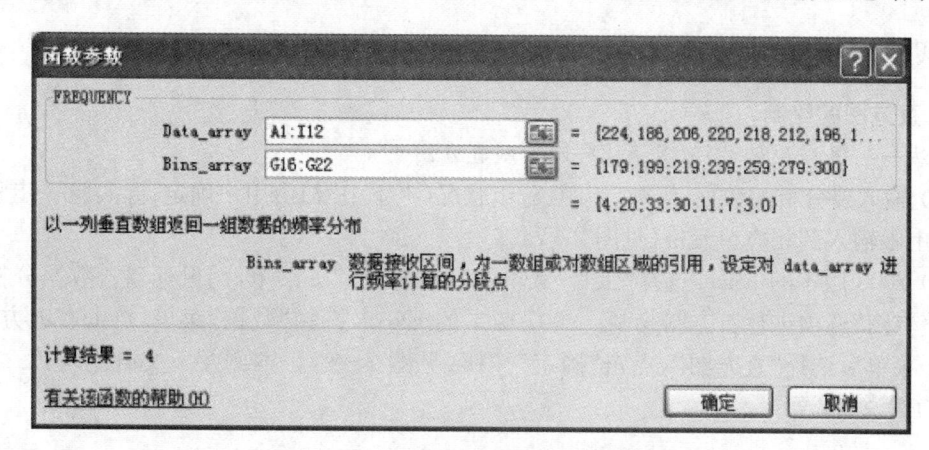

图 2-8 "FREQUENCY 函数"对话框

(3) 频率及累计频数与频率的计算方法同"使用统计函数——COUNTIF 进行汇总部分的(6)、(7)",通过编辑公式计算。完成上述步骤后,可编制统计表描述分布数列(见表 2-2)。

表 2-2 108 个商场按电脑销售量分组的次数分布表

按销售量(台)分组	频数(个)	频率(%)	频数(个) 向上累计	频数(个) 向下累计	频率(%) 向上累计	频率(%) 向下累计
160～180	4	3.70	4	108	3.70	100.00
180～200	20	18.52	24	104	22.22	96.30
200～220	33	30.56	57	84	52.78	77.78
220～240	30	27.78	87	51	80.56	47.22
240～260	11	10.19	98	21	90.74	19.44
260～280	7	6.48	105	10	97.22	9.26
280～300	3	2.78	108	3	100.00	2.78
合 计	108	100.00	—	—	—	—

实验二　统计图的绘制

【实验目的】

学会统计图的绘制,并认识统计图在统计数据整理中的作用。

【实验内容】

【例2-2】 仍使用实验一的数据,原始数据(见表2-1),分布数列(见表2-2)。

要求:在实验一分组的基础上,用Excel绘制直方图、折线图和饼形图。

【实验步骤与实验结果】

1. 直方图的绘制

方法一　根据原始数据(见表2-1)绘制直方图

(1)输入要分析的数据,组数、组距、分组状况(上下组限)由用户确定,同实验一步骤。并将各组上限输入到相应单元格(见图2-7)。

(2) 2003版本的Excel选择"工具"菜单的"数据分析"子菜单,用鼠标双击数据分析工具中的"直方图"选项进行直方图绘制。2007版本的Excel,选择"数据"菜单,点击右上方"数据分析"子菜单后选择"直方图",点击"确定"按钮(见图2-9)。本例及下文各例均以2007版Excel为例说明。

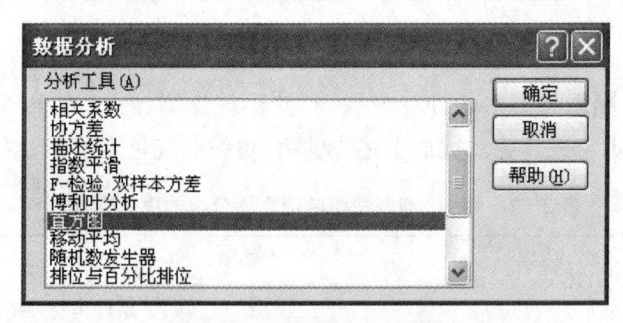

图2-9 "数据分析"对话框

打开"直方图"对话框(见图2-10),填入有关内容后点击"确定"按钮。具体填写步骤为:

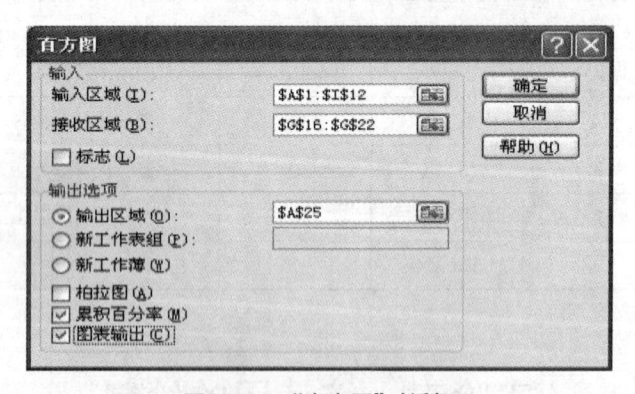

图2-10 "直方图"对话框

第一步:在输入区域输入原始数据所在区域$A$1:$I$12,接收区域指的是分组标志所在的区域,注意这里只能输入每一组的上限值,在接收区域输入$G$16:$G$22。(输入时可用光标进行拖拽,见图2-7)

第二步:选择输出选项,可选择输入区域、新工作表组或新工作簿。可以直接选择一个区域,也可以直接输入一个单元格,因为我们往往事先并不知道具体的输出区域有多大,所以这里可只输入一个单元格(本例为 A25)。

第三步:选择图表输出,可以得到直方图;选择累计百分率,系统将在直方图上添加累积频率折线;选择柏拉图,可得到按降序排列的直方图。

第四步:点击"确定"按钮,可得输出结果,如图 2-11 所示。

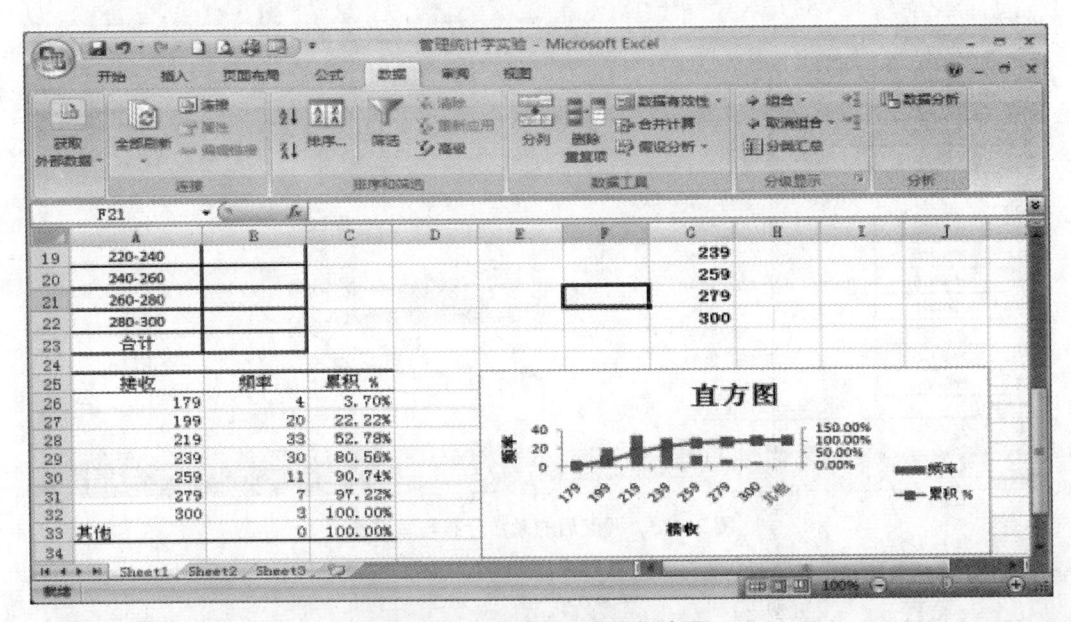

图 2-11 直方图工具运行结果

应当注意,图 2-11 中的图形实际上是一个条形图,并不是直方图。若要把它变成直方图,还需进行如下操作:将接受区域的组限改成完整的有上下限的形式,再用鼠标左键单击直方图中的任一直条,然后单击鼠标右键,在弹出的快捷菜单中选取"数据系列格式",弹出数据系列格式对话框,如图 2-12 所示。

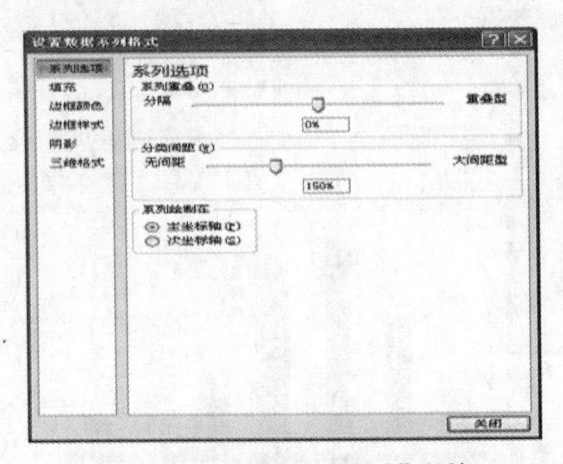

图 2-12 "设置数据系列格式"对话框

在对话框中将分类间距(W)改为 0%,点击"关闭"按钮后即可得到直方图,如图 2-13 所示。

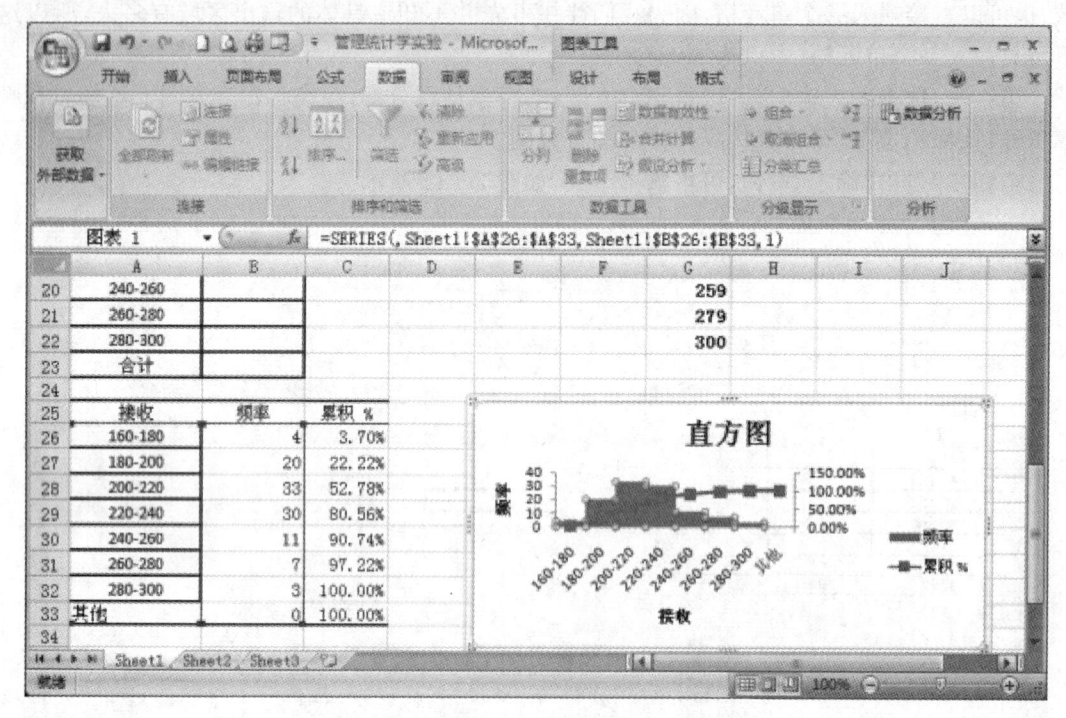

图 2-13 调整后的频数分布与直方图

方法二 根据分布数列(见表 2-2)绘制直方图

(1) 将实验一的次数分布(见表 2-2)结果复制到 Excel 中,选中按销售量分组及频数两列数据。

(2) 点击"插入"中的柱形图,根据需要选择二维、三维等图形,本例选择二维图形中的第一个(根据需要也可以选择其他类型图形),得到如图 2-14 所示的直方图。

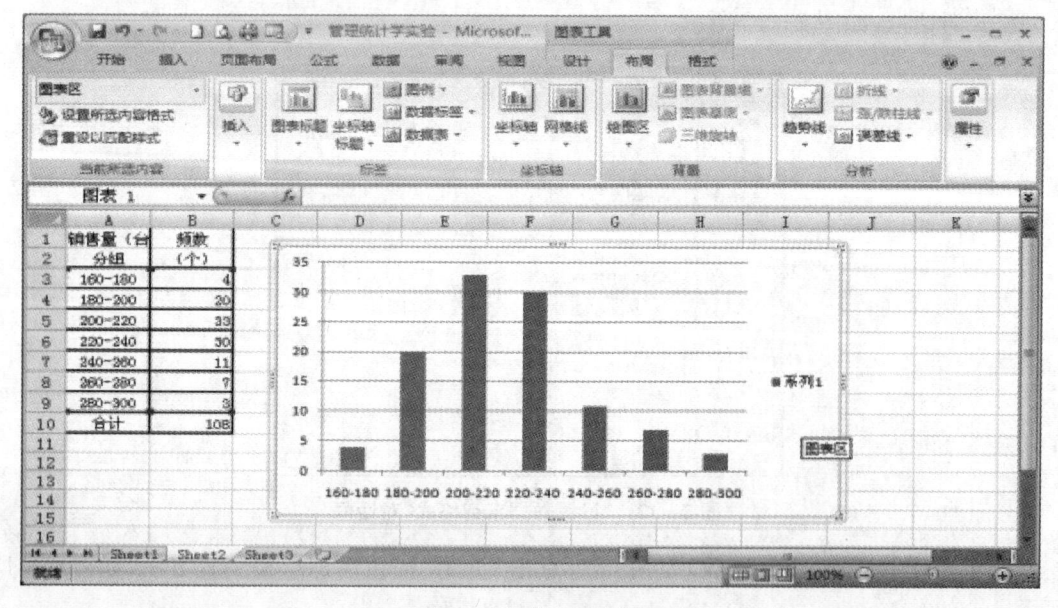

图 2-14 直方图绘制

(3) 将光标移到图形上点击任一直条,进行图形修改、完善。在图表工具中的"布局"栏下分别选择"图表标题"及"坐标轴标题"可分别添加图表与坐标轴标名称,同时根据方法一中的步骤将分类间距(W)改为0%后即可得到符合要求的直方图(见图2-15)。

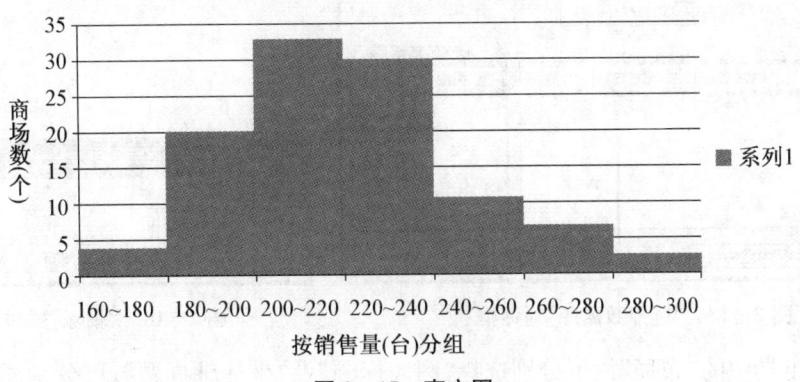

图 2-15　直方图

2. 折线图的绘制

(1) 输入每组的组中值及各组频数,由于折线图跟横轴有交点,因此在变量值最小组之前与最大组之后各添加一组,组中值分别为"最小组组中值-相邻组组距""最大组组中值+相邻组组距",频数分别为0(见图2-16)。

(2) 选中频数所在区域,点击"插入"菜单的"折线图"子菜单,绘制折线图(见图2-16)。

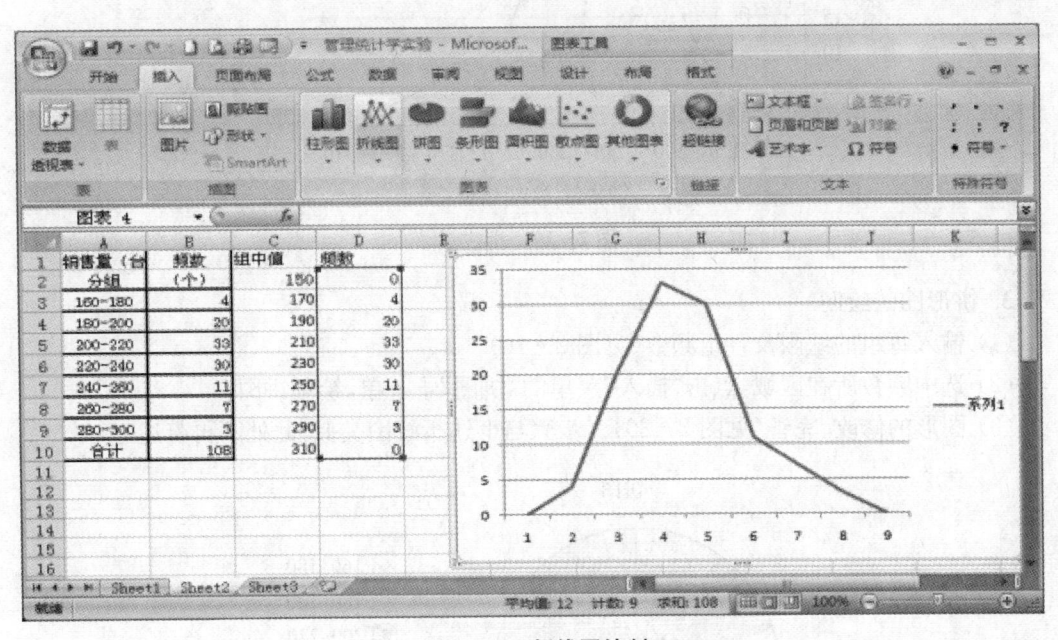

图 2-16　折线图绘制

(3) 将光标移到图形上点击,进行图形修改、完善。在图表工具中的"设计"栏,通过"选择数据"工具将横轴坐标修改为组中值,点击"编辑"(见图2-17)设置"轴标签"所在单元格(见图2-18),点击"确定"按钮。

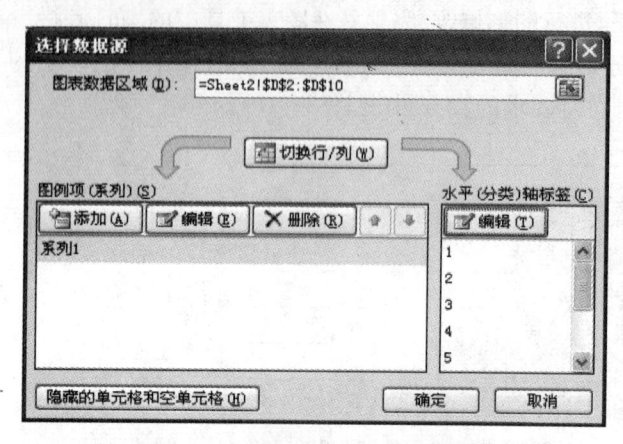

图 2-17 "选择数据源"对话框　　　图 2-18 "轴标签"对话框

在图表工具中的"布局"栏下分别选择"图表标题"及"坐标轴标题",可分别添加图表与坐标轴的名称,得到修改完善后的折线图(见图 2-19)。

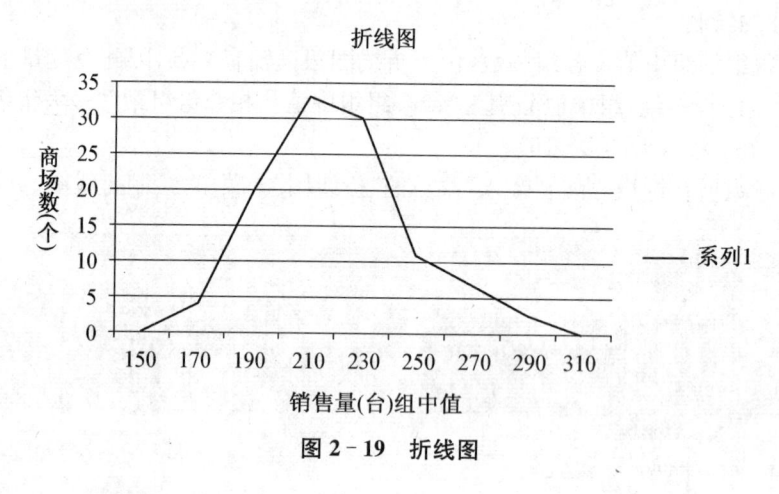

图 2-19 折线图

3. 饼形图的绘制

(1) 输入每组的组限及各组频数(见图 2-16)。

(2) 选中频数所在区域,点击"插入"菜单的"饼图"子菜单,绘制饼图。

(3) 图形的修改、完善(见图 2-20)。步骤与上述折线图类似,此处不再赘述。

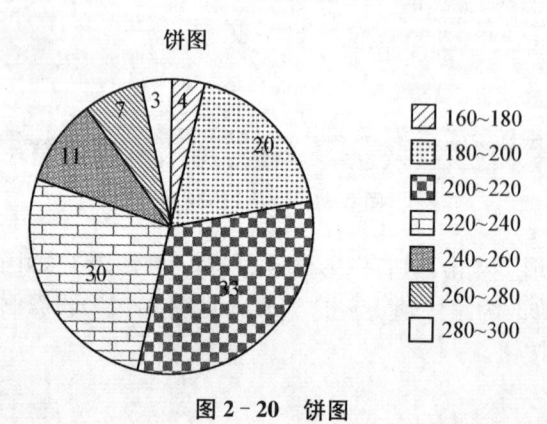

图 2-20 饼图

本章小结

1. 理解 Excel 中用于统计频数的函数 COUNTIF、FREQUENCY 的用法，运用单元格的编辑公式功能，进行统计数据整理并编制次数分布表。

2. 掌握数据分析中的直方图工具的使用，以及运用直方图、折线图、饼图等展示数据整理结果。

思考与练习

某企业从其生产的一批电子元器件中抽取 100 只进行检查，测得每只电子元器件耐用时间如数据文件 Excel 2-2.xls 所示。

要求：用 Excel 编制统计分布数列（组距取 50），并绘制直方图、折线图和饼形图。

第3章 统计数据特征的描述

统计数据特征的描述主要借助于总量指标描述总和特征,通过算术平均数、调和平均数、几何平均数、众数、中位数等描述数据的集中趋势;通过全距、平均差、方差、标准差、离散系数等描述数据的离散程度;通过偏态与峰度描述数据分布的形态等。通过 Excel 可以实现上述指标的计算分析。一般来说,在 Excel 中求这些统计量,未分组资料可用统计函数与数据分析计算,即 Excel 中用于计算描述统计量的方法有两种,即函数方法和描述统计工具的方法,已分组资料可通过编辑公式计算。

实验一 原始数据特征的描述

【实验目的】

学会统计指标的计算及统计函数的使用方法和"数据分析"中的"描述统计"工具的应用。

【实验内容】

【例3-1】 仍使用第二章实验一的原始数据(见表2-1)。

要求:计算众数、中位数、均值、截尾平均数、方差、标准差、标准偏差、离散系数、偏态和峰度。参见数据文件:Excel 2-1.xls。

【实验步骤与实验结果】

1. 利用统计函数分别计算各统计分析指标(见表3-1)

表3-1 相关统计函数表达式表

指标名称	函数表达式	指标符号
众数	MODE	mo=
中位数	MEDIAN	me=
均值(算术平均数)	AVERAGE	$\bar{x}=$
截尾平均数	TRIMEAN	$\bar{x}$ 截尾=
方差	VARP	$\delta^2=$
标准差	STDEVPA	$\delta=$
标准偏差	STDEV	S=
离散系数	$\dfrac{\sigma}{\bar{x}}$	$V_s=$
偏态	SKEW	SK=
峰度	KURT	K=

现以众数为例说明实验步骤：

（1）输入数据,可以采用手工输入函数名称及参数方式计算众数,单击任一单元格,输入"＝MODE(A1:I12)",回车后即可得众数为235(见图3-1)。

图3-1 手动输入MODE函数名称计算众数

（2）通过"公式"菜单中的"插入函数"子菜单,选择统计函数MODE,填写MODE对话框,点击"确定"按钮,得到众数为：235(见图3-2)。其他指标计算可采用类似方法,此处不再赘述。

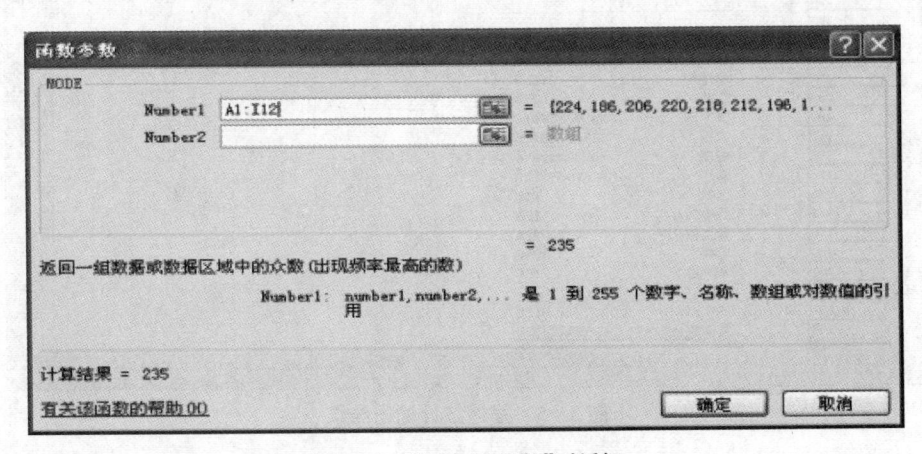

图3-2 "MODE函数"对话框

2. 利用数据分析中的"描述统计"工具计算各指标

（1）输入数据,注意：需将所有数据输入在一列或者一行单元格(本例中数据输入区域为A1～A108)。

（2）点击"数据"菜单的"数据分析"子菜单,用鼠标双击数据分析工具中的"描述统计"选项或者选择"描述统计"选项后点击"确定"按钮(见图3-3)。

（3）填写"描述统计"对话框，填写数据输入区域、输出选项、汇总统计，第 K 大值，第 K 小值等有关选项，在输入区域中输入＄A＄1：＄A＄108，在输出选项中选择＄C＄1(或者其他空白单元格)，其他复选框可根据需要选定：选择汇总统计，可给出一系列描述统计量的合计数；选择平均数置信度，会给出用样本平均数估计总体平均数的置信区间长度的一半，即抽样极限误差；第 K 大值和第 K 小值会给出样本中第 K 个大值和第 K 个小值（见图 3-4）。对话框填写好后点击"确定"按钮，完成描述统计的输出（见图 3-5）。

图 3-3 "数据分析"对话框

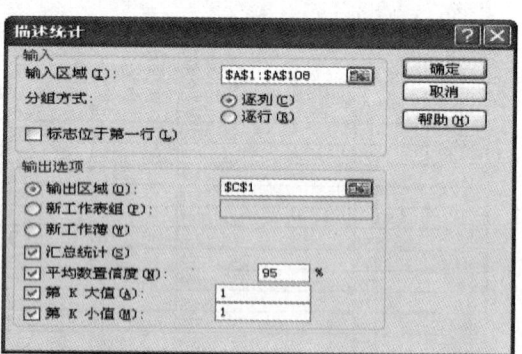

图 3-4 "描述统计"对话框

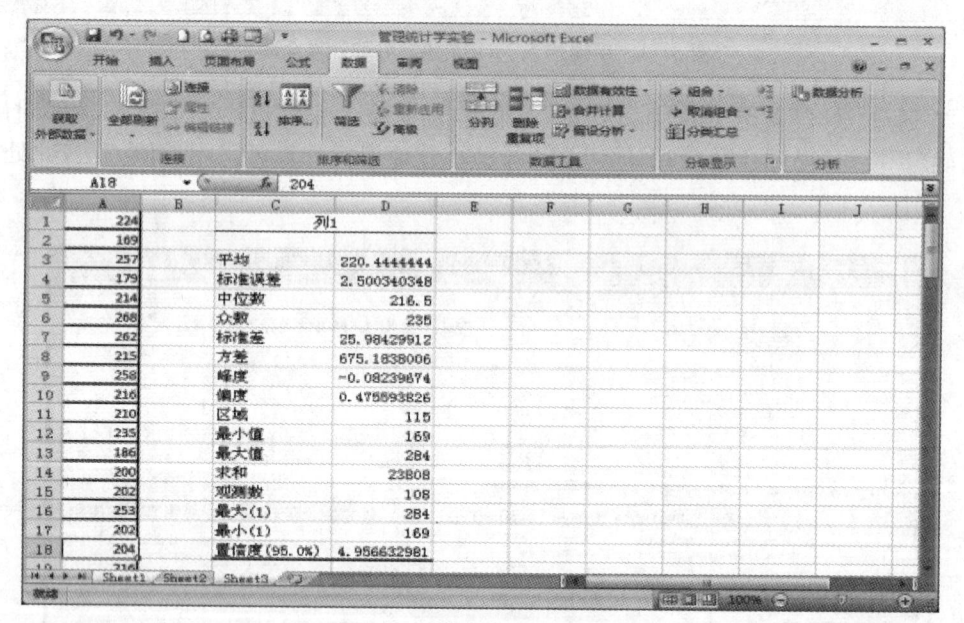

图 3-5 描述统计输出结果

图 3-5 结果中，"平均"指样本均值；"标准误差"指样本平均数的标准差，即抽样平均误差；"标准差"指的是失去一个自由度的标准偏差；"区域"指的是极差，或称全距；"求和"指的是所有数据的合计数；"置信度 95%"指的是区间估计时的概率，对应的值为抽样极限误差，抽样极限误差计算采用的是 t 分布，t 的临界值是按照自由度为 $n-1$，显著性水平为 5% 计算的，Excel 中可用 TINV 函数计算。

实验二 分布数列特征的描述

【实验目的】

学会编辑公式计算统计数据特征描述指标。

【实验内容】

【例 3-2】 使用第二章实验一形成的统计分布数列。

要求：根据整理后的次数分布表（见表 2-2），构建工作表，计算算术平均数、方差、标准差、离散系数。参见数据文件：Excel 2-1.xls。

【实验步骤与实验结果】

对于经过统计整理后形成的分布数列，Excel 没有提供相应函数或者其他工具直接处理，此时可通过单元格编辑公式进行计算分析，具体步骤如下：

(1) 输入要分析的数据（见图 3-6 中 A1～C10）。

(2) 构建工作表，在相应的单元格中编写计算算术平均数、方差、标准差、离散系数各步骤所需的计算公式。编辑计算公式时可采用第二章实验一介绍的方法，先在一个单元格将公式编辑好后，其他单元格算法相同的，采用光标进行拖拽复制计算公式，计算公式编写方法如表 3-2 所示。

表 3-2 单元格计算公式编辑表

按销售量分组（台）	频数（个）f	组中值 x	xf	$x-\bar{x}$	$(x-\bar{x})^2 f$
160～180	4	170	=C3*B3	=C3-$D$12	=(C3-$D$12)^2*B3
180～200	20	190	=C4*B4	=C4-$D$12	=(C4-$D$12)^2*B4
200～220	33	210	=C5*B5	=C5-$D$12	=(C5-$D$12)^2*B5
220～240	30	230	=C6*B6	=C6-$D$12	=(C6-$D$12)^2*B6
240～260	11	250	=C7*B7	=C7-$D$12	=(C7-$D$12)^2*B7
260～280	7	270	=C8*B8	=C8-$D$12	=(C8-$D$12)^2*B8
280～300	3	290	=C9*B9	=C9-$D$12	=(C9-$D$12)^2*B9
合　计	108	—	=SUM(D3:D9)	—	=SUM(F3:F9)
算术平均数		$\bar{x}$	=D10/B10		
方差		σ^2	=F10/B10		
标准差		σ	=D13^0.5		
标准差系数		v_σ	=D14/D12		

相关公式编辑好后，点击回车得到相关指标的计算结果，如图 3-6 所示。

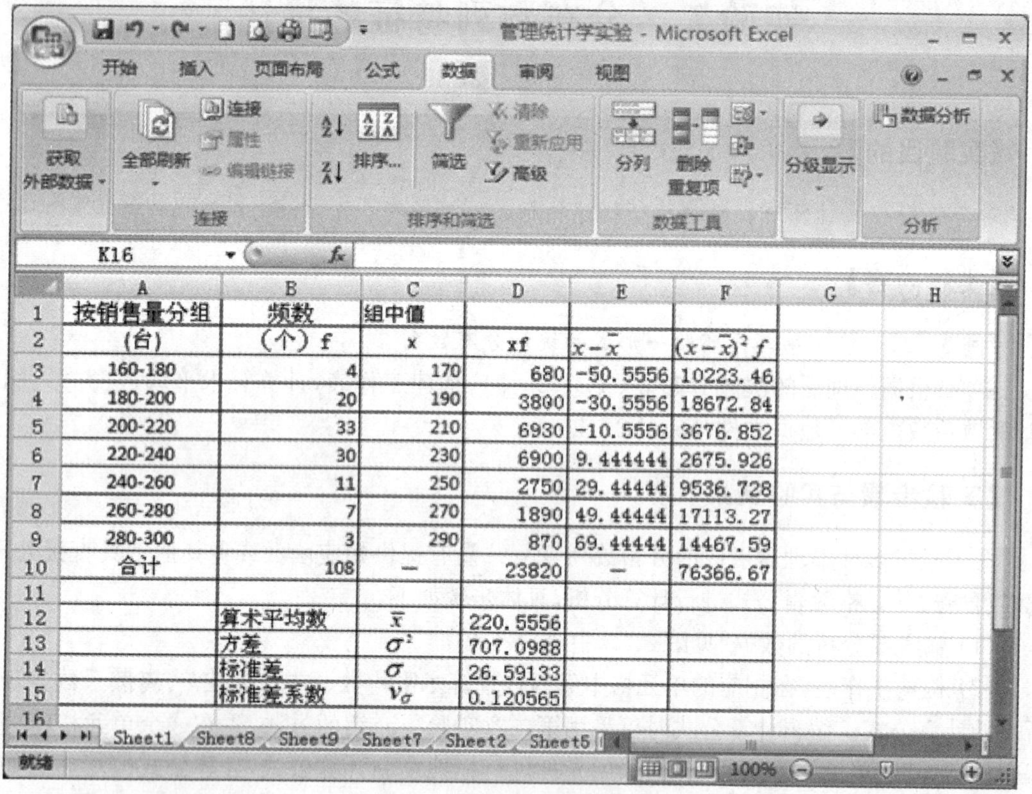

	A	B	C	D	E	F
1	按销售量分组	频数	组中值			
2	(台)	(个) f	x	xf	$x-\bar{x}$	$(x-\bar{x})^2 f$
3	160-180	4	170	680	-50.5556	10223.46
4	180-200	20	190	3800	-30.5556	18672.84
5	200-220	33	210	6930	-10.5556	3676.852
6	220-240	30	230	6900	9.444444	2675.926
7	240-260	11	250	2750	29.44444	9536.728
8	260-280	7	270	1890	49.44444	17113.27
9	280-300	3	290	870	69.44444	14467.59
10	合计	108	—	23820	—	76366.67
11						
12		算术平均数	$\bar{x}$	220.5556		
13		方差	σ^2	707.0988		
14		标准差	σ	26.59133		
15		标准差系数	v_σ	0.120565		

图 3-6　分布数列计算过程及结果

本章小结

1. 对于未分组的原始数据，掌握使用统计函数方法和描述统计工具的方法计算统计数据特征的描述指标，包括算术平均数、众数、中位数、全距、平均差、方差、标准差等。

2. 对于经过整理后形成的分布数列，理解计算公式的编辑方法，掌握构建工作表，计算算术平均数、方差、标准差、离散系数等。

思考与练习

1. 有顾客反映某火车站售票处售票的速度太慢，为此，该火车站售票处收集了 100 位顾客购票时所花费时间的样本数据（分钟），参见数据文件：Excel 3-1. xls。

要求：对该样本数据进行适当的分析，回答下列问题。

(1) 根据原始数据，计算众数、中位数、均值、方差、标准差、离散系数、偏态和峰度，对总体均值进行区间估计。

(2) 对数据进行适当的分组，编制次数分布表，并绘制直方图、折线图、累计次数分布图。

(3) 根据分组后的次数分布数列，构建工作表计算算术平均数、方差、标准差、离散系数。

2. 某连锁企业为了给所属门店制定经营年收入目标,对135个门店某年的收入额(万元)作了统计,参见数据文件:Excel 3-2. xls。

要求:对135个门店某年的收入额数据进行适当的分析,回答下列问题。

(1) 根据原始数据,计算众数、中位数、均值、方差、标准差、离散系数、偏态和峰度。

(2) 对数据进行适当的分组,编制次数分布表,并绘制直方图、折线图、累计次数分布图。

(3) 根据分组后的次数分布数列,构建工作表计算算术平均数、方差、标准差、离散系数。

第4章　相关分析和回归分析

本章主要介绍利用 Excel 中的图表、统计函数、"数据分析"等工具,实现对数据的相关分析与回归分析。

实验一　相关分析

【实验目的】

掌握相关分析的原理及实际运用。

【实验内容】

【例 4-1】　2015 年我国 31 个省区市的地区生产总值和全社会固定资产投资额数据资料,如表 4-1 所示。

表 4-1　2015 年我国 31 个省区市的地区生产总值和全社会固定资产投资数据表　（单位:亿元）

省区市	地区生产总值	全社会固定资产投资(含农户)
北京	22 968.59	7 496.02
天津	16 538.19	11 831.97
河北	29 806.11	29 448.24
山西	12 802.58	14 074.19
内蒙古	18 032.79	13 702.25
辽宁	28 743.39	17 917.87
吉林	14 274.11	12 705.29
黑龙江	15 083.67	10 182.98
上海	24 964.99	6 352.69
江苏	70 116.38	46 246.87
浙江	42 886.49	27 323.32
安徽	22 005.60	24 385.93
福建	25 979.82	21 301.38
江西	16 723.78	17 388.10

续　表

省区市	地区生产总值	全社会固定资产投资(含农户)
山东	63 002.33	48 312.46
河南	37 010.25	35 660.38
湖北	29 550.19	26 563.92
湖南	29 047.21	25 045.07
广东	72 812.55	30 343.08
广西	16 803.12	16 227.75
海南	3 702.76	3 451.20
重庆	15 719.72	14 353.25
四川	30 103.10	25 525.86
贵州	10 502.56	10 945.50
云南	13 717.88	13 500.59
西藏	1 026.39	1 295.68
陕西	18 171.86	18 582.23
甘肃	6 790.32	8 754.20
青海	2 417.05	3 210.67
宁夏	2 911.77	3 505.42
新疆	9 324.80	10 813.02

资料来源：江苏省统计局，江苏省统计年鉴2016，http://www.jssb.gov.cn/tjxxgk/tjsj/tjnq/nj2016/index_212.html。

要求：

(1) 绘制地区生产总值与全社会固定资产投资两变量的散点图；

(2) 计算地区生产总值与全社会固定资产投资两变量的相关系数。

【实验步骤与实验结果】

1. 散点图的绘制

(1) 输入数据(见图4-1)。

(2) 选中31个省区市的地区生产总值和全社会固定资产投资所在区域，点击"插入"菜单的"散点图"子菜单，选择散点图样式(本例选择第一个)，绘制散点图。

注意：本例中的地区生产总值为自变量，用横轴表示，全社会固定资产投资额为因变量，用纵轴表示(见图4-1)。

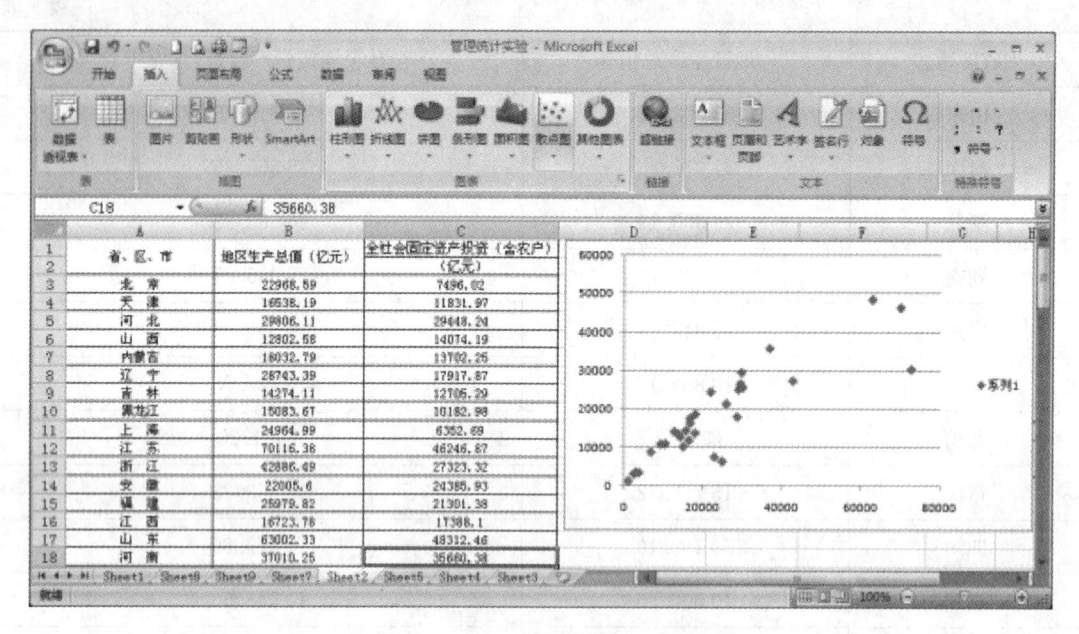

图 4-1 数据输入及散点图绘制

(3) 图形的修改、完善(见图 4-2),步骤同第二章实验二折线图绘制类似,此处不再赘述。

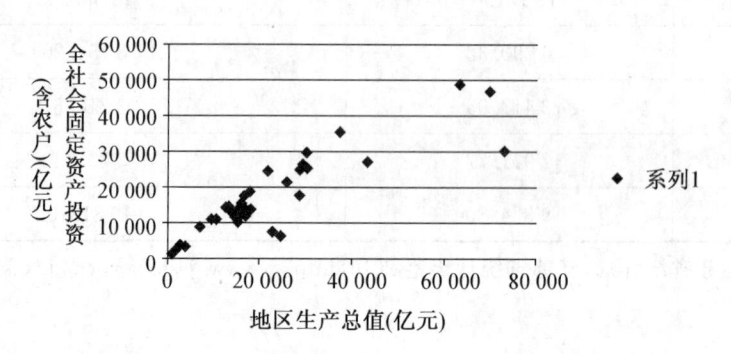

图 4-2 地区生产总值和全社会固定资产投资散点图

2. 相关系数的计算

方法一 利用统计函数 CORREL 计算相关系数

(1) 输入数据(见图 4-1)。将光标移至任一空白单元格,点击"公式"菜单,选择"插入函数"子菜单,选择统计函数 CORREL。

(2) 填写统计函数 CORREL 对话框,"Array1"中输入地区生产总值所在区域,"Array2"中输入全社会固定资产投资所在区域,点击"确定"按钮(见图 4-3),得到相关系数为 0.879 300 019,说明两变量为高度正相关。

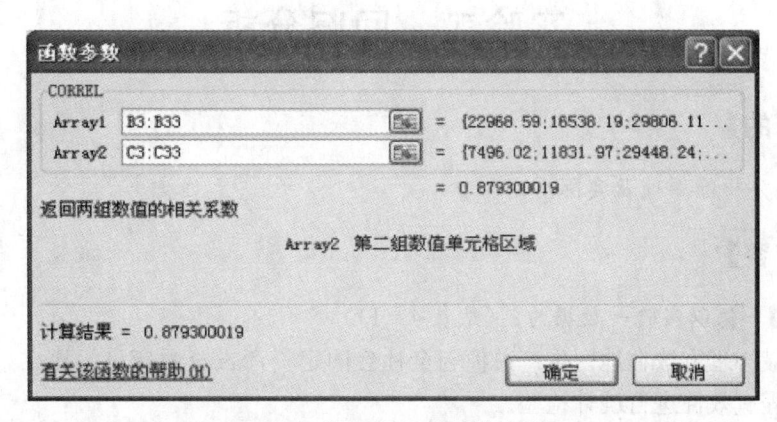

图 4-3 "CORREL 函数"对话框

方法二 利用"数据分析"子菜单计算相关系数

(1) 鼠标点击工作表中待分析数据的任一单元格。

(2) 选择"数据"菜单的"数据分析"子菜单,用鼠标点击"数据分析",选择"相关系数"选项后点击"确定"按钮(见图 4-4)。

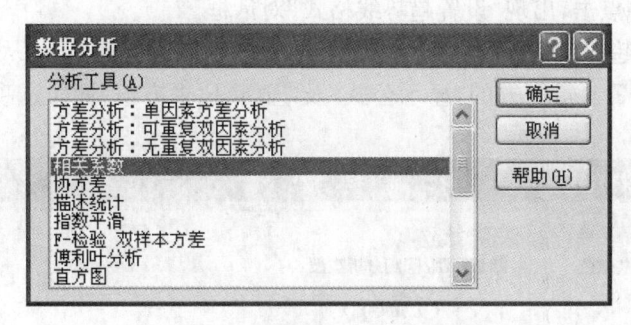

图 4-4 "数据分析"对话框

(3) 填写"相关系数"对话框有关内容,"输入区域"为地区生产总值和全社会固定资产投资所在区域,分组方式使用默认的"逐列",输出选项可选择一空白单元格(本例输出区域为 E1),点击"确定"按钮输出结果(见图 4-5),相关系数为 0.879 300 019。

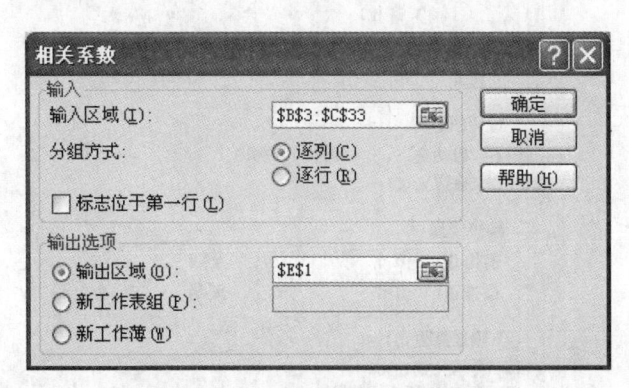

图 4-5 "相关系数"对话框

· 27 ·

实验二　回归分析

【实验目的】

掌握回归分析的原理及实际运用。

【实验内容】

【例 4-2】 仍以实验一数据为例(见表 4-1)。

要求：用最小平方法在地区生产总值与全社会固定资产投资两变量间建立一元线性回归方程，并对方程有效性进行统计检验。

【实验步骤与实验结果】

1. 根据散点图建立一元线性回归方程

(1) 输入数据,绘制散点图(步骤同相关分析)。将光标移至散点图中的坐标点,单击线性关系明显(散点分布比较集中)的坐标点,当这些坐标点四周有圆圈环绕时点击鼠标右键,选择"添加趋势线(R)"并点击,出现"设置趋势线格式"对话框。

(2) 填写"设置趋势线格式"对话框,"趋势线选项"默认为线性,本例从散点图观测为线性关系,故采用默认设置。最下方的"显示公式"及"显示 R 平方值"两个选项打钩,点击"关闭"按钮(见图 4-6)。

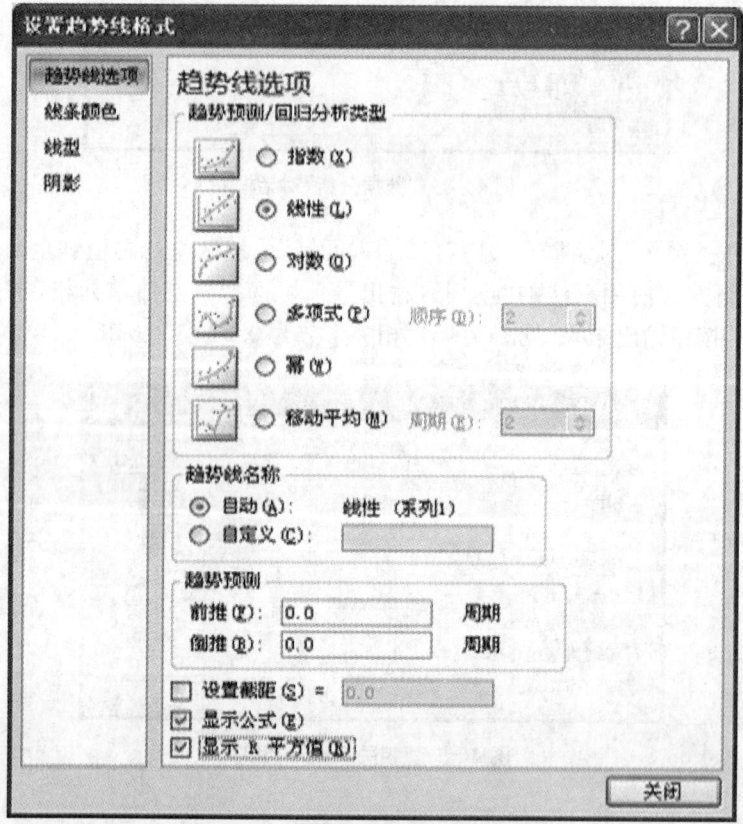

图 4-6　"设置趋势线格式"对话框

(3)"设置趋势线格式"对话框填写完成后,散点图中添加了一条回归线,并且显示线性回归方程表达式以及判定系数 R 平方值(见图 4-7)。

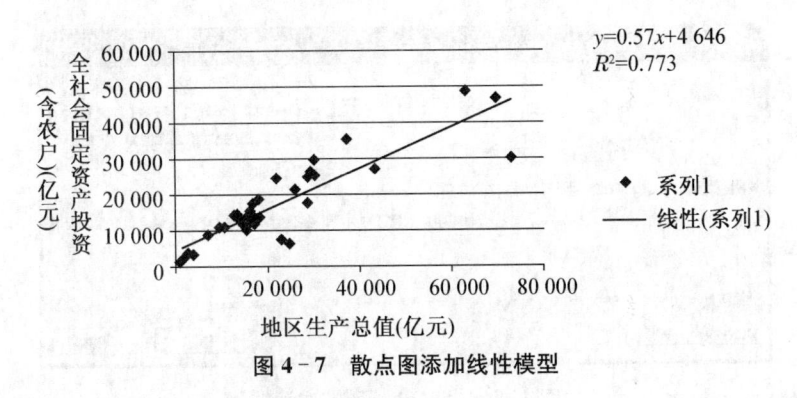

图 4-7　散点图添加线性模型

2. 根据统计函数建立一元线性回归方程

Excel 提供了 9 个函数用于建立回归模型和预测。这 9 个函数分别如下:

(1) INTERCEPT,返回线性回归模型的截距;
(2) SLOPE,返回线性回归模型的斜率;
(3) RSQ,返回线性回归模型的判定系数;
(4) FORECAST,返回一元线性回归模型的预测值;
(5) STEYX,计算估计的标准误;
(6) TREND,计算线性回归线的趋势值;
(7) GROWTH,返回指数曲线的趋势值;
(8) LINEST,返回线性回归模型的参数;
(9) LOGEST,返回指数曲线模型的参数。

本例为一元线性回归方程,可使用 INTERCEPT 和 SLOPE 两个函数分别确定截距与斜率(回归系数),具体步骤如下:

第一步,输入数据,用鼠标点击工作表中输出截距结果的空白单元格,点击"公式"菜单的"插入函数"子菜单,选择"统计"中的"INTERCEPT",点击"确定"按钮。填写"函数参数"INTERCEPT 对话框有关内容,"Known_y's"中输入因变量全社会固定资产投资所在区域,"Known_x's"中输入自变量地区生产总值所在区域,点击"确定"按钮输出结果,截距 $\hat{\beta}_0$ 为 4 646.585 292(见图 4-8)。

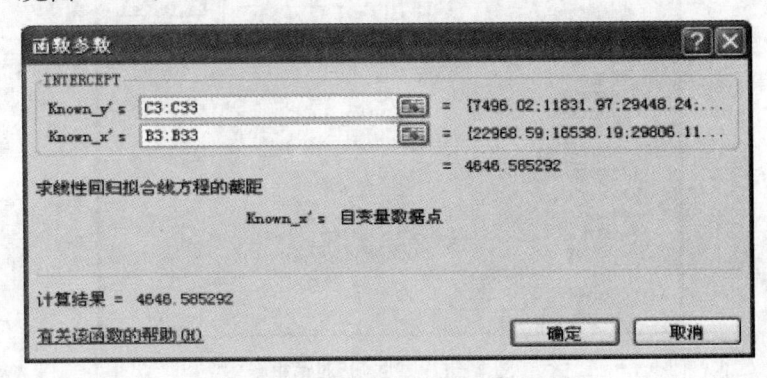

图 4-8　"INTERCEPT 函数"对话框

第二步,计算斜率(回归系数,见图4-9),其操作步骤同上类似,此处不再赘述,回归系数 $\hat{\beta}_1$ 为 0.569 979 595,表示地区生产总值每增加1元,全社会固定资产投资平均增加 0.569 979 595 元。

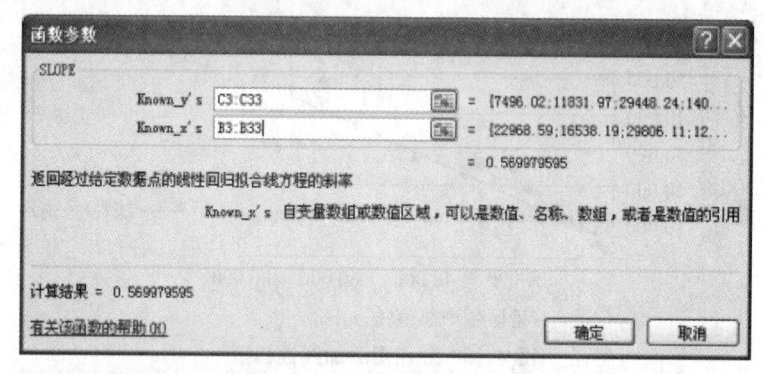

图4-9 "SLOPE函数"对话框

3. 利用数据分析子菜单进行回归分析

(1) 输入数据,点击"数据"菜单,点击"数据分析"子菜单,选择"回归"选项后点击"确定"按钮(见图4-10)。

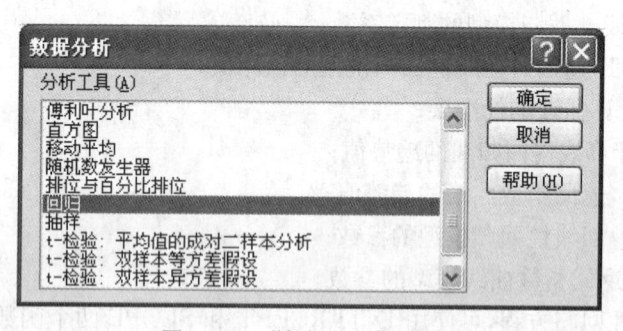

图4-10 "数据分析"对话框

(2) 填写"回归"对话框有关内容(见图4-11)。"Y值输入区域"中输入因变量全社会固定资产投资所在区域,"X值输入区域"中输入自变量地区生产总值所在区域,置信度指的是参数区间估计时使用的概率,残差选项可根据需要进行选择,填好后点击"确定"按钮输出结果。

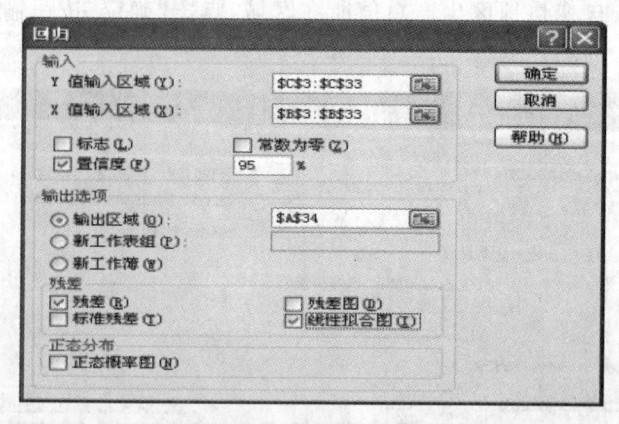

图4-11 "回归"对话框

(3) 输出结果含义(见图4-12)。采用"回归"处理结果比较全面,包括以下几个部分:回归统计部分,"R"表示相关系数,"R Squar"表示判定系数,"Adjusted R Square"表示调整后的判定系数,标准误差指的是估计标准误差。方差分析部分,df 表示自由度;SS 指的误差平方和,回归分析对应的是 ESS,即回归误差平和;残差对应的是 RSS,即残差平方和;总计对应的是 SST,即总误差平方和,$TSS=ESS+RSS$;MS 是 SS/df 的结果,通常称为均方误差;F 指的是 F 检验时的 F 值;"Significance F"指的是 F 检验时的 P 值。回归方程的参数在"Coefficients"列,第一个为截距,第二个为斜率,标准误差指的是两个参数的标准误差,"t Stat"指的是对参数进行 t 检验时的 t 值,P-value 指的参数进行 t 检验的 P 值,"Lower 95% Upper 95%"指的是95%的概率下对参数所做的区间估计的下限与上限。其他部分为 Y 的预测值和残差,输出的图形为 Y 的实际观察值与预测值。

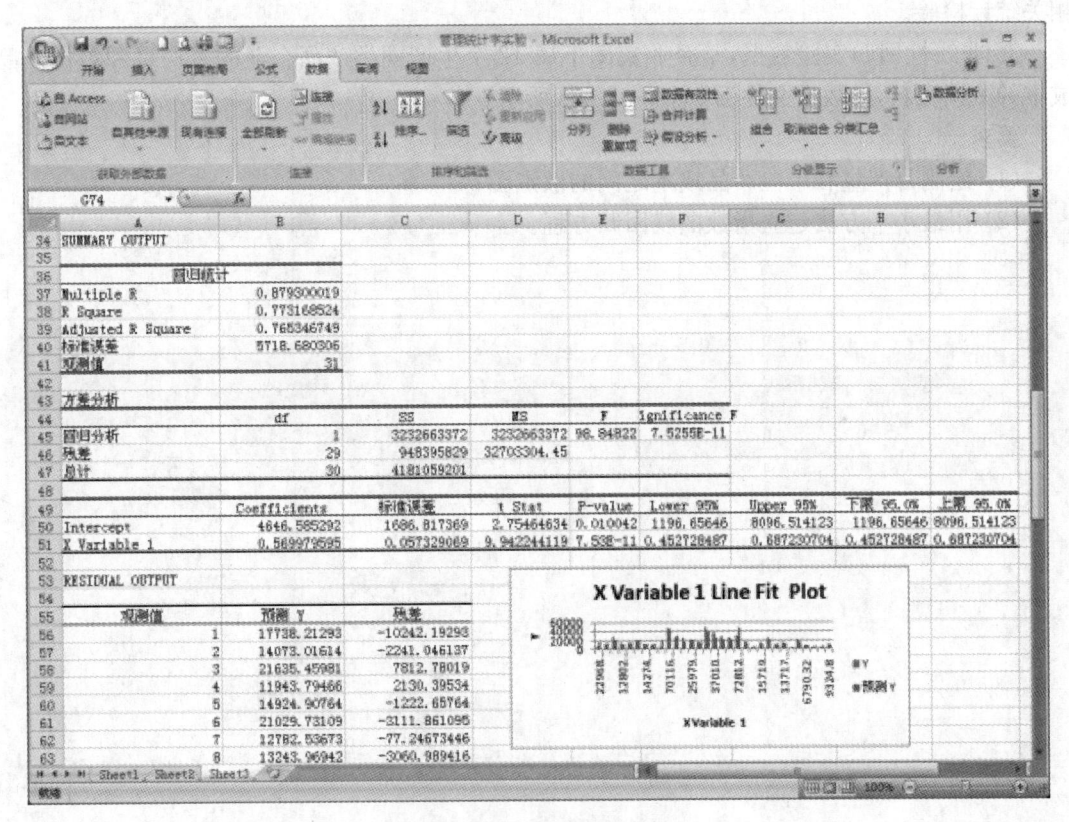

图4-12 回归结果输出

本 章 小 结

1. 运用 Excel 中的图表、统计函数、"数据分析"中的"相关分析"工具对两个变量进行相关分析,绘制图形及计算相关系数等。

2. 运用 Excel 中的图表、统计函数、"数据分析"中的"回归分析"工具对两个变量进行回归分析,包括绘制图形及回归方程建立、方程有效性检验等。

思 考 与 练 习

1. 一元线性回归实验数据,数据文件 Excel 4-1.xls 为江苏省 13 个市 2015 年的工业用电量(亿千瓦小时)与规模以上工业总产值(亿元)资料。

要求：进行相关分析与回归分析。

2. 多元线性回归实验数据,数据文件 Excel 4-2.xls 为某商业银行下属 30 个分行的有关数据资料。

要求：在不良贷款(亿元)、各项贷款余额(亿元)、本年累计应收贷款(亿元)、贷款项目个数(个)、本年固定资产投资额(亿元)几个变量之间用最小平方法建立多元线性回归方程,并进行相关统计检验。

3. 非线性回归实验数据,某企业集团下属 12 个生产同类产品企业的月产量和单位产品成本的数据资料,如数据文件 Excel 4-3.xls 所示。

要求：

(1) 绘制月产量和单位产品成本之间的散点图；

(2) 用最小平方法建立指数曲线回归方程。

第 5 章 时间序列分析

本章主要介绍 Excel 中的图表、统计函数、公式编辑、"数据"菜单中的"假设分析"子菜单中的单变量求解等工具,用图形展示时间序列,计算动态水平分析指标和速度分析指标,并借助"数据分析"中的"移动平均"、"指数平滑"、"回归"等分析工具分析时间序列的长期趋势。

实验一 时间序列分析指标的计算

【实验目的】

学会用统计图展示时间序列及分析指标的计算。

【实验内容】

【例 5-1】 表 5-1 为江苏省 2000—2015 年财政总收入数据。

要求:用图形展示时间序列,并计算动态水平分析指标和速度分析指标。

表 5-1 江苏省 2000—2015 年财政总收入　　　　　　　(单位:亿元)

年 份	财政总收入	年 份	财政总收入
2000	865.00	2008	7 109.72
2001	1 064.99	2009	8 404.99
2002	1 483.68	2010	11 743.22
2003	1 968.92	2011	14 119.85
2004	2 216.41	2012	14 843.89
2005	3 124.83	2013	17 328.80
2006	3 935.87	2014	18 201.33
2007	5 591.29	2015	17 841.60

【实验步骤与实验结果】

1. 用图形展示时间序列

(1) 输入要分析的数据(见图 5-3)。

(2) 时间序列的图形展示主要采用柱形图(见图 5-1)、散点图(见图 5-2)等,具体绘制方法与第二章实验二类似,此处不再赘述。

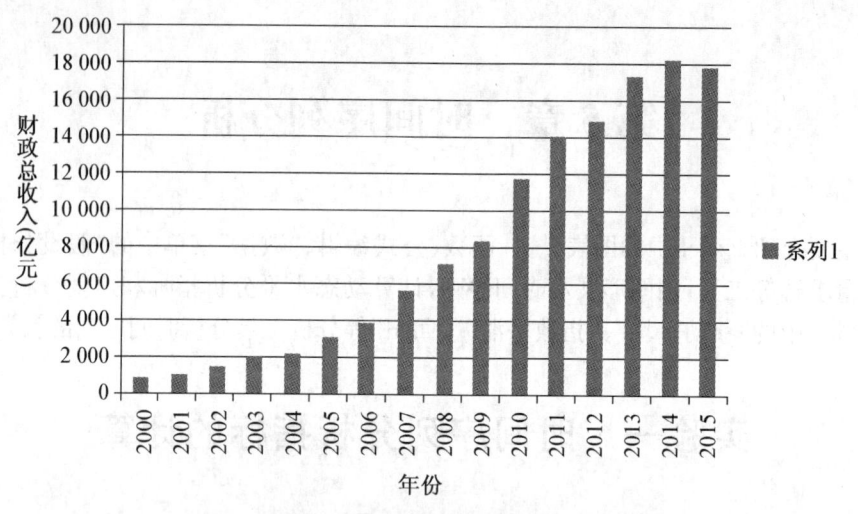

图 5-1 2000—2015年江苏省财政总收入柱形图

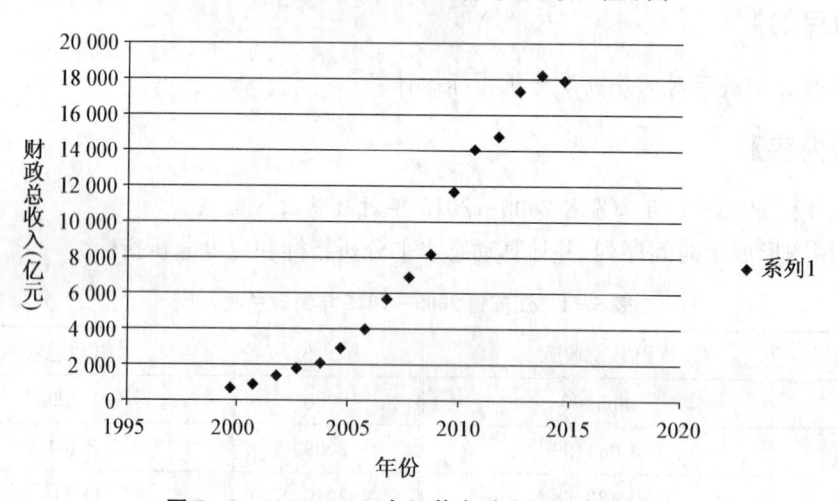

图 5-2 2000—2015年江苏省财政总收入散点图

2. 动态水平分析指标和速度分析指标的计算

(1) 构建工作表(见图 5-3)。

(2) 在相应的单元格中编写动态水平分析和速度分析指标的计算公式(见表 5-2)。

表 5-2 动态水平分析和速度分析指标的计算公式

年份	指标	逐期增长量	累积增长量	环比发展速度	定基发展速度	环比增长速度	定基增长速度	增长1%的绝对值
		—	—	—	—	—	—	
		=B3−B2	=B3−$B$2	=B3/B2	=B3/$B$2	=(B3/B2)−1	=(B3/$B$2)−1	=B2/100
		=B4−B3	=B4−$B$2	=B4/B3	=B4/$B$2	=(B4/B3)−1	=(B4/$B$2)−1	=B3/100
		=B5−B4	=B5−$B$2	=B5/B4	=B5/$B$2	=(B5/B4)−1	=(B5/$B$2)−1	=B4/100
		=B6−B5	=B6−$B$2	=B6/B5	=B6/$B$2	=(B6/B5)−1	=(B6/$B$2)−1	=B5/100
		=B7−B6	=B7−$B$2	=B7/B6	=B7/$B$2	=(B7/B6)−1	=(B7/$B$2)−1	=B6/100

(3) 输出结果(见图 5-3)。

图 5-3 动态水平分析和速度分析指标计算结果

(4) 平均发展速度的计算。

① 水平法(几何平均法)。可利用 GEOMEAN 函数进行计算,填写"函数参数"对话框,"Number1"输入环比发展速度所在区域,点击"确定"按钮(见图 5-4),得到平均发展速度为 1.223 567 255。

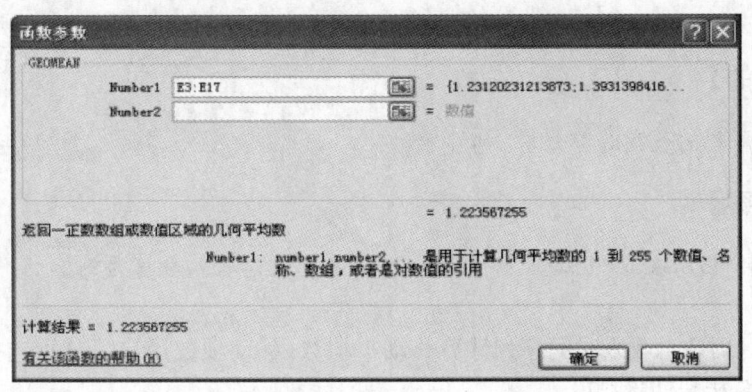

图 5-4 "GEOMEAN 函数"对话框

② 累计法(方程式法)。可通过"数据"菜单中的"假设分析"子菜单中的"单变量求解(G)"工具进行计算。具体步骤为:

第一步,利用单元格计算出 $\sum_{i=1}^{n}\frac{a_i}{a_0}$(本例为 149.109 121 4,单元格 D22),确定可变单元格,指的是平均发展速度的输出单元格(本例为 D23),最初水平 a_0 所在单元格为 B2(见图 5-3)。

第二步，编辑目标单元格的计算公式，目标单元格指的是一元高次方程表达式所在单元格（本例为 E22）。E22 单元格的计算公式（一元高次方程表达式）为"＝D23＋D23^2＋D23^3＋D23^4＋D23^5＋D23^6＋D23^7＋D23^8＋D23^9＋D23^10＋D23^11＋D23^12＋D23^13＋D23^14＋D23^15"。

第三步，将光标移至任一空白单元格点击后，点击"数据"菜单，再点击"假设分析"子菜单中的"单变量求解(G)"，按上述设定的单元格填写"单变量求解对话框"，"目标值"需要手动输入，点击"确定"按钮（见图 5-5）。

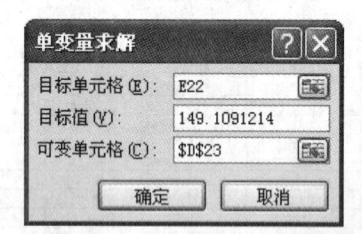

图 5-5 "单变量求解"对话框及求解状态

结果输出（见图 5-3）。

说明：D23 单元格结果为用方程式法计算的平均发展速度（本例为 1.259 083 528），E22 为根据求解的平均发展速度计算出的 $\sum_{i=1}^{n}\frac{a_i}{a_0}$，与实际值 149.109 121 4 有点误差。因为单变量求解使用的是迭代法，即按照一个精度值进行穷举，直到找到最优的计算结果为止，这也是使用"单变量求解"计算结果有误差的原因。

实验二　时间序列的长期趋势分析

【实验目的】

学会时间序列的长期趋势分析。

【实验内容】

【例 5-2】 仍以表 5-1 江苏省 2000—2015 年财政总收入数据为例。
要求：
(1) 对地区财政总收入时间序列计算移动平均数（移动项数用户可分别选择 4、5 项），采用移动平均法分析长期趋势；
(2) 采用指数平滑法分析长期趋势；
(3) 采用数学模型法分析长期趋势。

【实验步骤与实验结果】

1. 移动平均法分析长期趋势

(1) 输入数据，点击"数据"菜单，点击"数据分析"子菜单，选择"移动平均"选项后点击"确定"按钮(见图5-6)。

图5-6 "数据分析"对话框

(2) 填写"移动平均"对话框有关内容,"输入区域"中输入财政总收入所在区域,"间隔"中输入4(采用几项移动就输入几,本例以4项移动为例说明),"输出区域"根据需要选择,填好后点击"确定"按钮输出结果(见图5-7)。

图5-7 "移动平均"对话框

在偶数项移动平均中,第一次移动结果与原数列错开半期,需要对第一次移动结果进行二次移动。进行第二次移动时需注意:"输入区域"应输入第一次移动结果所在区域,"间隔"中输入2。如果是奇数项移动,只需一次移动即可。具体分析处理时可以根据需要对工作表中的输出结果进行重新调整排列,结果如图5-8所示。

图5-8 移动平均计算结果

2. 指数平滑法分析长期趋势

(1) 输入数据,点击"数据"菜单,点击"数据分析"子菜单,选择"指数平滑"选项后,点击"确定"按钮。

(2) 填写"指数平滑"对话框有关内容,"输入区域"中输入财政总收入所在区域。阻尼系数为 $1-\alpha$(平滑系数),如果重视最新数据信息,α 较大,阻尼系数选择较小值(本例取 0.1,见图 5-9),输出区域根据需要选择,点击"确定"按钮输出结果。

图 5-9 "指数平滑"对话框

实际分析中可以取不同的阻尼系数(本例分别取 0.1、0.3、0.8 进行计算),输出结果(见图 5-10)。从误差角度看,阻尼系数为 0.1,与实际值误差较小,效果更好。

年份	财政总收入	平滑值(阻尼系数0.1)	平滑值(阻尼系数0.3)	平滑值(阻尼系数0.8)
2000	865	865	865	865
2001	1064.99	1044.991	1004.993	904.998
2002	1483.68	1439.8111	1340.0739	1020.7344
2003	1968.92	1916.00911	1780.26617	1210.37152
2004	2216.41	2186.369911	2085.566851	1411.579216
2005	3124.83	3030.983991	2813.051055	1754.229373
2006	3935.87	3845.381399	3599.024317	2190.557498
2007	5591.29	5416.69914	4993.610295	2870.703999
2008	7109.72	6940.417914	6474.887088	3718.507199
2009	8404.99	8258.532791	7825.959127	4655.803759
2010	11743.22	11394.75128	10568.04174	6073.287007
2011	14119.85	13847.34013	13054.30752	7682.599606
2012	14843.89	14744.23501	14307.01526	9114.857685
2013	17328.8	17070.3435	16422.26458	10757.64615
2014	18201.33	18088.23135	17667.61037	12246.38292
2015	17841.6	17866.26314	17789.40311	13365.42633

图 5-10 指数平滑法计算结果

3. 数学模型法分析长期趋势

从前面实验一的散点图观测,财政总收入随着时间推移大致呈现出线性变化趋势,可采用

最小平方法配合直线趋势线方程,具体步骤为:

(1) 输入数据,点击"数据"菜单,点击"数据分析"子菜单,选择"回归"选项后,点击"确定"按钮。

(2) 填写"回归"对话框有关内容,"Y 值输入区域"中输入财政总收入所在区域,"X 值输入区域"中输入时间变量所在区域,可以是具体年份(本例为具体年份),也可事先将具体年份设置成年份代号输入,其他步骤及结果含义与第四章实验二类似,此处不再赘述,结果如图 5-11 所示。

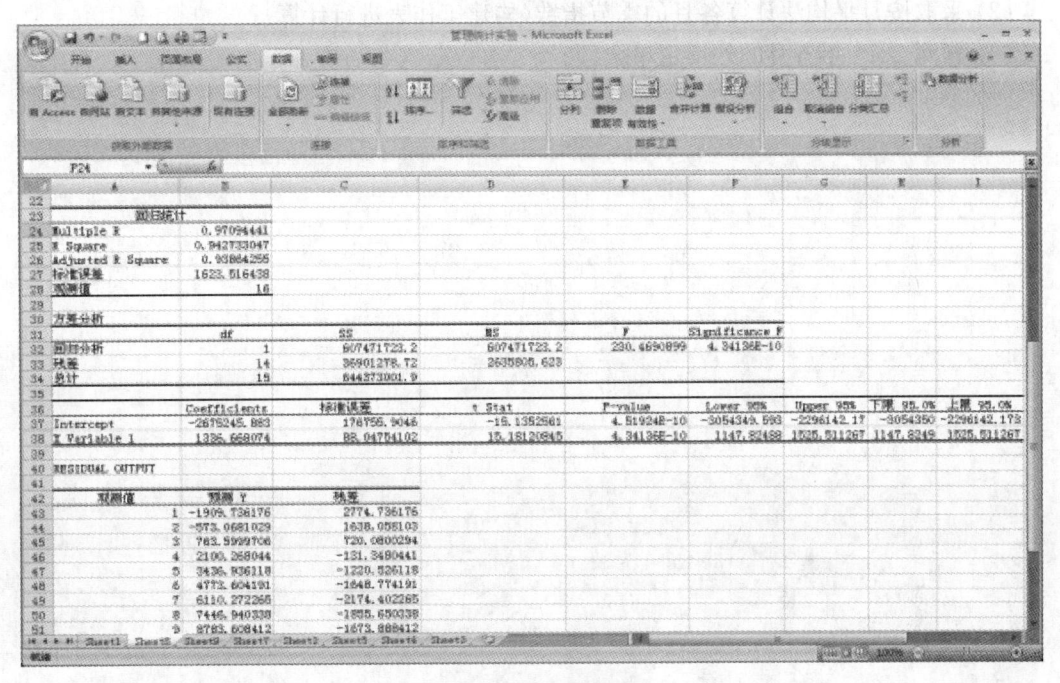

图 5-11 回归结果

本章小结

1. 运用 Excel 中的图表、统计函数、公式编辑、"数据"菜单中的"假设分析"子菜单中的单变量求解等工具,用图形展示时间序列并计算动态水平分析指标和速度分析指标。

2. 运用 Excel"数据分析"中的"移动平均"、"指数平滑"、"回归"等分析工具分析时间序列的长期趋势。

思考与练习

1. 数据文件 Excel 5-1. xls 为江苏省 2000—2015 年金融机构存贷款数据资料(单位:亿元)。

要求:

(1) 用图形展示 2000—2015 年的存贷款时间序列,并计算相关的动态水平分析指标和速度分析指标;

(2) 采用移动平均法对存款时间序列进行长期趋势分析(移动项数可分别选择 4、5 项);

(3) 采用指数平滑法对存款时间序列进行长期趋势分析;

(4) 采用数学模型法对贷款时间序列进行长期趋势分析。

2. 某贸易公司为了合理组织货源,需要了解产品外销定单的变化情况,数据文件 Excel 5-2.xls 是其 2011—2015 年各月份的外销定单金额(单位:万元)。

要求:

(1) 根据各年的月份数据绘制趋势图,说明该时间数列的特点;

(2) 采取按月平均法计算各月的季节指数(构建工作表进行计算);

(3) 预测 2016 年各月的外销定单金额。

第二部分　提高篇

第6章　SPSS统计分析软件概述

社会科学统计软件包(Statistical Package for Social Science,简称SPSS)是世界著名的统计分析软件之一。20世纪60年代末,美国斯坦福大学的三位研究生研制开发了最早的统计分析软件SPSS,并于1975年在芝加哥成立了SPSS公司。20世纪80年代,Microsoft公司发布Windows操作系统后,SPSS迅速向Windows移植,随后几乎每年推出一个更新版本。2000年,为适应软件应用范围的扩大和服务的深入开发,SPSS公司将该软件更名为Statistical Product and Service Solution。2009年,SPSS公司将4大系列产品(Statistics Family、Modeling Family、Data Collection Family、Deployment Family)整合成一个综合分析平台,把4类产品统一加上PASW(为Predictive Analysis Software的首字母)前缀,喻义SPSS产品的发展方向为预测分析领域。此后,SPSS把正在发行的SPSS 17统计分析软件正式更名为PASW Statistics 17,从此开始有了多国语言版本,有了官方的中文界面及使用手册。随后,SPSS公司被IBM收购,SPSS统计分析产品更名为IBM SPSS Statistics。本书以IBM SPSS Statistics 22 For Windows为蓝本,结合统计学知识,对各领域常见统计分析案例进行分析讲述。

1.1　SPSS的界面

SPSS的界面中主要有5类窗口,分别为数据编辑窗口、结果输出窗口、结果编辑窗口、语法编辑窗口和脚本编辑窗口。

1. 数据编辑窗口

数据编辑窗口是SPSS软件中最常用的窗口,这个窗口主要用来处理数据和定义数据类型。它分为两个视图:一个是用于显示和处理数据的数据视图(Data View),另一个是用于变量定义和查看的变量视图(Variable View)。

数据视图,如图6-1所示,提供类似Excel电子表格的编辑窗口,在该窗口中可以创建、编辑、浏览数据文件,其操作和Excel非常相似。在SPSS中允许打开多个数据文件名进行编辑、浏览,正在编辑的数据文件称为活动数据文件,只有活动数据文件的数据才能被分析处理。SPSS的数据以表格的形式呈现,表的每一行表示一个观察个案,每一列表示一个变量,表的大小由变量数和观察个案数确定。一般情况下,分析的数据应以SPSS数据文件的形式保存,最常用的SPSS数据文件扩展名为"*.sav",保存数据文件的同时也保存了变量属性和变量值。

变量视图的功能是定义数据集的数据字典,它用来定义、显示和修改数据集中的变量信息,变量视图如图6-2所示。SPSS的功能主要通过菜单和工具栏实现,工具栏是常用菜单项的快捷方式,下面介绍菜单的主要功能,如表6-1所示。

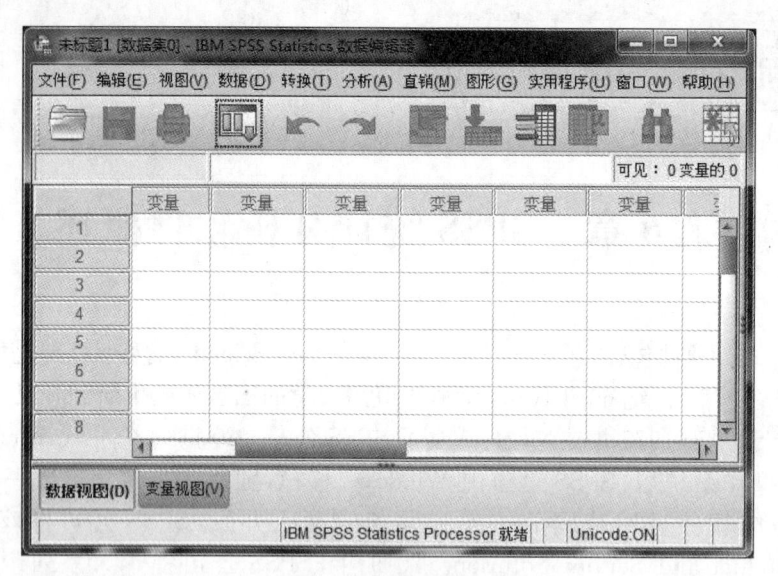

图 6-1 数据视图

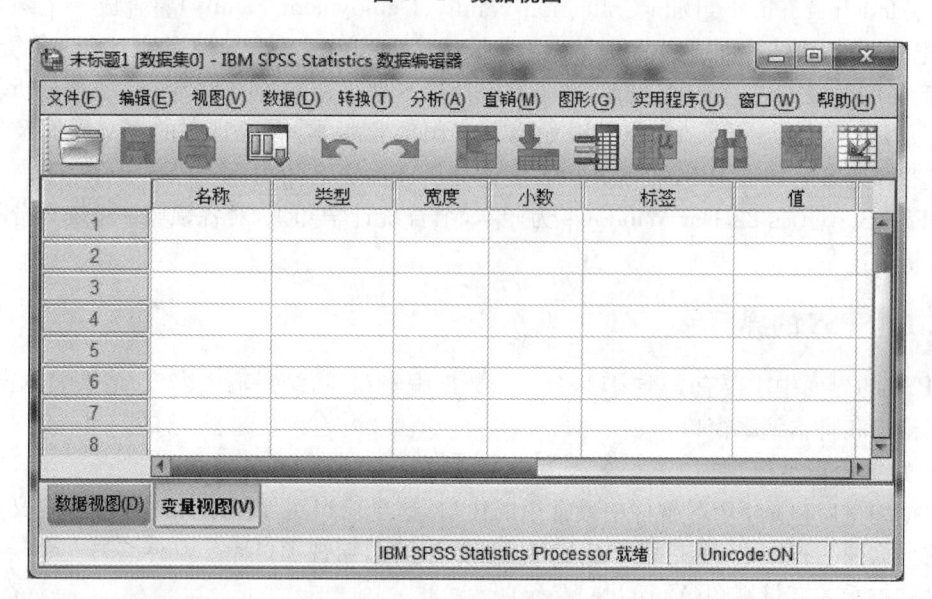

图 6-2 变量视图

表 6-1 主窗口菜单及其功能

菜单名	功 能	解 释
文件（F）	文件操作	对 SPSS 相关文件进行基本管理（如新建、打开、保存、打印等）
编辑（E）	数据编辑	对文件数据进行选择、复制、粘贴、删除、查找，还可以插入变量、个案，选择"选项"可以进行 SPSS 的常规、编辑、格式等全局选项设置
视图（V）	窗口外观状态管理	进行窗口外观设置，包括自定义工具栏和菜单、字体设置、显示或隐藏格子、显示变量值标签、在数据浏览和变量浏览之间切换等操作

续 表

菜单名	功 能	解 释
数据(D)	数据的操作和管理	进行数据变量的定义、复制数据或数据集、定位观测量、分类观测量、转换重构变量、合并拆分文件、数据异常检查及加权等操作
转换(T)	数据基本处理	进行数值的计算、重新编码、离散化处理、缺失值替代、创建序列时间、产生随机数等操作
分析(A)	统计分析	对数据编辑器窗口中的数据进行统计分析和建模(如基本统计分析、均值比较、相关分析、回归分析、非参数检验等)
直销(M)	商业营销	提供了商业营销分析的专用方法(如 RFM 分析等)
图形(G)	制作统计图形	对数据生成各种统计图形(如条形图、直方图、饼图、线图、散点图等)
实用程序(U)	实用程序	进行变量列表、控制输出管理系统、输出文件信息、定义和使用变量集合、生产工作、集成 R 或者 Python 的外部程序等操作
窗口(W)	窗口管理	进行窗口拆分、最小化、切换窗口等操作
帮助(H)	帮助	提供 SPSS 系统帮助、教程、个案研究、统计辅导、指令语法及算法参考

2. 结果输出窗口

SPSS 的结果窗口也称为结果视图或者结果浏览窗口,该窗口用于存放 SPSS 的操作日志及分析结果,如图 6-3 所示。整个窗口分为两个区:左边为目录区,是 SPSS 分析结果的目录;右边是内容区,显示与目录对应的内容。在结果浏览窗口内可以浏览、编辑输出结果,改变输出显示顺序等。

SPSS 的结果输出可以保存为"*.SPV"的文件格式,还可以将全部或选定部分结果导出为 Html、Word、PPT、PDF 等多种格式的文件。

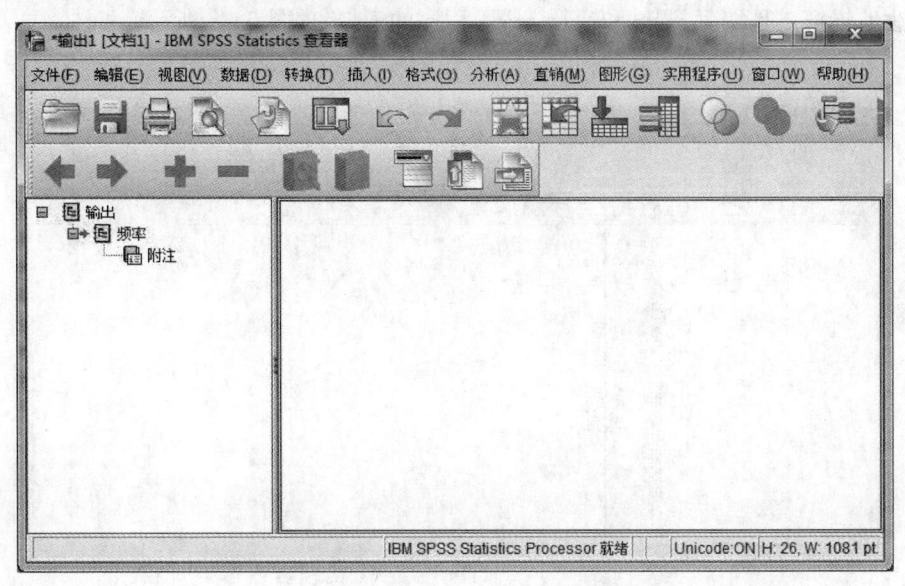

图 6-3 结果输出窗口

3. 结果编辑窗口

结果编辑窗口是编辑分析结果的窗口。在结果视图中,选择要编辑的内容,双击或者单击右键选择"编辑内容",选中的图表可以在单独的窗口中进行编辑,对于表格还可以直接在结果窗口中编辑。图表编辑器窗口,如图 6-4 所示。

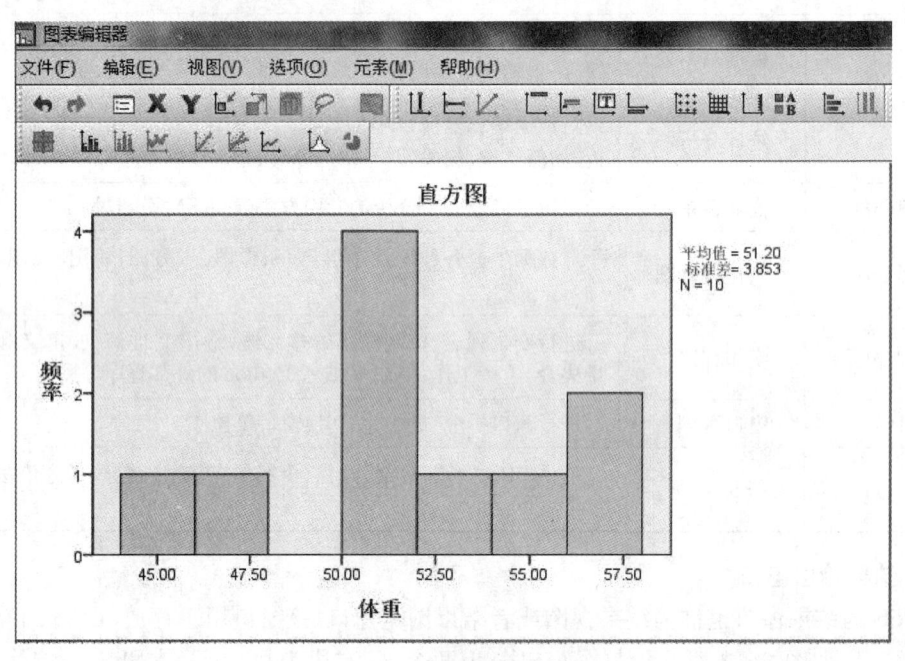

图 6-4 "图表编辑"窗口

4. 语法编辑窗口

SPSS 除了提供菜单操作外,还提供语法编程方式。语法编程除了能够完成窗口操作所能完成的所有任务外,还能完成许多窗口操作所不能完成的其他工作,实现分析和控制自动化。语法编辑窗口是编写、调试和运行 SPSS 程序的窗口,如图 6-5 所示。

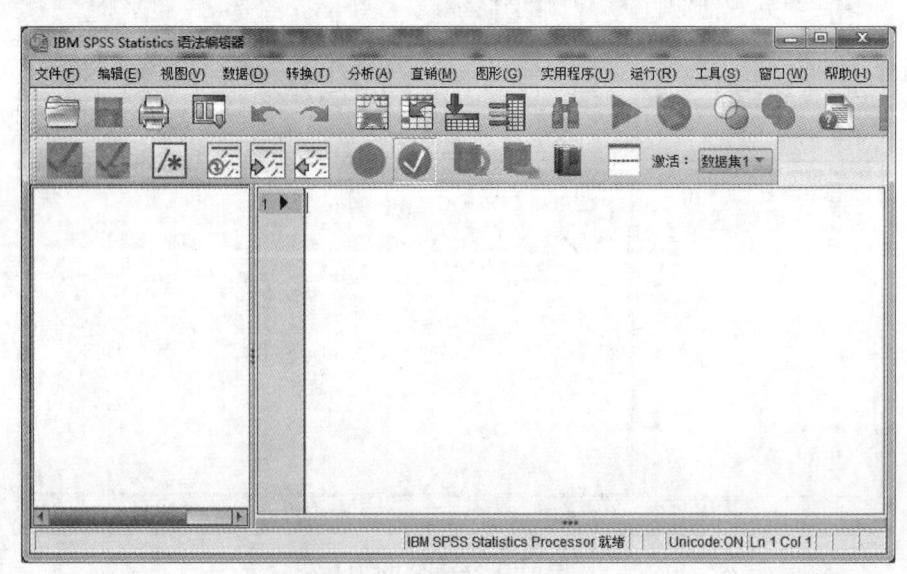

图 6-5 "语法编辑"窗口

5. 脚本编辑窗口

在 SPSS 数据编辑窗口或结果浏览窗口中，执行"文件"→"新建"→"脚本"命令，出现如图 6-6 所示的宏程序编辑窗口。在该窗口中可以用语言编程，实现用户特殊的需要。

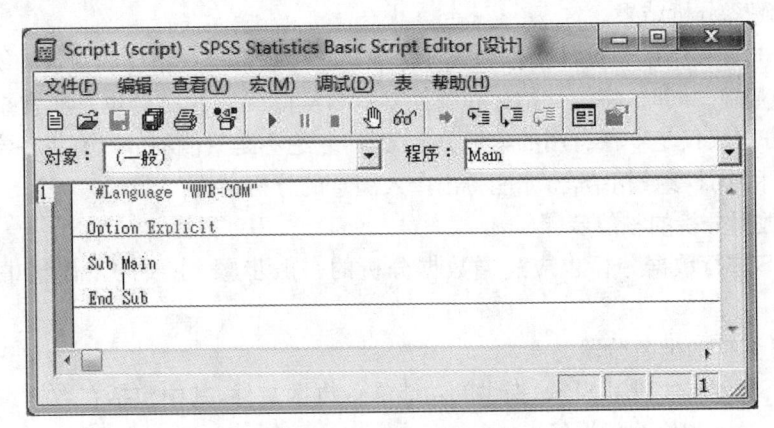

图 6-6 脚本编辑窗口

1.2 利用 SPSS 进行数据分析的步骤

1. 数据分析的一般步骤

统计学通常被定义为用以收集数据、整理数据、分析数据和由数据得出结论的一组概念、原则和方法。因此，在数据分析的实践中，用统计学的理论指导应用是极为重要的。数据分析一般经过收集数据、加工和整理数据、分析数据 3 个主要阶段。

（1）明确数据分析目标。

明确数据分析目标是数据分析的出发点。明确数据分析目标就是要明确本次数据分析要研究的主要问题和预期的分析目标等。只有明确了数据分析的目标，才能正确地制定数据采集方案。

（2）正确收集数据。

正确收集数据是指应从分析目标出发，排除干扰因素，正确收集服务于既定分析目标的数据。正确的数据对于实现数据分析目标起到关键性的作用。在收集数据的过程中，经常会获得一些与分析目标无关或者对分析目标起相反作用的干扰数据，排除这些数据是数据收集的重要环节。采用恰当的抽样调查方式是保证正确收集数据的重要手段。

（3）数据的加工整理。

在明确数据分析目标的基础上，收集到的数据往往还需进行必要的加工整理，才能真正用于分析建模。通过数据的加工整理，人们能够大致掌握数据的总体分布特征，这是今后进一步深入分析和建模的基础。数据的加工整理通常包括数据的缺失值处理、数据的分组、基本描述统计量的计算、基本统计图形的绘制、数据取值的转换、数据的正态化处理等。

（4）选择恰当的统计分析方法进行分析。

数据加工整理完成后，一般就可做进一步的数据分析了。分析时应切忌滥用和误用统计分析方法。滥用和误用统计分析方法主要是由于对方法能解决哪类问题、方法适用的前提、方法对数据的要求不清等原因造成的。另外，统计软件的不断普及以及应用中的不求甚解也会加重这种现象。在明确了统计方法的含义和适用范围后,选择几种统计分析方法对数据进行探索性的反复分析也是极为重要的。每一种统计分析方法都有自己的特点和局限性,因此一般需要选择几种方法反复进行分析,仅依据一种分析方法的结果就断然做出结论是不科学的。

(5) 正确解释分析结果。

数据分析的直接结果是统计指标和统计参数。正确理解这些指标和参数的统计含义是一切分析结论的基础。同时,将统计指标和统计参数与实际问题相结合也是非常重要的。但客观地说,统计方法仅仅是一种有用的数量分析工具,它绝不是万能的。只有将各学科的专业知识与统计指标和统计参数相结合,才能得出令人满意的分析结论。

2. SPSS 数据分析的一般步骤

利用 SPSS 进行数据分析也应遵循数据分析的一般步骤,主要的工作集中在以下四个阶段。

(1) SPSS 数据的准备阶段。

按照 SPSS 的要求,利用 SPSS 提供的功能准备数据文件,其中包括在数据编辑窗口中定义数据的结构、录入和修改数据等。

(2) SPSS 数据的加工整理阶段。

对数据编辑窗口中的数据进行必要的预处理。例如,将数据的缺失值补齐,对数据进行排序、拆分等。

(3) SPSS 数据的分析阶段。

选择正确的统计分析方法,对数据编辑窗口中的数据进行分析建模。由于 SPSS 能够自动完成数据建模中的数学计算并给出计算结果,使分析人员无须记忆数学公式,这无疑给统计分析方法和 SPSS 的广泛应用铺平了道路。

(4) 分析结果的解释。

读懂 SPSS 输出窗口中的分析结果,明确其统计含义,并结合应用背景知识做出切合实际的合理解释。

本 章 小 结

1. 熟悉 SPSS 软件的界面,主要有 5 类窗口,分别为数据编辑窗口、结果输出窗口、结果编辑窗口、语法编辑窗口和脚本编辑窗口。

2. 理解 SPSS 软件进行数据分析的一般步骤。

第7章 SPSS数据文件的建立与预处理

如何将资料转变为SPSS能够识别、统计的数据文件,为数据整理和分析做好准备工作,这就必须将数据进行预处理。数据预处理是指在数据正式整理之前对数据进行选择、排序、转置、合并、拆分、加权处理、分类汇总、变量计算等处理工作。本章就介绍数据文件的建立与编辑,掌握运用SPSS数据加工方法与操作。

实验一 建立数据文件

【实验目的】

1. 理解建立数据文件的原理和方法。
2. 掌握数据文件的特点以及变量结构定义。
3. 熟悉SPSS数据的录入方式。

【相关知识】

1. SPSS数据文件的特点

SPSS是一个有别于其他文件的特殊格式的文件,SPSS数据文件是一种有结构的数据文件,它由数据结构和内容两部分组成。其中,数据结构记录数据变量的名称、类型、变量宽度、小数位数、变量名标签、变量值标签、缺失值、显示宽度、对齐方式和度量尺度等必要信息,数据的内容才是那些待分析的具体数据。

基于上述特点,建立SPSS数据文件时应完成两项任务,即描述数据的结构和录入编辑数据。一个典型的SPSS数据文件,如表7-1所示。

表7-1 SPSS数据文件结构

姓名	性别	年龄	…
张三	1	45	…
李四	2	23	…
⋮	⋮	⋮	⋮
⋮	⋮	⋮	⋮
王五	2	45	…

在表7-1中,应熟悉以下的概念:
(1)个案。在数据处理中,一个研究对象就是一个个案,在数据表格中表现为"一行"。

(2) 样本。样本是指具有共同属性的所有研究对象,在数据表格里表现为"n 行"。

(3) 变量。SPSS 中的变量相当于数据库中的"字段",在数据表格中表现为"一列"。例如,表 7-1 中,"姓名"、"性别"、"年龄"等都是变量名。

(4) 变量值。在 SPSS 系统里,单元格中的数值就是变量值。

2. 数据的变量结构定义

(1) 数据的结构定义。

打开 SPSS 之后,进入数据编辑窗口,数据编辑窗口分为数据视图窗口和变量视图窗口。要建立新的 SPSS 数据文件首先需要定义数据文件的结构,即定义新的变量,左键单击左下方的变量视图标签,得到如图 7-1 所示的变量定义窗口。SPSS 数据的结构是对 SPSS 每列变量及其相关属性的描述,主要包括变量名、数据类型、变量宽度、变量名标签、变量值标签、显示宽度、缺失值、对齐方式、度量尺度等信息。

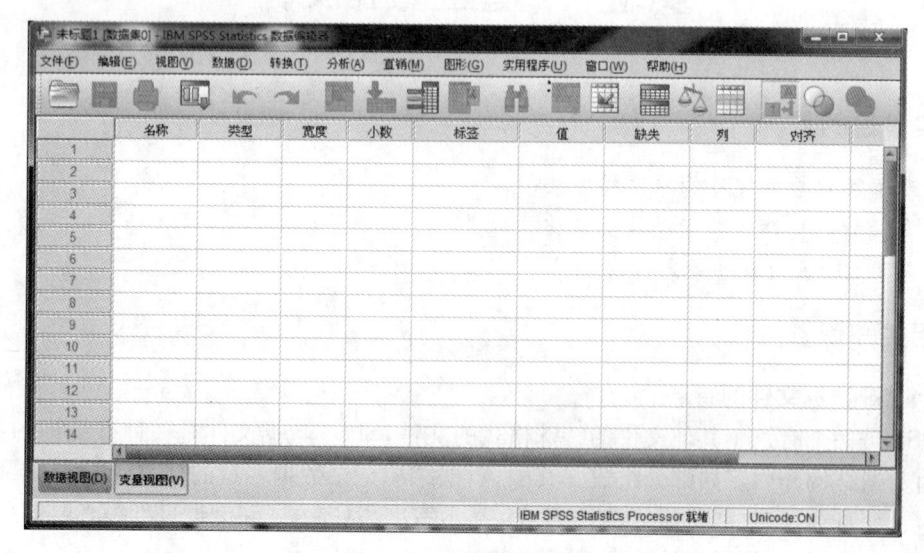

图 7-1 变量定义窗口

下面具体介绍变量定义窗口中各项的含义与设置。

① 名称。

名称是变量访问和分析的唯一标志。在定义 SPSS 数据结构时,应首先给出每列变量的变量名。变量的命名规则如下:

◇ 字符长度不超过 64 个(即 32 个汉字),首字必须是字母或汉字,随后的字节是除了标点符号以外的字符,变量名的结尾不可以是圆点或者下划线。

◇ 变量名不区分大小写字母。

◇ SPSS 有默认的变量名,以字母"VAR"开头,后面补足 5 位数字,如 VAR00001、VAR00012 等。变量名不能与 SPSS 内部特有的具有特定含义的保留字同名,如 ALL、BY、AND、NOT、OR 等。

◇ 变量名最好与其代表的数据含义相对应,每个变量名必须具有唯一性。

② 数据类型。

数据类型是指每个变量取值的类型。左键单击"类型"栏后的 按钮,弹出如图 7-2 所示的对话框。SPSS中有三种基本数据类型:数值型、字符型和日期型。

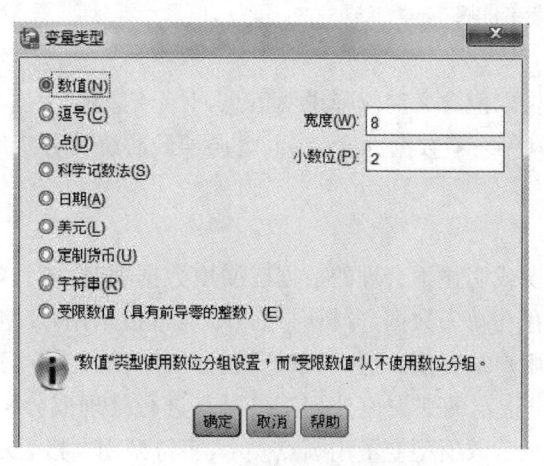

图 7-2 "变量类型"对话框

进一步细化基本的变量类型,SPSS的数据类型一共有9种,如表7-2所示。

表 7-2 SPSS 变量类型说明

变量类型	说　明
标准数值型	以标准格式或科学计数法表示的数值。系统默认。默认总长度8位,小数点2位。例如:12 345.67
逗号数值型	其值在显示时整数部分从右至左每3位用一个逗号做分隔符,值的小数指示符右侧不能包含逗号。例如:12 345.67 千分位用逗号
圆点数值型	其值在显示时整数部分从右至左每3位用一个圆点做分隔符,值的小数指示符右侧不能包含圆点。例如:12.345 67 千分位用圆点
科学记数法	它的值以嵌入的E及带符号的10次幂指数形式表示。例如:1.2E+04
日期型	其值以若干种日历-日期或时钟-时间格式中的一种显示,从列表中选择一种格式,输入日期时可以用斜杠、连字符、句号、逗号或空格作为分割点
美元型	主要用来表示货币数据,显示时前面带美元符号($)。例如:$12 345.67
定制货币	其值以定制货币格式中的一种显示,定制货币格式是在"选项"对话框的"货币"选项中定义。定义的定制货币字符不能用于数据输入,但显示在数据编辑器中
字符串	默认总长度8位。可以包含任何字符,可包含的最大字符数不超过定义的长度
受限数值	具有前导零的整数,不适用数位分组

③ 变量宽度。

设置变量数字位数或字符个数。一般无须调整,直接采取默认值。它的大小可通过"宽度"栏右边的微调按钮来实现,也可通过图7-2的"宽度"选项进行调整。

④ 小数。

若变量类型为数值型,则可设置变量中的小数位数,其他类型的变量不能设置。小数位数默认为两位,可通过图7-2的"小数位"选项进行调整。

⑤ 标签。

标签是对变量名含义的进一步解释说明,它可以增强变量名的可视性和统计分析结果的可读性。变量名标签可用中文,总长度可达 120 个字符,但在统计分析结果的显示中一般不能显示如此长的变量名标签信息。

⑥ 值。

变量值标签是对变量取值含义的解释说明信息,对于定类型数据尤为重要。比如 1 代表男性,2 代表女性,它不但明确了数据的含义,也增强了最后统计分析结果的可读性。变量值标签可以用中文。

⑦ 缺失。

数据中存在明显错误或明显不合理的数据或漏填数据项时,统计学上称为不完全数据或缺失数据。数据中如果存在缺失数据,分析时通常不能直接采用,要进行说明。SPSS 中说明缺失数据的方法是指定用户缺失值。这样,SPSS 在分析时,就能够将这些缺失值与正常的数据区分开来,并依据用户指定的缺失值处理策略对其进行处理或分析。SPSS 还有一类默认的缺失值,称为系统缺失值,数值型变量用圆点表示,字符型用空格表示。

SPSS 中说明缺失数据的基本方法是指定用户缺失值。用户缺失值可以是:

◇ 没有缺失值:即对缺失值不做处理,不指定缺失值。

◇ 离散缺失值:对字符型或数值型变量,用户缺失值可以是 1 至 3 个特定的离散值。

◇ 范围加上一个可选离散缺失值:对一个数值型变量,用户缺失值可以在一个连续的闭区间内并同时再附加一个区间以外的离散值。

⑧ 列。

定义变量在数据窗口的宽度,列宽度只影响数据编辑器中的值显示,更改列宽不会改变变量已定义的宽度。

⑨ 对齐。

定义显示对齐方式,对齐方式分为右对齐、左对齐和中间对齐。系统中,数值型变量默认为右对齐,字符型变量默认为左对齐。

⑩ 度量标准。

统计学依据数据的度量尺度将数据划分为三大类:间隔尺度数据,变量的取值是连续的区间,如身高、体重;定序型数据,是对事物之间等级或顺序差别的一种测量,如职称、职务、对某事物的赞同程度;定类型数据(也叫名义尺度),仅是一种标志,用于区分变量的不同值,没有次序关系,如民族、宗教信仰、性别、党派。定距型数据通常指连续型数据;定序型数据具有内在固有大小或高低顺序,但它又不同于定距型数据,一般可以用数值或字符表示;定类型数据没有内在固有大小或高低顺序,一般是以数值或字符表示的分类数据。

⑪ 角色。

在统计分析的某些对话框支持可用于预先选择分析变量的预定义角色,当打开其中一个对话框时,满足角色要求的变量将自动显示在目标列表中。在"角色"栏单击 ▼ 按钮时,弹出图 7-3 所示的下拉列表,该菜单中列出了"角色"属性中可以设置的选项。

各选项的作用如下:

◇ 输入:变量将用作输入(如预测变量、自变量)。

图 7-3 "角色"设置对话框

50

◇ 目标：变量将用作输出或目标（如因变量）。
◇ 两者：变量将同时用作输入和输出。
◇ 无：变量没有角色分配。
◇ 分区：变量用于将数据划分为单独的训练、检验和验证样本。
◇ 拆分：设定此角色是为与 SPSS Modeler 相互兼容，具有此角色的变量不会在 SPSS Statistics 中用作拆分文件变量。

（2）SPSS 数据的录入。

① 录入数据的一般方法。

定义好 SPSS 数据结构后，可将具体的数据输入到 SPSS 中，最终形成 SPSS 数据文件。单击数据编辑窗口的"数据视图"标签，即可在数据视图中输入数据。其操作方法与 EXCEL 基本类似，也是以电子表格的方式进行录入。录入带有变量值标签的数据时，可以直接输入变量值，也可以在下拉按钮中的值标签列表中选择一个作为输入。

② 数据的定位。

数据的定位的目的是将当前数据单元定位到某个特定的单元中。有两种定位方式：一种是按个案序号定位。按"编辑"→"转向个案"顺序单击鼠标，打开"转到"对话框的"个案"选项卡，在"转向个案数"栏中输入要查找的观测号，单击"转向"按钮；另一种是按变量值进行定位。按"编辑"→"转向变量"顺序单击鼠标，打开"转到"对话框的"变量"选项卡，单击"转向变量"栏中向下按钮，选某一变量值，其列所有值被加深显示，不关闭对话框还可以继续查找。

③ 插入和删除一个个案。

插入一个个案，可以将指针置于要插入观测的一行的任意单元格中，单击鼠标。单击"编辑"→"插入个案"命令，结果在选中的一行上增加一个空行，可以在此行上输入该观测的各变量值。

删除一个个案，在欲删除的个案号码上单击鼠标左键，于是待删除的个案数据全部反向显示；单击鼠标右键，从弹出菜单中选择"清除"选项。

④ 插入和删除一个变量。

插入一个变量，即在数据编辑窗口的某个变量前插入一个新变量。在"数据视图"窗口中将指标置于要插入新变量的列中任意单元格上，单击鼠标左键；或者在"变量视图"窗口中，单击新变量要占据的那一行的任意位置。

删除一个变量，在欲删除的变量名上单击鼠标左键，于是待删除的数据全部反向显示；单击鼠标右键，从弹出菜单中选择"清除"选项。

【实验内容】

【例 7-1】 一次抽样调查的数据如 data7-1.sav 所示，定义的各变量及其主要属性如下表 7-3 所示。（参考资料：邓维斌，SPSS 19 统计分析实用教程，电子工业出版社，2012。参见数据：data7-1.sav）

表7-3 各变量主要属性

变量名	数据类型	变量值标签
人员编号	数值类型	无
性别	字符串型	0-女　1-男
部门	数值类型	1-通信学院　2-计算机学院　3-管理学院 4-光电学院　5-外语学院
体检日期	日期	无
体重	数值类型	无
健康状况	数值类型	1-差　2-一般　3-好

【实验步骤与实验结果】

第1步　变量定义

在变量定义窗口中建立数据文件所涉及的各变量及属性,如图7-4所示。左键单击"值"一栏右边的 按钮,弹出值标签对话框。在"值"栏中输入1,"标签"栏中输入对应变量值的标签"通信学院"。当这两栏里输入了内容后,左边第一个按钮"添加"由灰色不可用变为可用,单击它可将输入的值标签添加到最下面的文本框中。用相同的方法,可添加其余的值标签。输入完所有的变量值标签后,单击"确定"按钮使对变量值标签的设置有效。

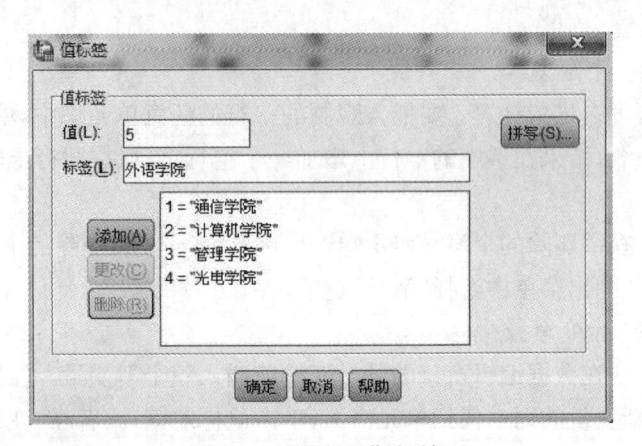

图7-4　"值标签"对话框

定义完变量值标签后,在SPSS主窗口的菜单栏中选择"视图"→"值标签",如图7-5所示,"值标签"一项前的复选框被选中,则在SPSS主窗口中经过变量值标签定义的数值型变量显示为所定义的标签。

图7-5　"值标签"设置

定义好各变量及其属性,如图 7-6 所示。

图 7-6 定义变量属性对话框

第 2 步 录入数据文件

单击"数据视图",按行或列录入数据,如图 7-7 所示。

图 7-7 "数据视图录入数据"对话框

第 3 步 从其他数据文件导入数据建立数据文件

SPSS 可以直接打开很多类型的数据文件,选择菜单"文件"→"打开"→"数据",弹出"打开文件"对话框,左键单击"文件类型",即可看到 SPSS 所能打开的数据文件类型,如图 7-8 所示。

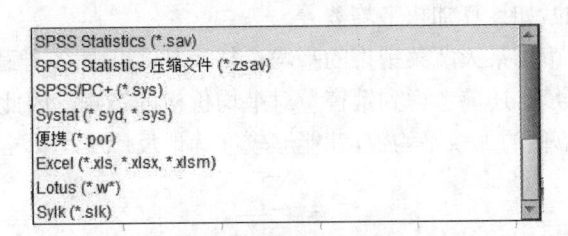

图 7-8 SPSS 能直接打开的数据文件类型

SPSS 能直接打开的数据文件类型很多,其中导入 EXCEL 类型的数据文件在实际操作中用得比较多。

实验二　数据文件的编辑

【实验目的】

1. 掌握数据文件的合并。
2. 掌握数据文件的拆分。
3. 掌握数据文件的选取。
4. 掌握数据文件的加权。

【相关知识】

1. 数据文件的合并

SPSS 可以对多个数据文件进行合并,合并方式有两种:对个案的合并和对变量的合并。

(1) 对个案的合并。对观测量的合并要求两个数据文件至少有一对属性相同的变量,而变量名称可以有所不同。

(2) 对变量的合并,则不需要两个文件有相同变量。

2. 数据文件的拆分

在进行数据分析的时候,有时需要对数据文件进行拆分。数据文件的拆分,是将原始数据进行重新排序,使得某一选定变量取值相同的个案集中排列在一起。在进行统计分析时,经常要对文件中的观测进行分组,然后按组分别进行分析。

3. 数据的选取

数据选取就是根据分析的需要,从已收集到的大批量数据(总体)中按照一定的规则抽取部分数据(样本)参与分析的过程,通常也称为抽样。

SPSS 可根据指定的抽样方法从数据编辑窗口中选出部分样本以实现数据选取,这样后面的分析操作就只针对选出的数据,直到用户取消这种选取为止。

4. 数据的加权

权重是统计学的重要概念之一。在记录有大量数据的文件里,可能多次测量到同一观测量值。所谓权重,是指同一个观测量值在所有的观测量里出现的次数或频率。统计分析中的加权处理是极为常见的,如计算加权平均数等。

例如,希望掌握菜市场某天蔬菜销售的平均价格。如果仅用各种蔬菜销售单价的平均数作为平均价格就很不合理,还应考虑到销售量对平均价格的影响。因此,以蔬菜的销售量为权数计算各种蔬菜销售单价的加权平均数,就能够较准确地反应平均价格水平。

$$\bar{x} = \frac{\sum xf}{\sum f} \tag{7-1}$$

【实验内容】

内容 2-1:将数据文件 data7-2.sav 和 data7-3.sav、data7-2.sav 和 data7-4.sav 进行

合并。

内容 2-2：将数据文件 data7-5.sav，按所属地区进行分组。

内容 2-3：对数据文件 data7-5.sav 的数据，只选取地区生产总值大于 50 000 亿元的省份。

内容 2-4：对数据文件 data7-5.sav 的数据，以人口为权重计算各省人均生产总值的平均值。

【实验步骤与实验结果】

实验内容 2-1　数据文件的合并

第 1 步　打开"合并文件"→"添加个案"对话框

打开数据文件 data7-2.sav 和 data7-3.sav，选择菜单"数据"→"合并文件"→"添加个案"，出现如图 7-9 所示的对话框。打开有两个可选合并方式，选择"打开的数据集"，单击目标文件；另一个选择"外部 SPSS Statistics 数据文件"表示从外部数据进行读取。

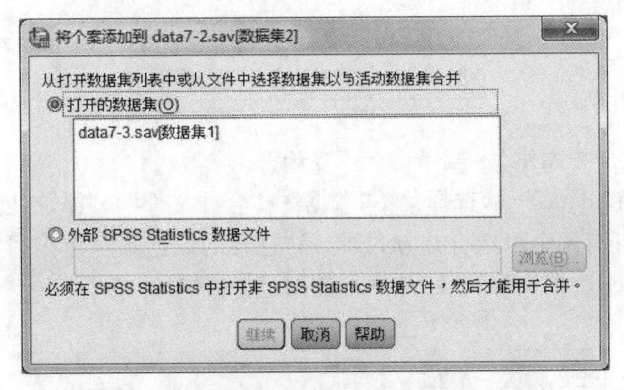

图 7-9　对观测值合并的个案添加的对话框

第 2 步　选择需添加的观测值

单击"继续"按钮，出现如图 7-10 所示的窗口。左边"非成对变量"表框将显示两个文件中不匹配的变量名，如果要强行合并不匹配的两个变量，则先在左侧列表框中选中两个变量，单击中间的"配对"按钮，便可将两个变量进行合并。在右侧有一个选项"将个案源表示为变量"，表示将在合并后的文件中生成一个新变量，标明每个记录的来源，0 表示来自源文件，1 表示来自被合并文件。在本案例中，只有"年份"和"第一产业国内生产总值"为共同变量，因此系统默然将这两个变量拉入右侧"新的活动数据集中

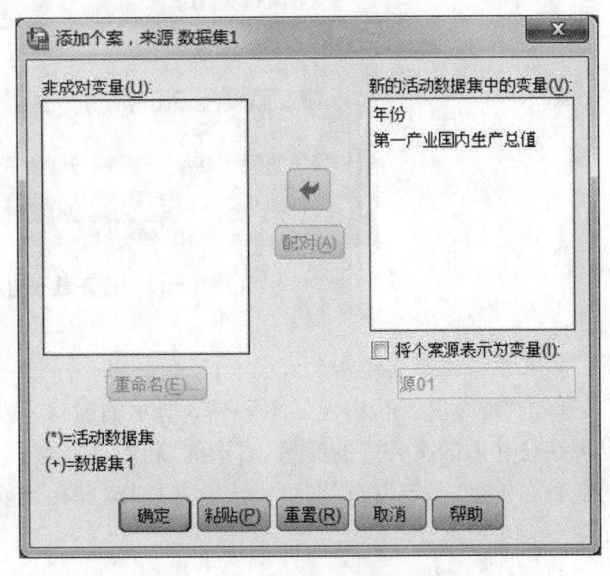

图 7-10　"添加个案"对话框

的变量"列表框中。单击"确定"按钮,完成合并操作,出现如图 7-11 所示的数据视图。

图 7-11 观测值合并完成界面

第 3 步 打开"合并文件"→"添加变量"对话框

打开 data7-2 和 data7-4,选择菜单"数据"→"合并文件"→"添加变量",出现如图 7-12 所示的对话框。打开有两个可选合并方式,选择"打开的数据集",单击目标文件;另一个选择"外部 SPSS Statistics 数据文件"表示从外部数据进行读取。

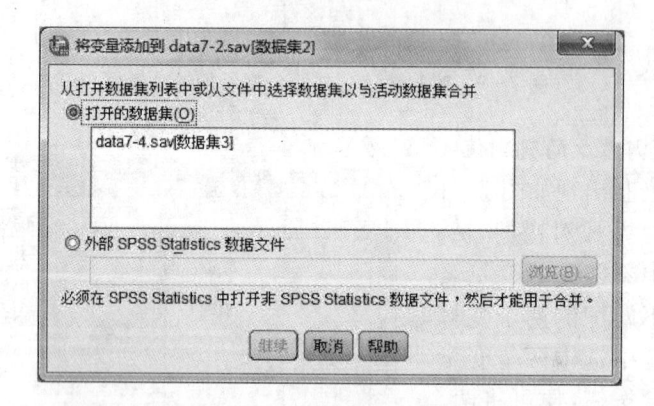

图 7-12 打开数据的对话框

第 4 步 选择需添加的变量

单击"继续"按钮,出现如图 7-13 所示的窗口。左边的"已排除的变量"列表框将显示不出现在合并后的文件中的变量,右边的"新的活动数据集"将显示出现在最终合并后的文件中的变量。单击"确定"按钮即可完成合并操作,并在当前数据编辑窗口显示合并后的数据文件。如图 7-14 所示。

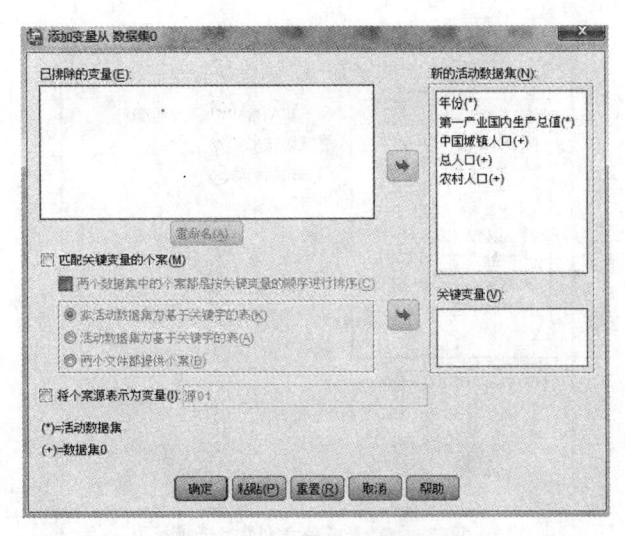

图 7-13 "添加变量"对话框

图 7-14 合并完成界面

实验内容 2-2　数据文件的拆分

第 1 步　拆分文件的设置

打开数据 data7-5.sav,选择菜单"数据"→"拆分文件",出现如图 7-15 所示的对话框。该对话框提供了 3 种方式:"分析所有个案,不创建组"对全部观测进行分析,不进行拆分;"比较组"在输出结果中将各组的分析结果放在一起进行比较;"按组织输出"按组排列输出结果,即单独显示每一分组的分析结果。

第 2 步　选择拆分方式

按照所属地区拆分文件,选择"比较组",激活"分组方式"栏,选中"所属地区"变量移入其中。单击"确定"按钮,完成拆分操作,SPSS 数据视图窗口显示如图 7-16 所示,各指标已经按照所属地区进行分组。

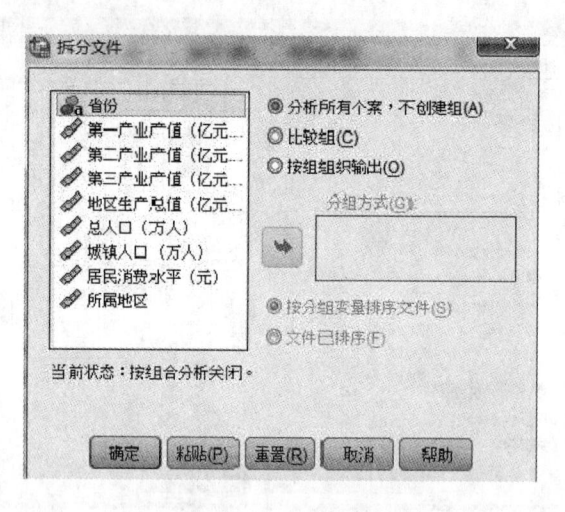

图 7-15 "拆分文件"对话框

图 7-16 拆分文件完成界面

实验内容 2-3 数据的选取

第 1 步 数据组织

打开整理好的数据文件 data7-5.sav。

第 2 步 打开"选择个案"对话框

选择"数据"→"选择个案"命令,弹出如图 7-17 所示的对话框。

图 7-17 "选择个案"对话框

第 3 步 指定选择个案的方式

系统提供了几种选择观测量的方法,有以下几种:

(1) 所有个案:所有的个案都选择。该选项可用于解除原来的个案选择。

(2) 如果条件满足:按指定条件选择个案。

SPSS 要求用户以条件表达式给出数据选取的条件,SPSS 将自动对数据编辑窗口中的所有个案进行条件判断。那些满足条件的个案,即条件判断为真的个案将被自动选取出来,而那些条件判断为假的个案则不被选中。

(3) 随机个案样本:即对数据编辑窗口中的所有个案进行随机筛选,包括如下两种方式:

第一,近似抽样。

近似抽样要求用户给出一个百分比数值,SPSS 将按照这个比例自动从数据编辑窗口中随机抽取相应百分比数目的个案。

第二,精确抽样。

精确抽样要求用户给出两个参数。第一个参数是希望选取的个案数,第二个参数是指定在前几个个案中选取。SPSS 自动在数据编辑窗口的前若干个个案中随机精确地抽出相应个数的个案来。

(4) 基于时间或个案全距:即选取数据编辑窗口中样本号在指定范围内的所有个案,要求给出这个范围的上、下界个案号码。

(5) 使用过滤变量:即依据过滤变量的取值进行样本选取。要求指定一个变量作为过滤变量,变量值为非 0 或非系统缺失值的个案将被选中。这种方法通常用于排除包含系统缺失值的个案。

第 4 步 设置选中个案的输出形式

"过滤掉未选定的个案"是默认设置,通常选择此默认设置。

各输出形式的含义如下:

(1) 过滤掉未选定的个案:表示在未被选中的个案号码上打一个"/"标记,在当前数据文件中自动生成一个名为 filter_$ 的新变量,取值为 0 或 1,1 表示个案被选中,0 表示未被选中。

(2) 将选定个案复制到新数据集:表示将选中的个案输出到新的数据文件中,设置新数据文件的文件名即可。

(3) 删除未选定个案:表示将未被选中的个案从数据编辑窗口中删除。

第 5 步　设置选择个案的条件。

单击"选择"中的"如果条件满足"选项,单击"如果"按钮,弹出如图 7-18 所示的"条件设置"对话框。从左侧列表栏中选中"地区生产总值",将其拉入右侧计算框中,在数字键盘中输入">50000",单击"继续",个案选择如图 7-19 所示。

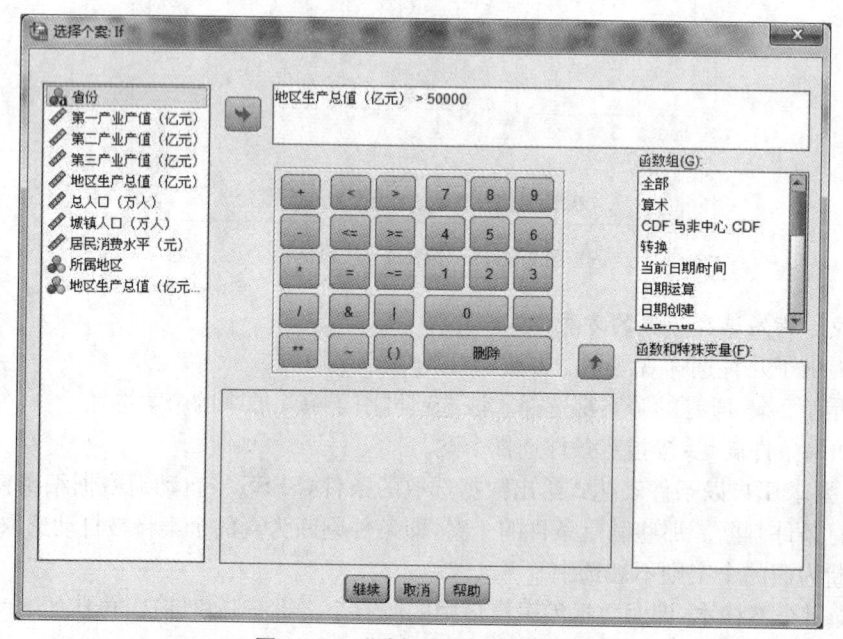

图 7-18　"选择个案:If"对话框

图 7-19　个案选择结果

经过以上步骤的操作后,以后的统计分析只会针对"地区生产总值>50000"的个案,若要取消以上的个案选择,只需打开"选择个案"对话框,选择其中的"所有个案"即可。

实验内容 2-4　数据的加权

第 1 步　分析

在数据 data7-5 中,需要计算各省人均生产总值的平均值。如果仅根据 31 个省的人均生产总值进行算术平均的计算,存在的一定的不合理性,原因是各省人口数会对人均生产总值产生影响。因此,本案例需要以人口为权重计算各省人均生产总值的平均值,这样才合理。

第 2 步　加权变量的设置

单击"数据"→"加权个案",出现如图 7-20 所示的对话框。右侧中选择"加权个案",将左侧的"总人口"变量拉入右侧"频率变量"框中作为加权变量。单击"确定"按钮,完成加权操作。经过加权操作的各省人均生产总值的均值为 42 774.40 元,未加权的各省人均生产总值为 431 80.97 元。一旦指定了加权变量,在以后的分析处理中加权便一直有效,直到取消加权为止。

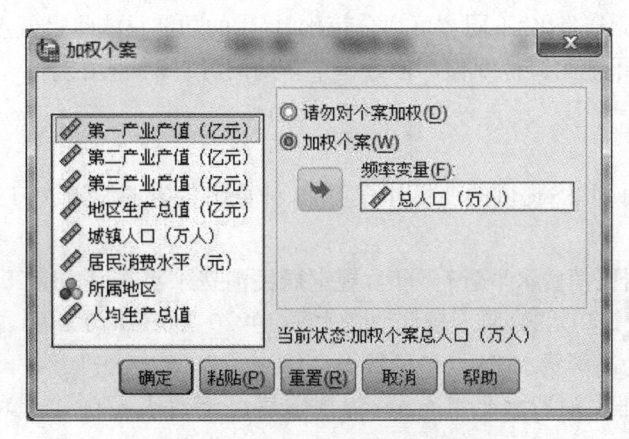

图 7-20　"加权个案"设置对话框

实验三　SPSS 数据加工

【实验目的】

1. 掌握数据变量的计算。
2. 掌握数据可视分箱化。
3. 掌握数据重新编码。

【相关知识】

1. 数据变量的计算

SPSS 变量计算是在原有数据的基础上,根据用户给出的 SPSS 算术表达式以及函数,对所有个案或满足条件的部分个案,计算产生一系列新变量。

(1) 变量计算是针对所有个案(或指定的部分个案)的,每个个案都有自己的计算结果。

（2）变量计算的结果应保存到一个指定变量中，该变量的数据类型应与计算结果的数据类型相一致。

2. 数据可视分箱化

SPSS 提供的数据可视分箱化功能可将连续的数值型数据按由小到大的顺序加以分组（测量值由最低分至最高分分组），其功能在于将连续数值数据分割为不同区段，区段的编码中最低分至第一个临界值的水平数值为 1，第二个区段的水平数值为 2，第三个区段的水平数值为 3，等等。第一个区段的水平数值一定是测量值中最低数值的那个区段，其水平数值内定为 1。

3. 数据重新编码

数据的重新编码是指将每个变量的观测值重新赋予一个新的值来描述它们的属性，并把相同的值分为一组，所以也称为变量的分组。变量的重新赋值有两种方式：一种是对变量自身重新赋值，对变量自身重新赋值不产生新变量，变量的新值直接在原来位置替代变量的原值；另一种是赋值生成新的变量，赋值生成新的变量操作会将变量的新值作为一个新的变量进行保存。与 SPSS"可视分箱化"不同，"可视分箱化"提供的功能只能将最低点至第一个临界值的水平数值赋值为 1，不能为其他赋值。但数据重新编码可实现此功能。

【实验内容】

内容 2 - 5：利用 SPSS 提供的变量计算功能，计算出各省的城镇人口比例。（参见数据文件：data7 - 5.sav）

内容 2 - 6：将居民消费水平进行分组，规定居民消费水平在 0～10 000 元的，属于低消费水平；在 10 000～20 000 元的，属于较低消费水平，在 20 000～30 000 的，属于中等消费水平；超过 30 000 元的，为高消费水平。（参见数据文件：data7 - 5.sav）

内容 2 - 7：将居民消费水平进行分组，规定居民消费水平在 0～10 000 元的，为 4；在 10 000～20 000 元的，为 3；在 20 000～30 000 的，为 2；超过 30 000 元的，为 1。（参见数据文件：data7 - 5.sav）

【实验步骤与实验结果】

实验内容 2 - 5　数据变量的计算

第 1 步　打开"计算变量"窗口

选择"转换"→"计算变量"，弹出"计算变量"的对话框。

第 2 步　选择目标变量

在"目标变量"框中输入目标变量名"城镇人口比例"，即存储计算结果的变量。单击"类型与标签"按钮，在这里设置目标变量的类型和添加标签。

第 3 步　设置新变量的生成表达式

从源变量列表中选择生成新变量所依据的变量，单击 ➡ 按钮将选中的变量选入"数字表达式"列表中参与模型表达式的构建；如果要用公式计算新变量，则先从"函数组"列表中选择相应的函数类型，"函数与特殊变量"列表中会显示出具体的函数类型与特殊变量，用户可以选择相应的函数并单击 ⬆ 按钮将其选入"数字表达式"列表中参与表达式的构建，再选择生成新变量的各变量。可以利用"数字表达式"下方的键盘进行数字与符号的输入。本案例中，从左边的变量列表窗口中选择用于计算的变量并加入"数学表达式"框中,并进行相应的计算。如图 7-21 所示。

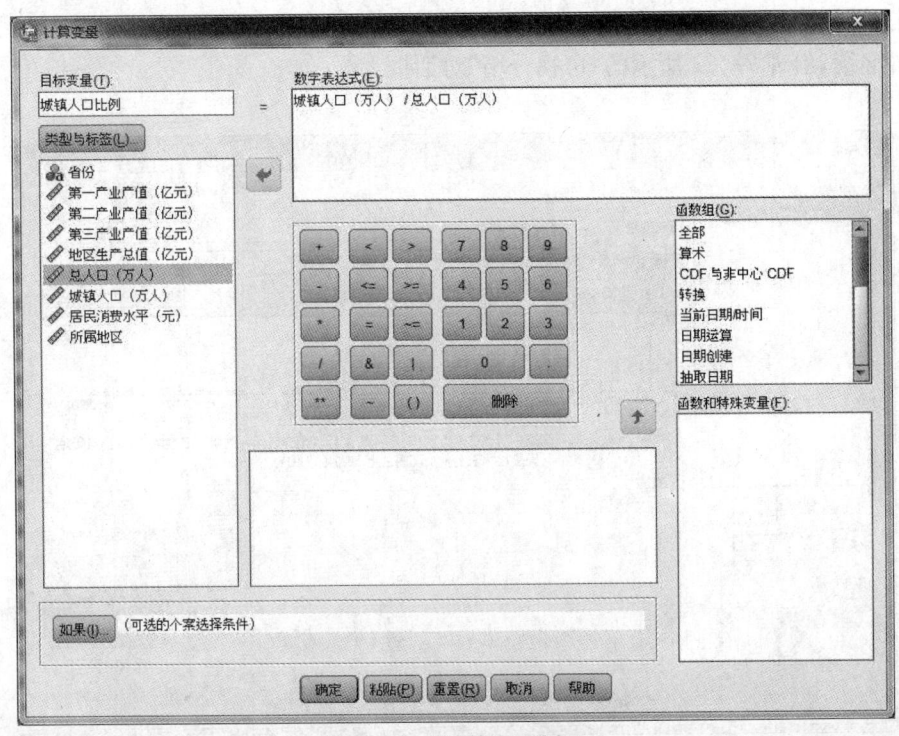

图 7-21 "计算变量"窗口

设置个案选择条件。单击"如果"按钮,打开"计算变量:If 个案"对话框。选择"包括全部个案",则表示变量中的全部个案均参与计算;选择"如果个案满足条件则包括"单选按钮,则激活个案选择条件设置部分,该部分与新变量的生成表达式的设置方法基本相同,在此不再赘述。

单击"确定"按钮,完成计算操作,SPSS 数据视图显示结果如图 7-22 所示,操作结果以新变量"城镇人口比例"显示。

图 7-22 计算完成界面

实验内容 2-6　数据可视分箱化

第1步　打开"可视分箱化"的对话框

单击"转换"→"可视分箱化",出现"可视分箱"对话框,选择要离散的变量"居民消费水平",单击继续,出现 7-23 所示的"可视分箱"对话框。

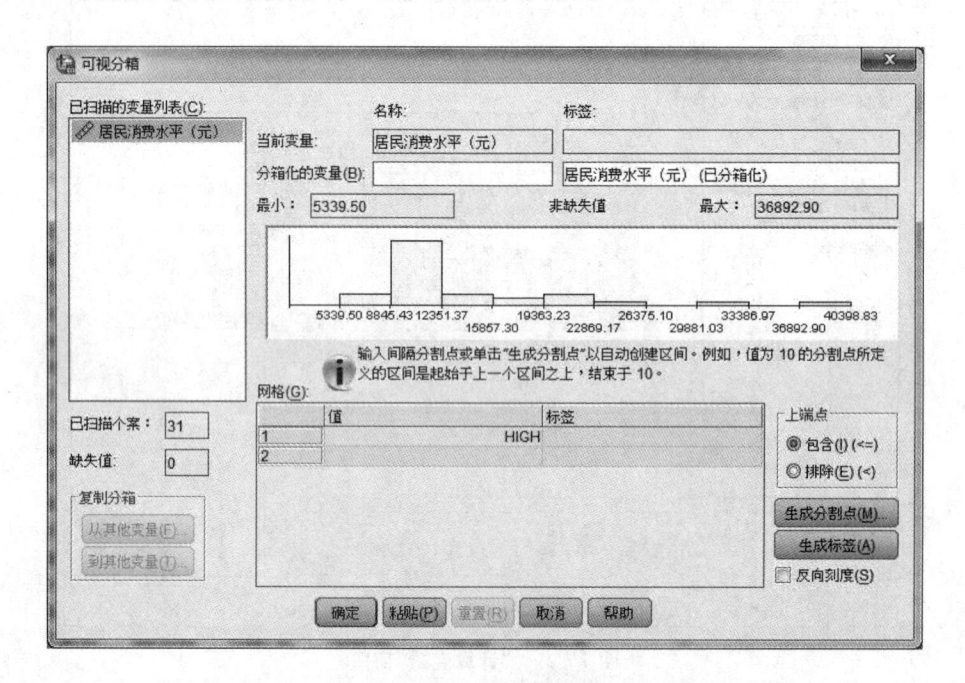

图 7-23　"可视分箱的变量选择"对话框

第2步　生成分割点和标签。

(1) 在"分箱化的变量"框中输入新变量名"等级"。

(2) 在"上端点"框中选择"排除<",表示将已确定的分组断点的上限值归入下一个分组中。

(3) 单击"生成分割点"按钮,出现三组分组方法。"等宽度间隔",即按照变量值等间距划分。"基于已扫描个案的等百分位",即按相等比例的观测值数目进行分组划分;在"分隔点数量"栏内输入断点的数目,系统将每组观测值数目的比例输出到"宽度"栏内。"基于已扫描个案的平均和选定标准差处的分割点",即基于变量的均值和标准差来产生组段划分。这一选项下3个复选框,分别指将断点设在以均值为中心以+/-1、+/-2、+/-3 为标准差的断点。无论是否选择3个复选框,系统都将只产生一个断点,就是变量值的均值点。选择"等宽度间隔"选项,在"第一个分割点的位置"输入第一个断点处的取值为 10 000,也就是将最小值到 10 000 之间的数作为第一个分组组段。在"宽度"栏内输入一个组段内变量值得长度 10 000,在单击"分隔点数量"一栏,根据当前居民消费水平计算出分割点的数量为3,单击"应用"按钮返回到图 7-24 所示的对话框。

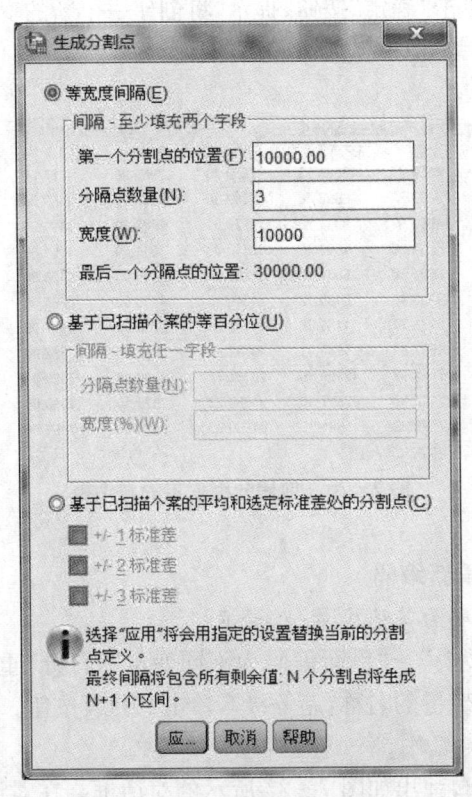

第 7 章 SPSS 数据文件的建立与预处理

图 7-24 "生成分割点"对话框

(4) 生成标签。在"值"一栏将出现各断点处的值,在"值"一栏内可设置变量的值标签,如图 7-25 所示。

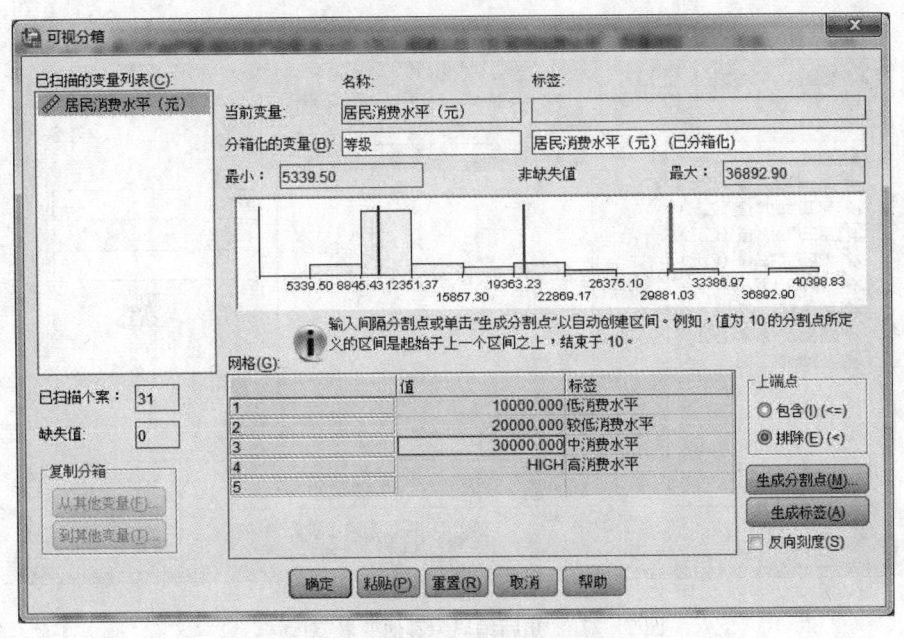

图 7-25 分隔点设置好后的界面

(5) 完成分组设置。单击"确定"按钮,提示"将创建一个新的变量",确定以后在数据窗口创建一个变量"等级",其结果如图7-26所示。

	省份	第一产业产值（亿元）	第二产业产值（亿元）	第三产业产值（亿元）	地区生产总值（亿元）	总人口（万人）	城镇人口（万人）	居民消费水平（元）	所属地区	等级
1	北京	150.20	4059.27	13669.93	17879.40	2069.00	1784.00	30349.50	1	高消费水平
2	天津	171.60	6663.82	6058.46	12893.88	1413.00	1152.00	22984.00	1	中消费水平
3	河北	3186.66	14003.57	9384.78	26575.01	7288.00	3411.00	10749.40	1	较低消费水平
4	山西	698.32	6731.56	4682.95	12112.83	3611.00	1851.00	10829.00	2	较低消费水平
5	内蒙古	1448.58	8801.50	5630.50	15880.58	2490.00	1438.00	15195.50	3	较低消费水平
6	辽宁	2155.82	13230.49	9460.12	24846.43	4389.00	2881.00	17998.70	4	较低消费水平
7	吉林	1412.11	6376.77	4150.36	11939.24	2750.00	1477.00	12276.30	4	较低消费水平
8	黑龙江	2113.66	6037.61	5540.31	13691.58	3834.00	2182.00	11600.80	4	较低消费水平
9	上海	127.80	7854.77	12199.15	20181.72	2380.00	2126.00	36892.90	1	高消费水平
10	江苏	3418.29	27121.95	23517.98	54058.22	7920.00	4990.00	19452.30	1	较低消费水平
11	浙江	1667.88	17316.32	15681.13	34665.33	5477.00	3461.00	22844.70	1	中消费水平

图7-26 创建分组变量的对话框

实验内容2-7 数据重新编码

第1步 打开"重新编码为其他变量"对话框

打开数据文件,选择"转换"→"重新编码为不同变量",打开"重新编码为其他变量"对话框,在输出变量框中输入新变量的名称"新等级",单击"更改"按钮。

第2步 设置编码转换规则

单击"旧值和新值"按钮,弹出如图7-27所示的对话框。在对话框中旧值的设置有7项选择,新值的设置有3项。根据转换规则,选择旧值的范围,再设置相对应的新值,单击"添加"按钮到"旧→新"列表框中,有几条转换的规则就应添加几次,设置好的转换规则如图7-28所示。单击"继续"按钮返回到图7-27的对话框中,单击"确定"按钮,生成7-29所示的重新编码结果。

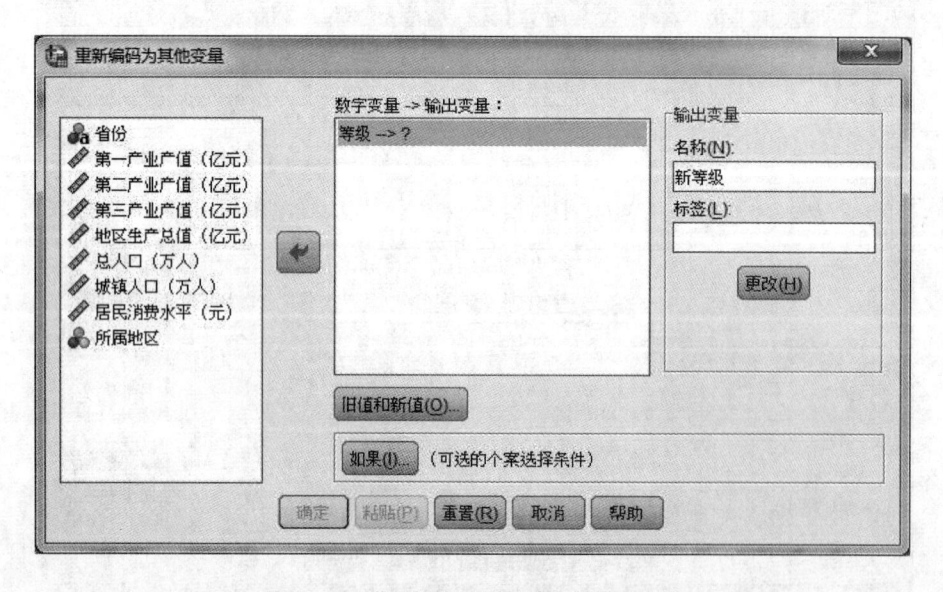

图7-27 "重新编码为其他变量"对话框

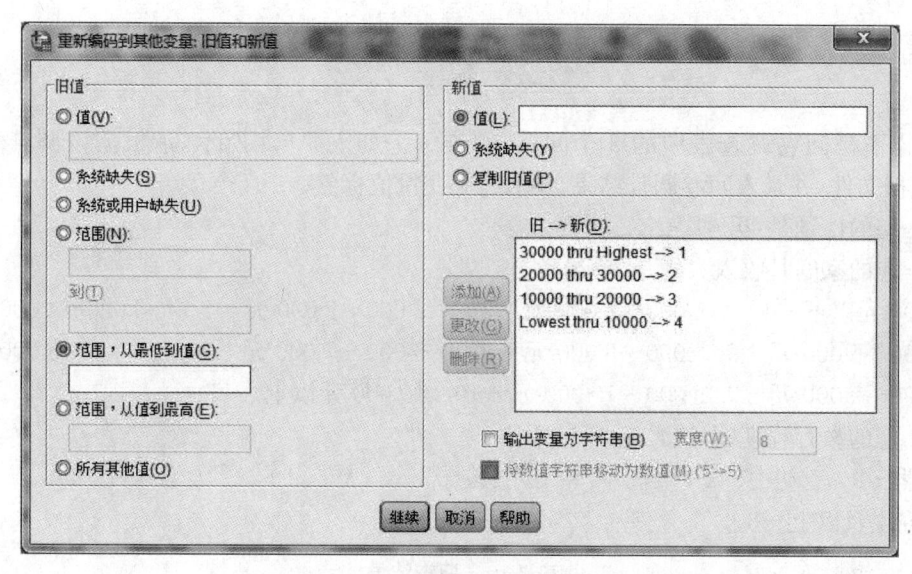

第 7 章　SPSS 数据文件的建立与预处理

图 7‑28　旧值转换为新值的设置

图 7‑29　重新编码结果

本 章 小 结

1. 理解 SPSS 内部函数的含义，运用"计算变量"功能和调用 SPSS 内部函数计算算术函数、统计函数和概率函数值。

2. 变量重新编码可以将连续型变量进行重新编码，以便变量分组或分类进行数据分析。

思考与练习

1. 以下是问卷调查表中的 3 个问题,调查结果如表 7-4 所示,请根据该调查表建立 SPSS 数据文件,并录入问卷调查结果,要求建立变量值标签。

(1) 您的性别是:男-1,女-2。

(2) 您的家庭月收入大约是(单选):

1 000 元以下-1　　1 000~2 000 元-2　　2 000~3 000 元-3　　3 000~4 000 元-4
4 000~5 000 元-5　　5 000~6 000 元-6　　6 000~7 000 元-7　　7 000~8 000 元-8
8 000~9 000 元-9　　9 000~10 000 元-10　　10 000 元以上-11

(3) 您的教育程度(单选):

小学-1　　初中-2　　高中/中专/技校-3　　大专-4　　大学本科-5
研究生及以上-6

表 7-4　调查结果

问题1	1	2	2	2	2	1	1	2	2	1	2	1	2	2	2	2	1	1	2	2	2	1
问题2	7	4	5	3	4	6	6	3	10	4	11	3	4	3	3	2	1	1	5	5	4	3
问题3	5	2	2	3	4	3	5	5	5	3	5	5	3	5	5	5	5	5	5	4	4	5

2. 江苏省 1990—2015 年地区生产总值与从业人数如数据 data7-6.sav 所示,请完成以下内容:

(1) 计算人均生产总值,并计算从业人员大于 4 500 万人的人均生产总值。

(2) 计算地区生产总值的环比发展速度、定基发展速度。

(3) 将"地区生产总值"重新编码:10 000 亿元以下-1,10 000~20 000 亿元-2,20 000~30 000 亿元-3,30 000~40 000 亿元-4,40 000~50 000 亿元-5,50 000~60 000 亿元-6,60 000 亿元以上-7。

(4) 将"地区生产总值"编码为:10 000 亿元以下-7,10 000~20 000 亿元-6,20 000~30 000 亿元-5,30 000~40 000 亿元-4,40 000~50 000 亿元-3,50 000~60 000 亿元-2,60 000 亿元以上-1。

3. 已知 data7-7.sav 包括起始工资、工龄、年龄和目前工资 4 个变量,data7-8.sav 包括工作态度、工作业绩、公司效益、学历和职务 5 个变量。

数据文件 data7-7.sav 和 data7-8.sav 是企业职工的两组模拟调查数据。(资料来源:吴培乐,经济管理数据分析实验教程 SPSS 18.0 操作与应用,科学出版社,2012)

要求:

(1) 合并 data7-7.sav 和 data7-8.sav 两个数据文件。

(2) 按是否有职务把调查数据拆分成两个部分。

(3) 选择出高学历的职工。

(4) 分类计算出有职务和没职务职工目前工资的平均数。

第8章 统计图形的制作与编辑

大量的统计数据显得纷繁复杂,研究者很难看出其中所蕴含的信息,而借助于图表,很容易看出图表所体现的数据的分布规律、发展趋势、数量多少和相互关系等信息。SPSS制图功能很强,可以绘制许多种统计图形,包括条形图、线图、饼图、箱图、直方图以及人口金字塔图等。SPSS提供了多种绘制统计图形的工具,本章将结合实际问题有选择地进行介绍。通过本章的学习,可以熟练掌握常用统计图形的SPSS绘制方法和操作技巧,并能灵活选用各种统计图形表现实际问题中的数据特征。

实验一 条形图及其制作

【实验目的】

1. 掌握条形图的特点、分类及应用范围。
2. 熟练应用SPSS软件进行条形图的绘制。
3. 培养运用绘制条形图解决实际问题的能力。

【相关知识】

1. 基本概念

条形图用等宽直条的长短表现非连续型数据的特征,适用于描绘分类变量的取值大小、频数分布等。

2. 分类

(1) 简单条形图。

简单条形图也称为单式条形图,是反映一个变量频数分布和多个变量数值比较的图形。

(2) 分类条形图。

分类条形图也称为群集条形图或复式条形图,是反映多个变量交叉频数分布特征的统计图,也可用于反映多个总体(样本)的变动趋势。

(3) 堆积条形图。

堆积条形图也称为分段条形图,是以条形的全长代表某个变量的整体,条形内部的各分段代表各组成部分在整体中所占比例的统计图,用来显示部分与整体的关系。

【实验内容】

【例8-1】 对2014年各地区人口数及人口自然变动情况,绘制地区和人口出生率之间的简单条形图和地区与人口出生率、死亡率之间的复式条形图。(数据来源:中国统计年鉴2015;参见数据文件:data8-1.sav)

【实验步骤与实验结果】

实验内容 1-1　简单条形图的制作

第 1 步　打开"图表构建器"对话框

选择菜单"图形"→"图表构建器",弹出如图 8-1 所示的"图表构建器"对话框,该对话框由以下 7 个部分组成。

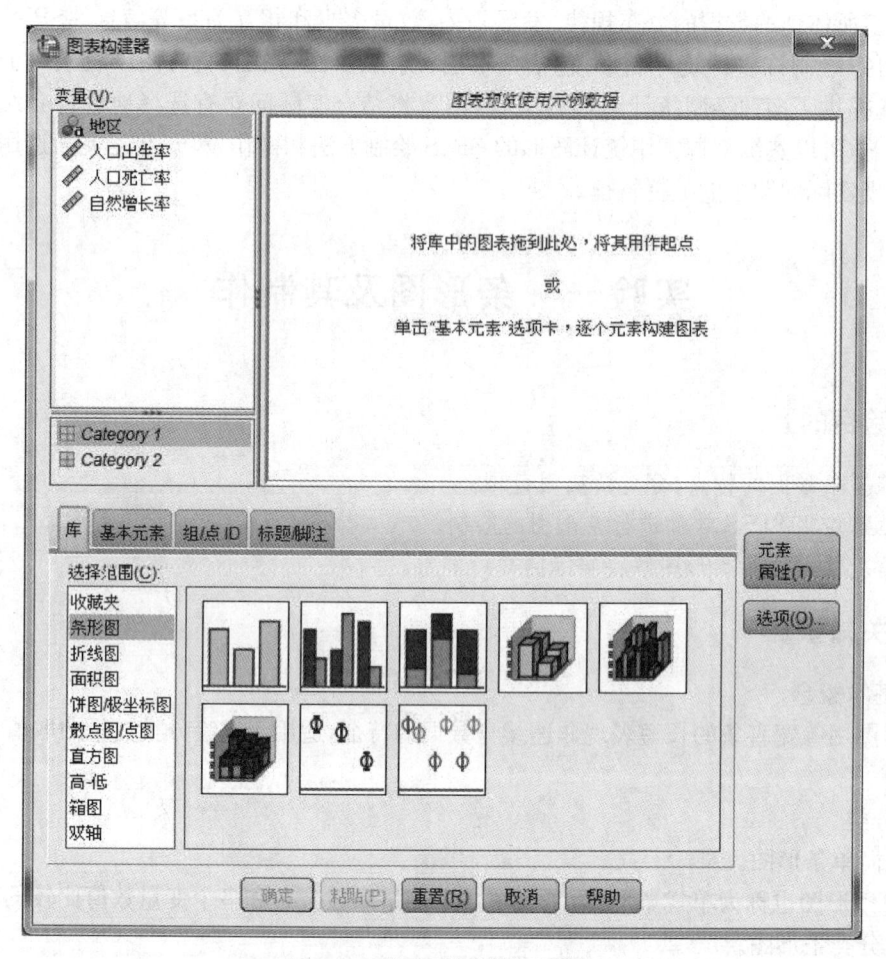

图 8-1　"图表构建器"对话框

(1) 候选变量框,即左侧变量列表框。如果所选的变量为分类变量,则其下面的"类别"列表会显示该变量的已定义类别。右键单击候选变量框中的某一变量,可以临时更改变量的测量级别、排序规则、显示变量名称或标签名称。

(2) 画布:画布在"图表构建器"对话框的右边,是生成和预览图表的区域。需要注意的是,画布里的图表不是数据视图里的数据,而是随机产生的数据。

(3) 库:即"库"选项卡,里面预定义了各种常见类型图表,或用户收藏的图表,是常用、高效的作图选择。库里有条形图、折线图、面积图、饼图/极坐标图、直方图、高-低图、箱图、双轴图等类别,每一类别又包含了多种图表,通过双击或拖放操作,可将图表放置在画布中,供用户进一步添加轴变量或分类变量。

(4) 基本元素:当图库选项卡提供的图表不能满足用户的特殊需求时,"基本元素"选项卡提供了从最基本的图表元素作图的素材。

(5) 组/点 ID:该选项卡对变量进行聚类、分组设置、行/列面板设置及 ID 标签指定等。行/列面板变量设置就是在行/列上展示多个图表,以便进行对比。

(6) 标题/脚注:该选项卡对图表进行各级标题、子标题和脚注设置。

(7) 元素属性:单击该按钮打开"元素属性"对话框,当最初从图库或基本元素将图表放入画布时,"元素属性"对话框也会自动打开。该对话框对图表元素(轴、条、线等)的属性进行设置,如统计量、标签、排序、样式等。

第 2 步　选择图库

选择"库"选项卡,双击"条形图"类别中的第一项"简单条形图"图标,或者直接将"简单条形图"图标拖到画布区域。

第 3 步　设置图表变量

要分析的是地区的人口出生率,所以应按"地区"分类,在变量列表框中选择"地区",将其拖到画布中"是否为 X 轴?"蓝色虚线框中作为条形图的 X 轴,并作为分类变量。

因为要比较人口出生率,所以条形图的条高(即 Y 轴)就是人口出生率的指标值,所以将"指标值"拖放到"计数"蓝色虚线框中,如图 8-2 所示。

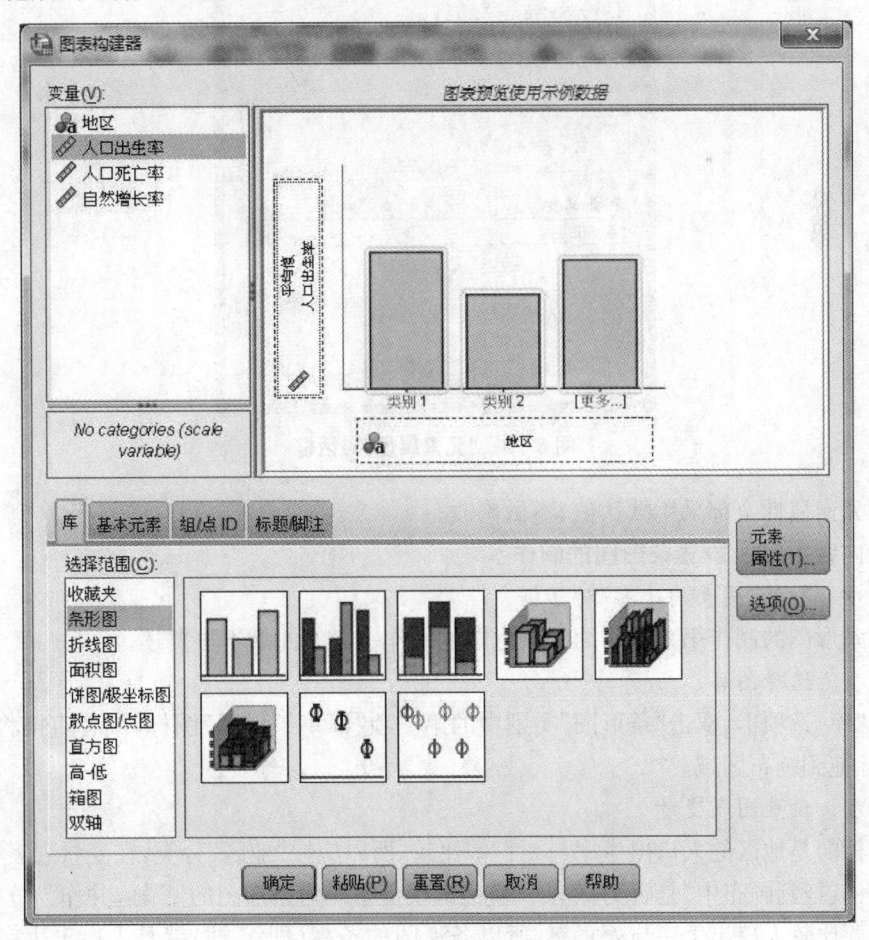

图 8-2　"画布设置"对话框

第4步 设置元素属性

图表及变量设置好后,各图表元素属性都是系统默认值,还要根据图表实际需求来修改元素属性,比如统计量、图形样式、排序方式、刻度类型等。

如果"元素属性"对话框没打开,则单击"元素属性"按钮打开,如图8-3所示。选择需要编辑的元素,根据不同类别的元素,对话框下面显示不同的属性值或选项。根据需要,修改相应的属性,也可以单击元素列表右边红色的"✕"删除元素。

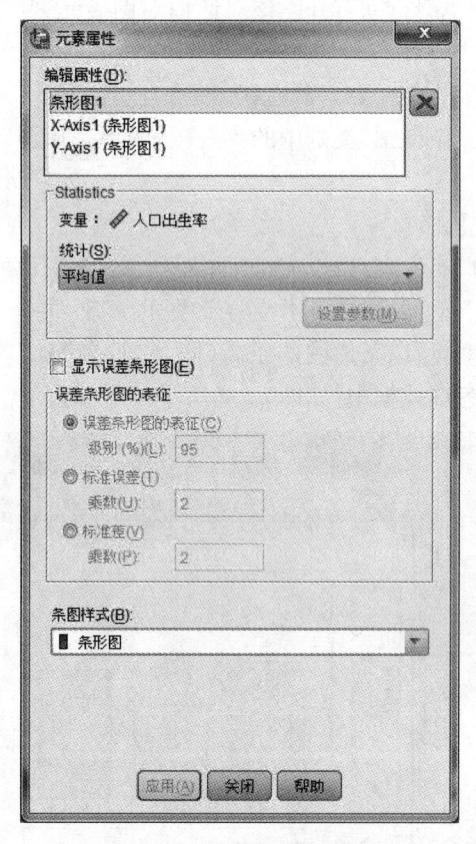

图8-3 "元素属性"对话框

本例元素属性全部采用默认值,不做修改。

实验内容1-2 群集条形图的制作

第1步 打开"图表构建器"对话框

群集条形图的制作第1步与简单条形图的制作一样。此处不再赘述。

第2步 选择图库

选择"库"选项卡,双击"条形图"类别中的第一项"群集条形图"图标,或者直接将"群集条形图"图标拖到画布区域。

第3步 设置图表变量

要分析的是地区的人口出生率与死亡率比较,所以应按"地区"分类,在变量列表框中选择"地区",将其拖到画布中"是否为 X 轴?"蓝色虚线框中作为条形图的 X 轴,并作为分类变量。

因为要比较人口出生率与死亡率,所以条形图的条高(即 Y 轴)就是人口出生率、死亡率的指标值,所以将"指标值"拖放到"计数"蓝色虚线框中。

由于每个地区又有不同指标的统计值,所以将"指标"变量作为复合分类变量,即在"地区"分类基础上再做分类,将"指标"拖放到画布右上角的"X 轴上的分群:设置颜色"蓝色虚线框中。复合分类元素还可以通过"组/点 ID"选项卡添加或取消,如图 8-4 所示。

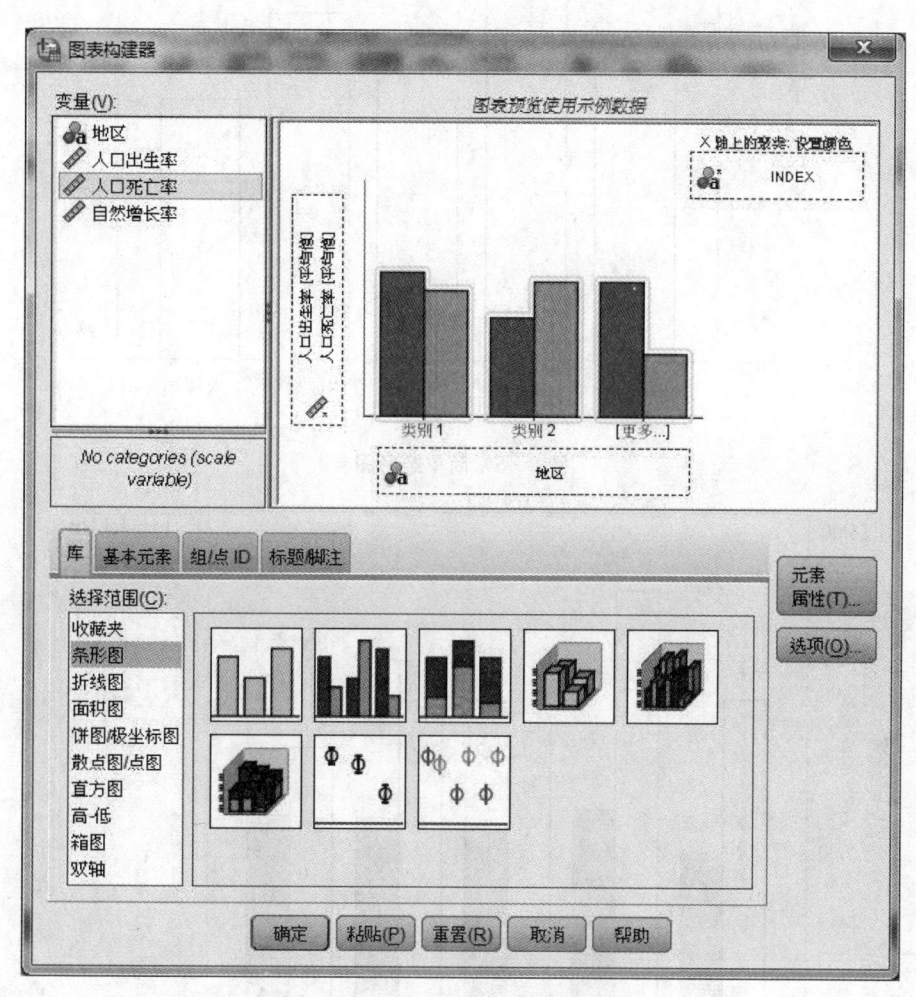

图 8-4 "画布设置"对话框

【实验结果与分析】

运行结果,如图 8-5 和图 8-6 所示。

1. 简单条形图

简单条形图,如图 8-5 所示。从图可以看出,2014 年河北省的人口出生率最高,天津市最低。

2. 复式条形图

复式条形图,如图 8-6 所示。2014 年人口出生率和死亡率的对比,从图中可以看出河北省的差距最大,天津市差距最小。

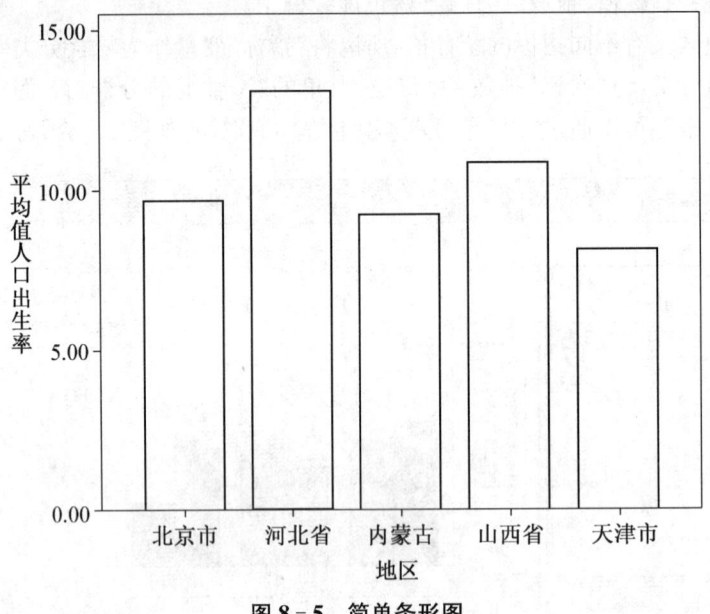

图 8-5 简单条形图

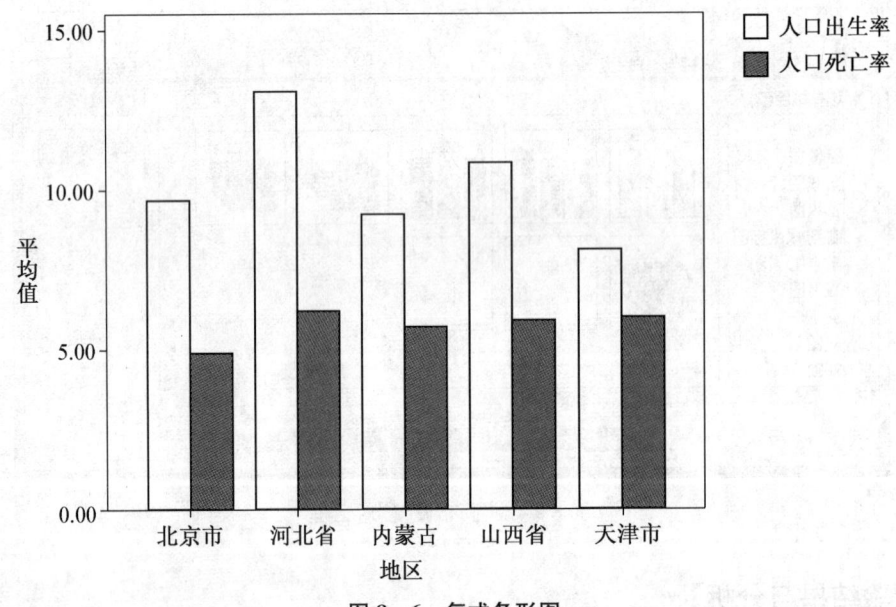

图 8-6 复式条形图

实验二　直方图及其制作

【实验目的】

1. 掌握直方图的特点。

2. 熟练应用 SPSS 软件进行直方图的绘制。
3. 培养运用绘制直方图解决实际问题的能力。

【相关知识】

1. 直方图的概念

直方图是用矩形的宽度和高度来表示连续型变量的取值分布特征的图形,主要用于表现组距式分组数据的频数分布状况。在平面直角坐标系中,用横轴表示数据的分组,纵轴表示频数或频率,各组与相应的频数就形成了一个矩形,即直方图。

2. 直方图与条形图的区别

条形图是用条形的长度或高度表示各类频数的多少,其宽度是固定的;直方图是用面积表示各组频数的多少,图形的高度表示每一组的频数或百分比,宽度则表示各组的组距,其宽度和高度均有意义。从图形特征上看,直方图的各矩形通常是连续的,条形图则是分开排列的。

【实验内容】

【例 8-2】 对家庭月收入和受教育程度分别做直方图。参见数据文件:data8-2.sav。

【实验步骤】

图表的制作可以通过"图形"→"图表构建器"来制作,也可以通过"使用旧对话框创建"。

第 1 步 打开"旧对话框"

选择"图形"→"旧对话框"→"直方图",弹出如图 8-7 所示的对话框。

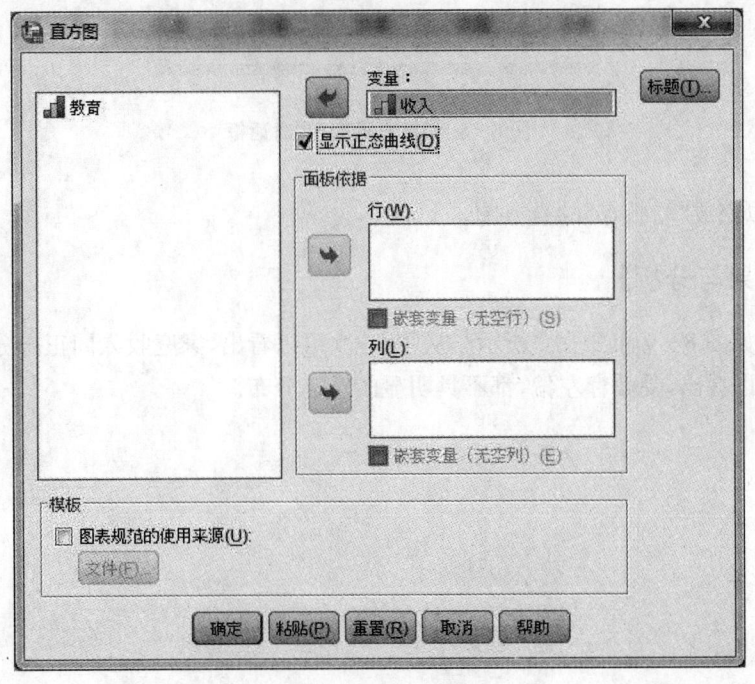

图 8-7 "直方图"对话框

第 2 步　对初始直方图进行编辑

单据"确定"按钮,系统输出初始直方图。双击初始直方图,进入图形编辑状态,添加数据标签;打开直方图"属性"对话框,单击"分箱化"按钮,弹出如图 8-8 所示的对话框。在此对话框的"X 轴"框中依次选择"定制"、"区间宽度"选项,并在区间宽度后的活动框中输入合适的区间宽度值(直方图每个矩形的宽度值)。

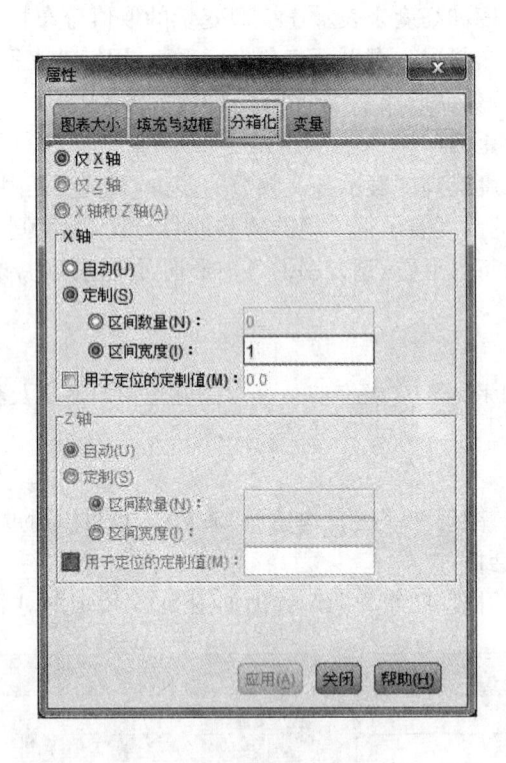

图 8-8　"直方图调整"对话框

同理,可以完成"受教育"的直方图。

【实验结果与分析】

运行结果如图 8-9 和 8-10 所示。从图 8-9 可以看出,家庭收入同正态分布相比右偏;从图 8-10 可以看出,受教育左偏,都不具明显的正态分布。

图 8-9 "收入"直方图

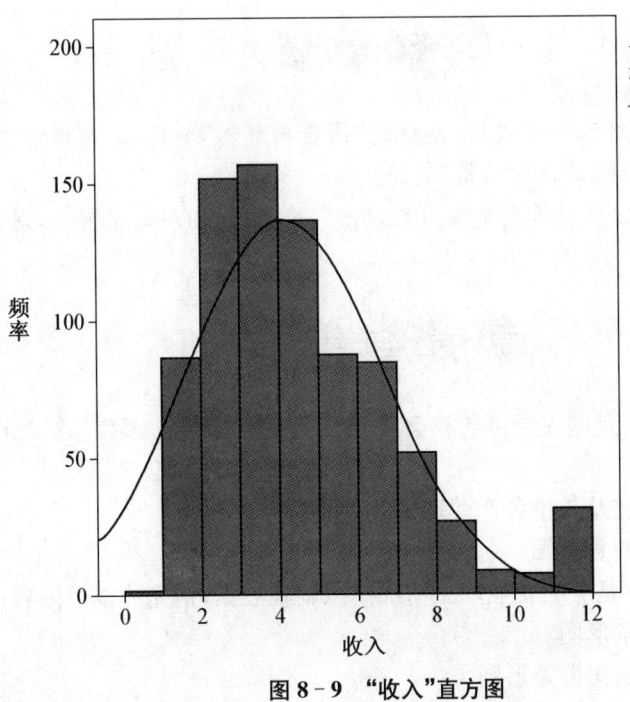

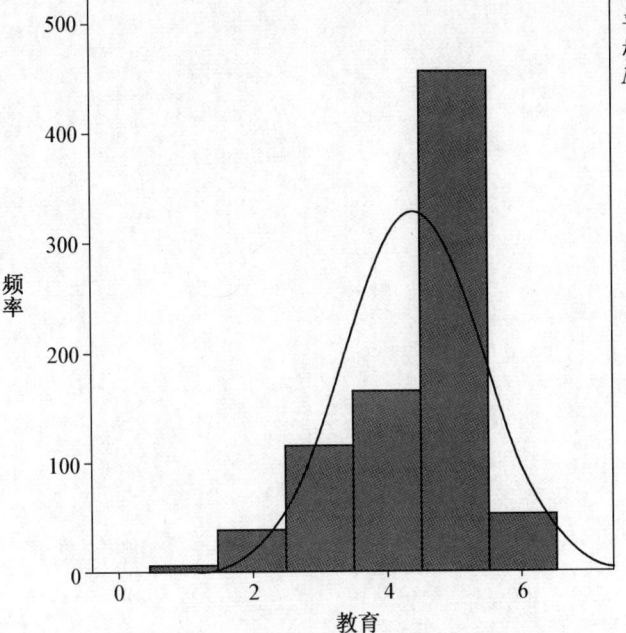

图 8-10 "教育"直方图

本 章 小 结

1. 创建图表,可以通过三种方式:一是通过"图表构建器"创建;二是通过"使用图形画板模板选择程序创建";三是通过"旧对话框"创建。

2. 创建图表后,还可以在结果浏览窗口里双击图表,启动图表编辑窗口,对图表进行进一步编辑和探索。

思 考 与 练 习

1. 数据 data8-3.sav 是国民经济与社会发展总量指标中第一、第二、第三产业在几年中的产值,请完成以下内容:

(1) 试绘制条形图对比几年中各产业产值发展趋势及比重。

(2) 试绘制第三产业的直方图。

2. 数据 data8-4.sav 是一组企业职工情况模拟调查数据,请完成以下内容:

(1) 绘制学历的简单条形图。

(2) 绘制学历和职务的集群条形图。

(3) 绘制目前工资的直方图。

第9章 描述性统计分析

前面几章都是在为统计分析做准备。从本章开始,我们将正式进入统计分析的学习。描述性统计分析是统计分析的第一步。其目的是研究数据的基本特征和整体分布形态,并辅助于 SPSS 提供的图形功能,进而进行统计推断和数据建模工作。本章学习描述性统计分析及其在 SPSS 中的实现,具体内容包括:频数分析、描述性分析、探索性分析以及交叉列联表分析。

实验一 频数分析

【实验目的】

1. 理解频数分析的目的和基本任务。
2. 熟练应用 SPSS 软件进行频数分析。
3. 培养运用频数分析方法解决实际问题的能力。

【相关知识】

1. 目的

基本统计分析往往从频数分析开始。通过频数分析能够了解变量取值的状况,对把握数据的分布特征是非常有用的。

2. 基本任务

(1) 频数分析的第一个基本任务是编制频数分布表。

◇ 频数(Frequency):即变量值落在某个区间(或某个类别)中的次数。
◇ 百分比(Percent):即各频数占总样本数的百分比。
◇ 有效百分比(Valid Percent):即各频数占有效样本数的百分比,这里有效样本数=总样本-缺失样本数。
◇ 累计百分比(Cumulative Percent):即各百分比逐级累加起来的结果。最终取值为100。

(2) 频数分析的第二个任务是绘制统计图

◇ 条形图(Bar Chart):用宽度相同的条形的高度或长短来表示频数分布变化的图形,适用于定序和定类变量的分析。
◇ 饼图(Pie Chart):用圆形及圆内扇形的面积来表示频数百分比变化的图形,以利于研究事物内在结构组成等问题。
◇ 直方图(Histograms):用矩形的面积来表示频数分布变化的图形,适用于定距型变量的分析。

3. 基本描述性统计量简介

常见的基本描述统计量有三大类：

◇ 刻画集中趋势的统计量。

◇ 刻画离中趋势的统计量。

◇ 刻画分布形态的统计量。

(1) 刻画集中趋势的描述统计量。

集中趋势是指一组数据向某一中心值靠拢的倾向。

◇ 均值：即算术平均数，是反映某变量所有取值的集中趋势或平均水平的指标，如某企业职工的平均月收入。其计算公式为：

$$\bar{x} = \frac{1}{n}\sum_{i=1}^{n} x_i \tag{9-1}$$

◇ 中位数：即一组数据按升序排序后，处于中间位置上的数据值。

◇ 众数：即一组数据中出现次数最多的数据值。

◇ 总和：即某变量所有值的和。

◇ 百分位数：将样本数据按升序排列后，排在前面 $p\%$ 的数据的右端点的值成为样本的 p 分位数。常用的有四分位数，指将数据分为四等分，分别位于25%、50%和75%处的分位数。

(2) 刻画离散程度的描述统计量。

离散程度是指一组数据远离其"中心值"的程度。

如果数据都紧密地集中在"中心值"的周围，数据的离散程度较小，说明这个"中心值"对数据的代表性好；相反，如果数据仅是比较松散地分布在"中心值"的周围，数据的离散程度较大，则此"中心值"说明数据特征是不具有代表性的。

常见的刻画离散程度的描述统计量如下：

◇ 方差：表示变量取值离散程度的统计量，是各变量值与算数平均数离差平方的算术平均数。其计算公式为：

$$\sigma^2 = \frac{1}{n-1}\sum_{i=1}^{n}(x_i - \bar{x})^2 \tag{9-2}$$

◇ 标准差：表示变量取值距离均值的平均离散程度的统计量。将方差开方后的统计量称为样本标准差。标准差值越大，说明变量值之间的差异越大，距均值这个"中心值"的离散趋势越大。

◇ 均值标准误差：描述样本均值与总体均值之间的平均差异程度的统计量。其计算公式为：

$$S.E.Mean = \frac{\sigma}{\sqrt{n}} \tag{9-3}$$

◇ 全距(Range)：也称极差，是数据的最大值(Maximum)与最小值(Minimum)之间的绝对离差。

(3) 刻画分布形态的描述统计量。

数据的分布形态主要指数据分布是否对称，偏斜程度如何，分布陡峭程度等。

刻画分布形态的统计量主要有偏度和峰度两种：

◇ 偏度(Skewness)：描述变量取值分布形态对称性的统计量。

当分布为对称分布时,正负总偏差相等,偏度值等于 0;当分布为不对称分布时,正负总偏差不相等,偏度值大于 0 或小于 0。偏度值大于 0,表示正偏差值大,称为正偏或右偏;偏度值小于 0,表示负偏差值大,称为负偏或左偏。偏度绝对值越大,表示数据分布形态的偏斜程度越大。

◇ 峰度(Kurtosis):描述变量取值分布形态陡峭程度的统计量。

当数据分布与标准正态分布的陡峭程度相同时,峰度值等于 0;峰度大于 0,表示数据的分布比标准正态分布更陡峭,为尖峰分布;峰度小于 0,表示数据的分布比标准正态分布平缓,为平峰分布。

所以,可以利用偏度和峰度的值是否接近 0 作为检验是否是正态分布的重要依据。偏态与峰态分布的形状,如图 9-1 所示。

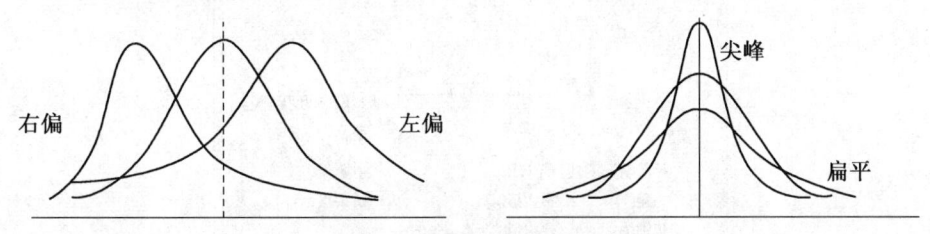

图 9-1 偏态与峰态分布的形状

【实验内容】

【例 9-1】 针对所提供的数据"所属地区",进行频数分析。(参见数据文件:data9-1.sav)

【实验步骤】

第 1 步 频数分析设置

选择菜单"分析"→"描述统计"→"频率",SPSS 将弹出"频率"对话框,如图 9-2 所示。

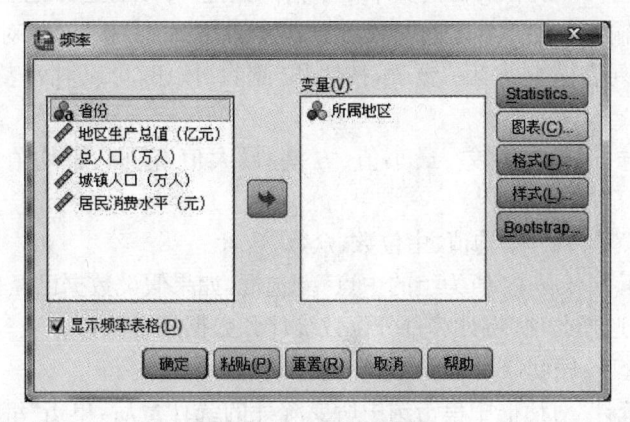

图 9-2 "频率"对话框

在该对话框中,同样可以通过单击按钮从左边的原变量中选择一个或者几个变量进入右边的"变量"列表框中。

对话框底部有一项"显示频率表格"复选框,SPSS 默认选择此项。选择此项后,输出结果

81

将显示频数分布表,否则只显示直方图,不显示频数分布表。

第2步 "统计量"选择:确定要输出的统计量

单击图9-2中的"统计量(S)..."按钮,出现"频率:统计"对话框,按图9-3所示进行设置。

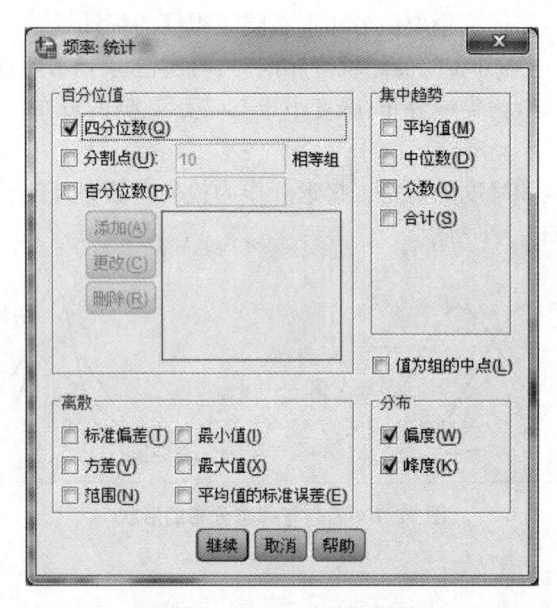

图9-3 "频率:统计"对话框

在该对话框中,用户可以选择所要统计的统计量。对话框中各选项的具体意义如下:

(1)"百分位值"复选项,在此栏中可选择多项。

◇ 四分位数:设置是否显示分析变量的四分位数。

◇ 分割点:设定将数据平均分为所设定的相等等份,并在结果中显示。

◇ 百分位数:选择此项,在后面的文本框中输入数值,可以有选择地显示百分位数。在文本框中可以输入0到100之间的数,输入后,单击"添加"按钮,将对应的百分位数添加到方框内的列表框中,利用"更改"按钮和"删除"按钮,可以对列表框中的选项进行修改和删除。

(2)"离散"复选项:标准偏差、最小值、方差、最大值、范围、平均值的标准误差(S. E. Mean)。

(3)"集中趋势"复选项:平均值、中位数、众数、合计。

"集中趋势"栏下方有一个"值为组的中点"复选框,如果假设数据已经分组,而且数据取值为初始分组的中点,选择此项,将计算百分位数统计和数据的中位数。

(4)"分布"复选项:偏度(Skewness)、峰度(Kurtosis)。

用户在"频率:统计"对话框中单击选中所要统计的统计量后,单击"继续"按钮,即可返回对话框。

第3步 "图表"选择:确定要输出的统计图形。

单击"图表(C)..."按钮,打开"频率:图表"对话框,如图9-4所示。

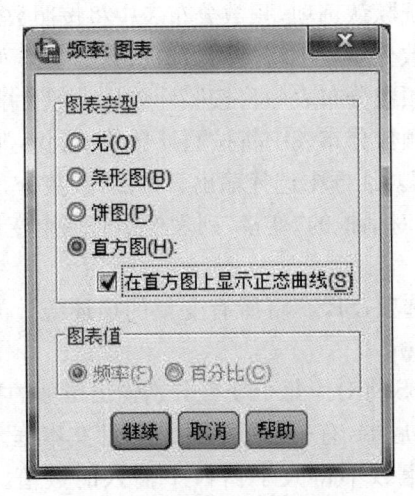

图 9-4 "频率:图表"对话框

在该对话框中,用户可以选择频数分析的图表类型。该对话框中各选项的具体意义如下:
(1) 图表类型:无(系统默认选项)、条形图、饼图、直方图。
如果选择输出"直方图",可以选择是否在输出的直方图中添加正态分布曲线。如果需要输出正态分布曲线,则可勾选"带正态曲线"复选框。
(2) 图表值:可选择图形中分类值的表现形式。
◇ 频率:如果图表类型是直方图,则直方图的纵轴为频数;如果图表类型是饼形图,则饼形图中每块表示属于该组观测值的频数。
◇ 百分比:如果图表类型是直方图,则直方图的纵轴为百分比;如果图表类型是饼形图,则饼形图中每块表示该组的观测量数占总数的百分比。
用户在"频率:图表"对话框中选择图表类型和图表分类值后,单击"继续"按钮,即可返回对话框。

第4步 "格式"选择:确定要输出的数据格式
单击"格式"按钮,打开"频率:格式"对话框,如图 9-5 所示。

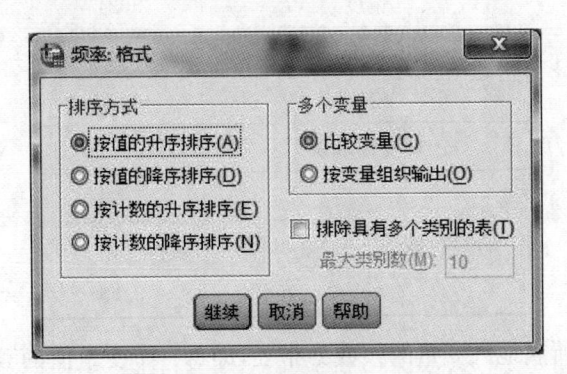

图 9-5 "频率:格式"对话框

在该对话框中,用户可以设置频率分布表的输出格式。对话框中各选项的意义如下:
(1) 排序方式,用户可以选择频数分布表中数值及其对应频率的排列顺序。

◇ 按值的升序排序:系统默认选项,频数分布表中将按照数值从小到大排列。
◇ 按值的降序排序:频数分布表中将按照数值从大到小排列。
◇ 按计数的升序排序:频数分布表中将按照计数从小到大排列。
◇ 按计数的降序排序:频数分布表中将按照计数从大到小排列。
如果用户在"频率:图表"对话框中选择输出直方图,频数分布表将按照数值顺序排列。

(2) 多个变量,当"频率"对话框的"变量"列表框中有多个变量时,利用"多个变量"栏可以设置表格的显示方式。

◇ 比较变量:系统默认选项,SPSS将所有变量的描述统计的结果显示在同一张表格中,方便用户进行比较分析。
◇ 按变量组织输出:SPSS将对应每个变量分别输出单独的描述统计表格。

在"频率:格式"对话框的底端,有一个"最大类别数"文本框。通过输入数值,确定频数表输出的方位,即输出数据的组数不得大于窗口中输入的数值。分类数最大参数的默认值是10。

用户在"频率:格式"对话框中进行选择后,单击"继续"按钮,即可返回"频率"对话框。一般情况下,对"频率:格式"对话框的选项都默认为系统默认值,不作调整。

单击"确定"按钮,即可在结果输出窗口中得到频数分布表、描述性统计分析输出表格和用户选择的对应的输出图形。

【实验结果与分析】

运行结果如表9-1、表9-2及图9-6所示,各表和图的具体意义分析如下。

(1) 表9-1为所属地区的变量值基本信息。有效的个案数、百分位数、偏度和峰度。

表9-1 统计量表

所属地区		
N	有效	31
	遗漏	0
偏度		.024
偏度标准误差		.421
峰度		−1.301
峰度标准误		.821
百分位数	25	1.00
	50	2.00
	75	3.00

(2) 表9-2给出所属地区变量的频数分布表,即每一个变量值的频数、百分比、有效百分比、累积百分比。从表中可以看出属于东部地区、中部地区、西部地区、东北地区的省份分别有10、6、12和3个。所属西部地区的数量最多。

表 9-2　所属地区频数分布表

		频数	百分比	有效百分比	累积百分比
有效	东部地区	10	32.3	32.3	32.3
	中部地区	6	19.4	19.4	51.6
	西部地区	12	38.7	38.7	90.3
	东北地区	3	9.7	9.7	100.0
	总计	31	100.0	100.0	

图 9-6 是所属地区的频数直方图,从图上看,同正态分布相比有点左偏。

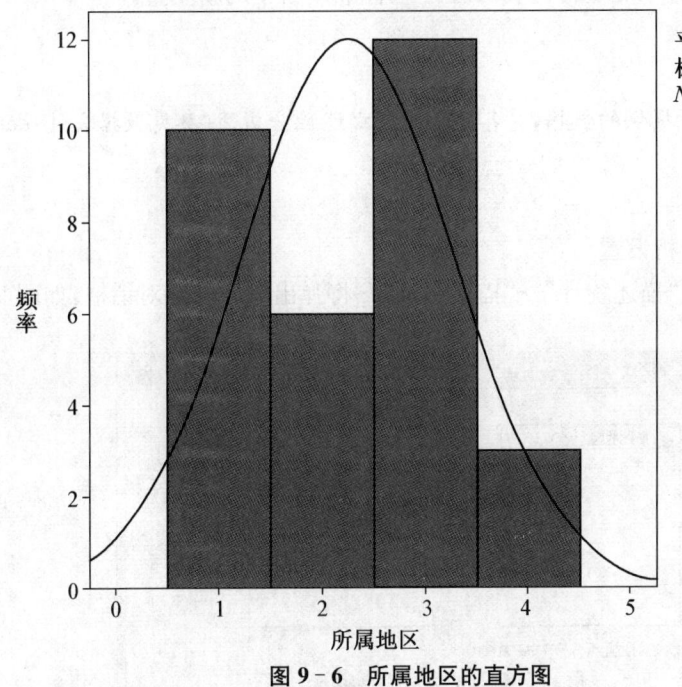

图 9-6　所属地区的直方图

实验二　描述性分析

【实验目的】

1. 理解描述性分析的基本概念和统计原理。
2. 熟练应用 SPSS 软件进行描述性分析。
3. 培养运用描述性分析方法解决实际问题的能力。

【相关知识】

频数分布是对数据的总体分布的把握,在此基础上,需要进一步对数据进行更精确的描述性分析。描述性分析主要用于计算并输出变量的各类描述性统计量的值。通过上节的学习可知,频数分析同样可以做到,两者都以计算数值型变量的统计量为主。描述性统计分析没有图形功能,也不能生成频率表。但可以将原始数据标准化为 z 分数,在当前数据文件中添加新变量,用于保存相应的 z 标准分数,其变量名为相应变量名前加字母 z。标准化后的数据更方便之后的对比和统计分析。

Z 变换的公式为:

$$z_i = \frac{x_i - \bar{x}}{s} \qquad (9-4)$$

其中,x_i 是变量的样本值;$\bar{x}$ 是样本均值;s 是样本标准差。

通过标准化,可以将原变量转化成均值为 0、标准差为 1 的新变量。

【实验内容】

【例 9-2】 针对所提供的数据,对各变量进行描述性分析。(参见数据文件:data9-1.sav)

【实验步骤】

第 1 步 描述性分析设置

选择菜单"分析"→"描述统计"→"描述",SPSS 将弹出"描述性"对话框,如图 9-7 所示。

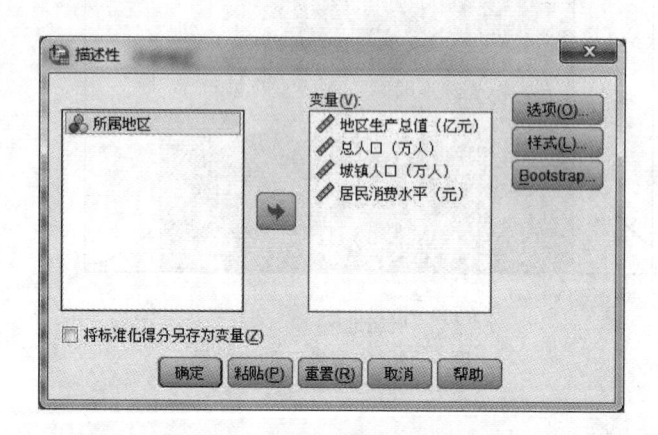

图 9-7 "描述性"对话框

在该对话框中,用户可以通过单击按钮从左边原变量中选择一个或者几个变量进入右边的"变量"列表框中。

对话框底部有一个"将标准化得分另存为变量"复选框。选择该项,将对"变量"列表框中被选中变量的数据进行标准化,然后将标准化的结果保存到新变量中。新变量的变量名为原变量的变量名前面添加字母"z",并被添加在数据编辑窗口中变量的最后一列。

第 2 步 "选项"选择,用于确定要输出的统计量

单击"选项(O)..."按钮,将打开"描述:选项"对话框,如图 9-8 所示。

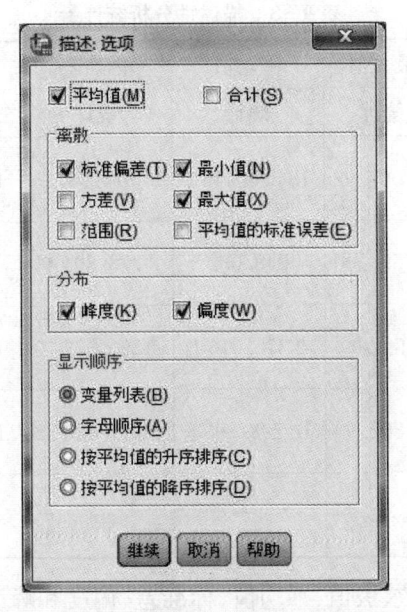

图 9-8 "描述:选项"对话框

在该对话框中,用户可以选择所要统计的统计量和图表输出方式。具体对话框中各选项的意义如下:

(1) 最上面一行是平均值和合计。

(2) "离散"栏中的统计量包括:标准偏差、最小值、方差、最大值、范围、平均值的标准误差(S. E. Mean)。

(3) "分布"栏中的统计量包括:峰度、偏度。

(4) "显示顺序"栏中,用户可以自行选择输出变量的排序方式。

◇ 变量列表:在结果输出窗口中,用户选择输出的变量将按照变量在数据编辑窗口中原来的排列顺序进行排列。

◇ 字母顺序:在结果输出窗口中,用户选择输出的变量将按照变量名的字母排列顺序进行排列。

◇ 按均值的升序排序:SPSS 将计算每个输出变量的平均值,并按照平均值从小到大对输出变量的顺序进行排列。

◇ 按均值的降序排序:SPSS 将计算每个输出变量的平均值,并按照平均值从大到小对输出变量的顺序进行排列。

用户可在"描述:选项"对话框第一行、离散栏和分布栏中,选中所需统计的统计量(可多项选择)。SPSS 默认的描述统计量包括平均值、标准偏差、最小值、最大值。在显示顺序栏,用户只可选择一种变量排序方式,SPSS 的默认选项为"变量列表"。

进行选择后,单击"继续"按钮,即可返回"描述性"对话框。单击"确定"按钮,即可在结果输出窗口中得到描述性统计分析结果输出表格。

【实验结果与分析】

运行结果,如表 9-3 所示。

表 9-3 描述性分析统计量

	数字	最小值	最大值	平均值	标准差	偏度		峰度	
	统计	统计	统计	统计	统计	统计	标准误	统计	标准误
地区生产总值(亿元)	31	701.03	57 067.92	18 598.446 5	14 325.987 92	1.369	.421	1.724	.821
总人口(万人)	31	308.00	10 594.00	4 348.032 3	2 778.804 41	.635	.421	−.300	.821
城镇人口(万人)	31	70.00	7 140.00	2 310.516 1	1 550.577 70	1.152	.421	1.949	.821
居民消费水平(元)	31	5 339.50	36 892.90	14 298.393 5	6 711.426 82	1.863	.421	3.765	.821
有效 N (成列)	31								

该结果包括变量值的个数、极值、平均值、标准差、偏度和峰度信息。输出统计量中,方差和标准差越小越好,越小说明该组数据越趋于稳定。

实验三 探索性分析

【实验目的】

1. 理解探索性分析的基本概念和统计原理。
2. 熟练应用 SPSS 软件进行探索性分析。
3. 培养运用探索性分析方法解决实际问题的能力。

【相关知识】

探索性分析是在对数据的基本特征统计量有初步了解的基础上,对数据进行的更为深入详细的描述性观察分析。它在一般描述性统计指标的基础上,增加了有关数据其他特征的文字与图形描述,显得更加细致与全面,有助于用户思考对数据进行进一步分析的方案。主要的分析如下:

(1) 观察数据的分布特征:通过绘制箱线图、直方图和茎叶图等图形,直观地反映数据的分布形式和数据的一些规律,包括考察数据中是否存在异常值等。过大或过小的数据均有可能是奇异值、影响点或错误数据。寻找异常值,并分析原因,然后决定是否从分析中删除这些数据。因为奇异值和影响点往往对分析的影响较大,不能真实地反映数据的总体特征。

(2) 正态分布检验:检验数据是否服从正态分布。很多检验能够进行的前提即总体数据分布服从正态分布。因此,检验数据是否符合正态分布,就决定了它们是否能用只对正态分布数据适用的分析方法。

(3) 方差齐性检验:用 Levene 检验比较各组数据的方差是否相等,以判定数据的离散程

第 9 章 描述性统计分析

度是否存在差异。

【实验内容】

【例 9-3】 针对所提供的数据,对所属地区的地区生产总值进行探索性分析。(参见数据文件:data9-1.sav)

【实验步骤】

第 1 步 探索分析设置

选择菜单"分析"→"描述统计"→"探索",SPSS 将弹出"探索"对话框,如图 9-9 所示。

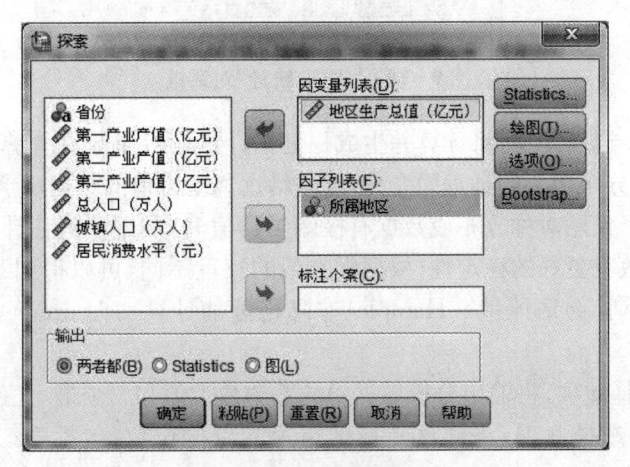

图 9-9 "探索"对话框

在"探索"对话框中,左边的变量列表为原变量列表,通过单击按钮可选择一个或者几个变量进入右边的"因变量列表"框、"因子列表"框和"标注个案"列表框。

"因变量列表"是用于所研究的目标变量,可以同时选择多个变量(选择的变量必须是数值型变量)。

"因子列表"是影响因变量的因素,如分组变量。可以没有因子变量,也可有多个因子变量。如果有多个分组变量进入"因子列表"列表框中,那么会以分组变量的各种取值进行组合分组。如两个分组变量各有 2 种取值,那么输出的结果就会有 4 种组合分组。

"标注个案"是区分每个观测量的变量,用于选择标签变量,只能选一个。

在对话框下端的"输出"框中有三个选项:

◇ 两者都:默认选项,表示同时输出描述统计量的统计表格和图形。

◇ 统计量:表示只输出统计表格,不输出图表。

◇ 图:表示只输出图表,不输出统计表格。

第 2 步 "统计量"选择:用于探索性分析结果中将要输出的统计量

单击图 9-9 的"统计量(S)..."按钮,打开"探索:统计"对话框,如图 9-10 所示。

该对话框主要由以下几部分组成。

(1) 描述性:选择此项,将生成描述性统计表格。表中显示样本数据的描述统计量,包括平均值、中位数、5%调整平均数、标准误、方差、标准差、最大值、最小值、组距、四分位数、峰度、偏度及峰度和偏度的标准误。此项为默认选项,在下面的"均值的置信区间"文本框中,用户还可输入数值指定均值的置信区间的置信度,系统默认的置信度为95%。

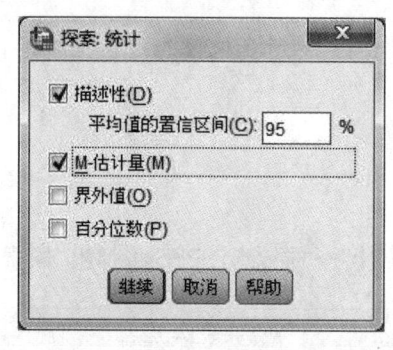

图 9-10 "探索:统计"对话框

(2) M-估计量:选择此项,将计算并生成稳健估计量。M 估计在计算时对所有观测量赋予权重,随观测量距分布中心的远近而变化,通过给远离中心值的数据赋予较小的权重来减小异常值的影响。对于长尾对称分布或数据有极端异常值时,利用稳健估计量估计总体均值比用样本均值或中位数有更好的稳定性;根据样本值的权重不同,可以得到不同的估计量,主要有 4 种,包括 Huber(稳健估计量)、Hample(非降稳健估计量)、Andrew(波估计量)、Turkey(复权估计量)。

(3) 界外值:选择此项,将输出分析数据中的 5 个最大值和 5 个最小值作为异常嫌疑值。

(4) 百分位数:选择此项,将计算并显示指定的百分位数,包括 5%、10%、25%、50%、75%、90%和 95%等。

第 3 步 "绘制"选择:用于确定探索性分析输出的统计图形

单击"绘制",打开"探索:图"对话框,如图 9-11 所示。

"探索:图"对话框中有如下 4 个选择组:

(1) 箱图:箱图,又称箱线图。如果用户在"探索"对话框的"因变量列表"框中输入了多个变量名,则在此选择组中进行选择,可确定箱线图的生成方式。箱线图中,底部的水平线段是数据的最小值(异常点除外),顶部的水平线段是数据的最大值(异常点除外),中间矩形箱子的底所在的位置是数据的第一个四分位数(即 25%分位数),箱子顶部所在位置是数据的第三个四分位数据(即 75%分位数),箱子中间的水平线段刻画的是数据的中位数(即 50%分位数)。

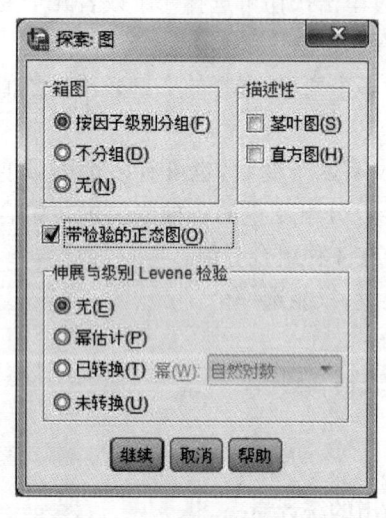

图 9-11 "探索:图"对话框

◇ 按因子级别分组(系统默认):选择此项,将为每个因变量创建一个箱线图,在每个箱线图内根据分组变量的不同水平的取值创建箱形单元。

◇ 不分组:选择此项,将为每个分组变量的水平创建一个箱线图,在每个箱线图内用不同的颜色区分不同因变量所对应的箱形单元,方便用户进行比较。

◇ 无:选择此项,不创建箱图。

(2) 描述性：选择该组内的选项,可以生成茎叶图和(或)直方图。在箱图组内选择的选项不同,则生成的茎叶图和直方图也不相同。选择"按因子水平分组"单选按钮时,在创建茎叶图和(或)直方图时,首先会根据因变量的不同进行分类,为每一个因变量对应的不同分组变量的不同水平创建一个茎叶图和(或)直方图；选择"不分组"单选按钮时,在创建茎叶图和(或)直方图时,则首先根据不同分组变量水平的不同,为每一个因变量创建一个茎叶图和(或)直方图。

◇ 茎叶图(系统默认)：茎叶图主要由3个部分组成,即频率、茎和叶,在图中按从左到右的顺序依次排列,在图的底端,注明了茎的宽度和每一叶所代表的观测量数。茎叶图中,茎表示数据的整数部分,叶表示数据的小数部分(小数位数只有一位,频数的数值有多大,则对应的小数就有多少个),将茎和叶的数值组合起来再乘以茎宽,便是该数据的值。茎叶图不仅仅能表示数据的频数分布,还能近似地表示数据的大小,因此它比直方图表达的信息更全面。

◇ 直方图：直接绘制直方图。

(3) 带检验的正态图：选择此项,将进行正态性检验,并生成标准Q-Q概率图和趋降标准Q-Q概率图。

(4) 伸展与级别Levene：用于对数据转换所得散布水平图的设置。对所有的散布水平图进行方差齐性检验和数据转换,同时输出回归直线的斜率及方差齐性的Levene检验,但如果没有指定分组变量,则此选项无效。

◇ 无(系统默认)：不进行Levene检验。选择此项,SPSS将不产生回归直线的斜率和方差齐性检验。

◇ 幂估计：对每组数据产生一个中位数的自然对数及四个分位数的自然对数的散点图,同时在每组中数据方差相等的条件下对数据进行幂变换的估计。

◇ 已转换：变换原始数据,用户可在后面的参数框中选择数据变换类型。

◇ 未转换：不变换原始数据时选择此项。

第4步 "选项"选择：用于确定分析过程中对缺失值的处理方式

单击"选项"按钮,打开"探索：选项"对话框。

在该对话框中,可选择缺失值的处理方式,SPSS提供了3种处理方式：

◇ 按列表排除个案(系统默认)：选择此项,对所有的分析过程剔除分组变量和因变量中所有带有缺失值的观测量数据。

◇ 按对排除个案：同时剔除带缺失值的观测量及与缺失值有成对关系的观测量。在当前分析过程中用到的变量数据中剔除带有缺失值的观测量数据,在其他分析过程中可能包含缺失值。

◇ 报告值：选择此项,将分组变量的缺失值单独分为一组,在输出频数表的同时输出缺失值。

【实验结果与分析】

运行结果如表9-4～表9-7及图9-12～图9-14所示。

(1) 表9-4是探索性分析的数据摘要,表中给出参与分析的变量或变量分组的个案数、缺失信息等。在本例中,无缺失值。

表9-4 探索性分析个案处理摘要

所属地区		个案				
		有效		缺失		总计	
		数字	百分比	数字	百分比	数字	百分比
地区生产总值（亿元）	东部地区	10	100.0%	0	0.0%	10	100.0%
	中部地区	6	100.0%	0	0.0%	6	100.0%
	西部地区	12	100.0%	0	0.0%	12	100.0%
	东北地区	3	100.0%	0	0.0%	3	100.0%

（2）表9-5中输出的是描述性统计量。分别给出了四个不同地区各自的描述统计量。

表9-5 描述性统计量表

所属地区			统计	标准误
地区生产总值（亿元）	东部地区	平均值	29 589.204 0	5 890.303 05
		平均值的95%置信区间 下限值	16 264.412 8	
		平均值的95%置信区间 上限	42 913.995 2	
		5%截尾平均值	29 547.812 2	
		中位数	23 378.365 0	
		方差	346 956 699.644	
		标准偏差	18 626.773 73	
		最小值	2 855.54	
		最大值(X)	57 067.92	
		范围	54 212.38	
		四分位距	34 391.47	
		偏度	.362	.687
		峰度	-1.206	1.334
	中部地区	平均值	19 379.625 0	2 703.338 69
		平均值的95%置信区间 下限值	12 430.471 7	
		平均值的95%置信区间 上限	26 328.778 3	
		5%截尾平均值	19 215.575 6	
		中位数	19 683.140 0	
		方差	43 848 240.559	
		标准偏差	6 621.800 40	
		最小值	12 112.83	
		最大值(X)	29 599.31	

续 表

所属地区			统 计	标准误
	范围		17 486.48	
	四分位距		11 347.80	
	偏度		.468	.845
	峰度		−.586	1.741
西部地区	平均值		9 492.066 7	1 948.122 53
	平均值的 95%置信区间	下限值	5 204.277 9	
		上限	13 779.855 5	
	5%截尾平均值		9 181.528 0	
	中位数		8 907.390 0	
	方差		45 542 176.895	
	标准偏差		6 748.494 42	
	最小值		701.03	
	最大值(X)		23 872.80	
	范围		23 171.77	
	四分位距		10 930.52	
	偏度		.654	.637
	峰度		.329	1.232
东北地区	平均值		16 825.750 0	4 042.118 03
	平均值的 95%置信区间	下限值	−566.080 2	
		上限	34 217.580 2	
	5%截尾平均值			
	中位数		13 691.580 0	
	方差		49 016 154.616	
	标准偏差		7 001.153 81	
	最小值		11 939.24	
	最大值(X)		24 846.43	
	范围		12 907.19	
	四分位距			
	偏度		1.611	1.225
	峰度			

（3）表 9-6 给出了数据的 M 估计值。在 SPSS 中，根据权重系数的不同，共提供了 4 种估计方法，表 9-6 下方的注释分别给出了 4 种方法的加权常量。通常，对于有异常或极端值

的数据，M均值估计法有很好的稳定性，用M估计值替代均值或中位数，结果更准确。因此，如果探索性分析中描述性统计量中的均值和M均值有较大的差距，那么用户就应当注意数据中是否有异常值了。

表9-6 M估计量

所属地区		Huber的M估计量[a]	Tukey双权[b]	Hample的M估计量[c]	Andrew[d]
地区生产总值（亿元）	东部地区	26 823.064 5	26 814.846 9	28 099.779 7	26 848.247 5
	中部地区	18 668.302 0	18 967.639 7	18 930.659 7	18 972.845 5
	西部地区	8 942.386 8	8 793.108 8	8 931.080 3	8 799.010 4
	东北地区	13 985.851 8	12 817.291 5	13 401.437 4	12 817.350 2

a. 加权常量为1.339。
b. 加权常量为4.685。
c. 加权常量为1.700、3.400和8.500。
d. 加权常量为1.340 * pi。

（4）表9-7是探索性分析的正态性检验结果表。

分别利用Kolmogorov-Smirnov检验和Shapiro-Wilk检验两种方法来确定变量是否服从正态分布。其中df代表自由度，Sig.代表显著性水平。一般来说，Sig.＞0.05，表示接受原假设，即接受变量服从正态分布的假设。正常情况下，两种方法的检验结论应该一致；某些时候，当以上两种检验方法结论矛盾时，大样本以k-s为准，小样本以s-w为准。（样本数＜30为小样本）

表9-7 正态性检验

所属地区		Kolmogorov-Smirnov(K)[a]			Shapiro-Wilk		
		统计	df	Sig.	统计	df	Sig.
地区生产总值（亿元）	东部地区	.193	10	.200*	.921	10	.365
	中部地区	.168	6	.200*	.931	6	.592
	西部地区	.116	12	.200*	.954	12	.690
	东北地区	.339	3		.850	3	.240

*. 这是真正显著性的下限。
a. Lilliefors显著性校正。

（5）图9-12所示为按所属地区分组后的箱图。因为在分析过程中的"绘制"对话框中选择的是"按因子水平分组"，所以所属地区分成的四个分组的箱图绘制在同一张图上，可方便地对比各地区的发展水平。每一个箱体上方那条线的取值代表最大值，下方那条线的取值代表最小值。箱体自身的三条线从上到下分别代表3/4分位点、中位点、1/4分位点的取值。从图中可以看出，所属地区的四个分组中均没有离群值；若有离群值，则会在图中用"。"号标注出来。

（6）探索性分析的标准Q-Q概率图和趋降标准Q-Q概率图。

标准Q-Q概率图可以检验数据是否服从某种分布，在标准Q-Q概率图中，检验数据是否较好地服从给定分布的标准有两个：一方面看标准Q-Q概率图上的数据点与直线的重合度;另一方面看趋降标准 Q-Q 概率图上的点是否关于直线 $Y=0$ 在较小的范围内上下波动。

探索性分析中生成的标准 Q-Q 概率图以及趋降标准 Q-Q 概率图用于检验数据是否服从正态分布。以西部地区的标准 Q-Q 概率图(见图 9-13)和趋降标准 Q-Q 概率图(见图 9-14),从图中可以看出,两个变量的数据都很好地服从正态分布。

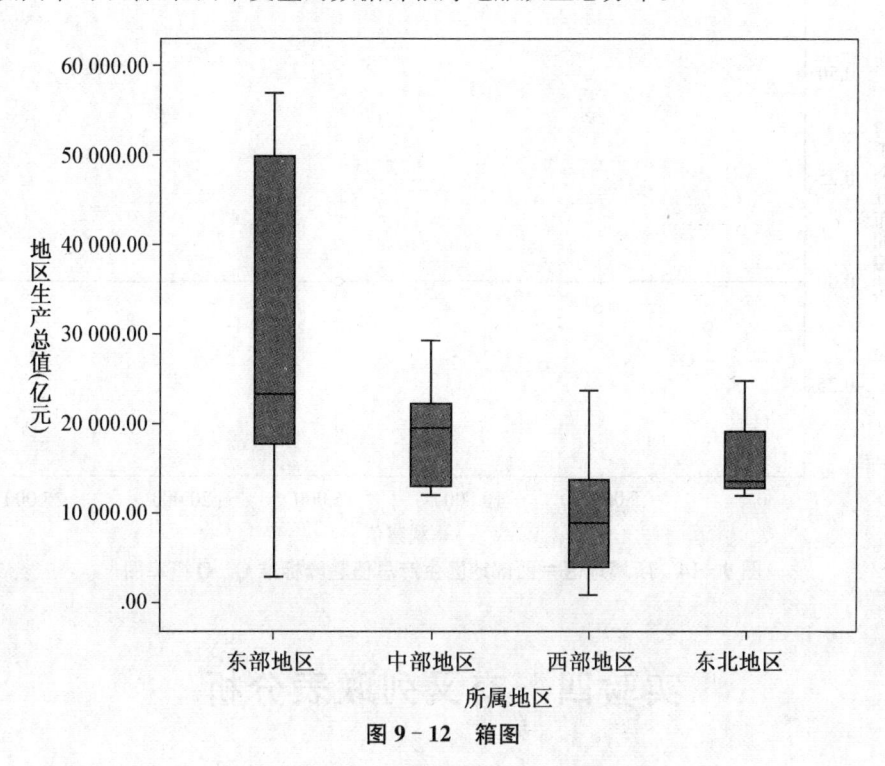

图 9-12 箱图

地区生产总值(亿元)的正态概率分布图
对于 所属地区＝西部地区

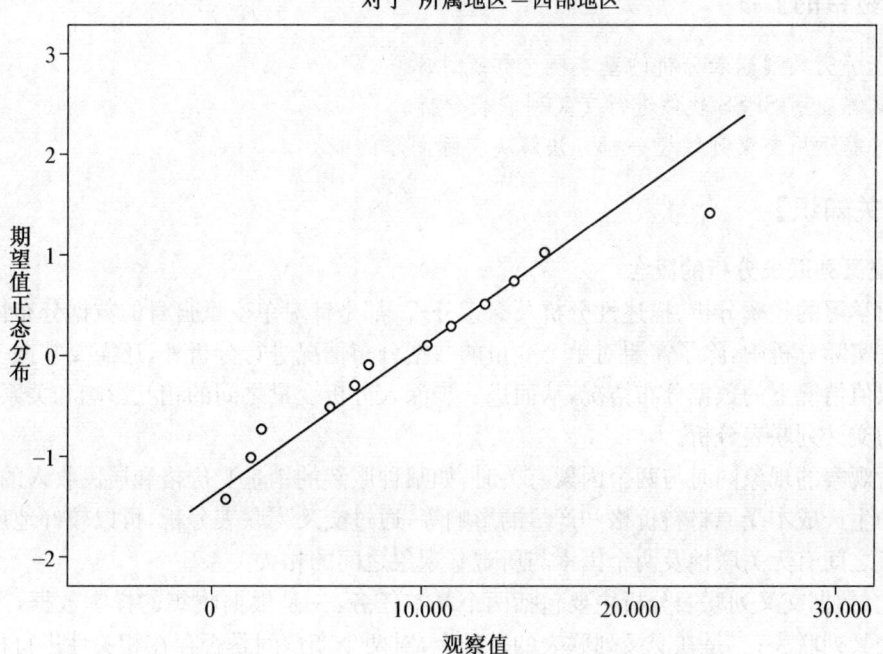

图 9-13 所属地区＝西部地区生产总值标准 Q-Q 概率图

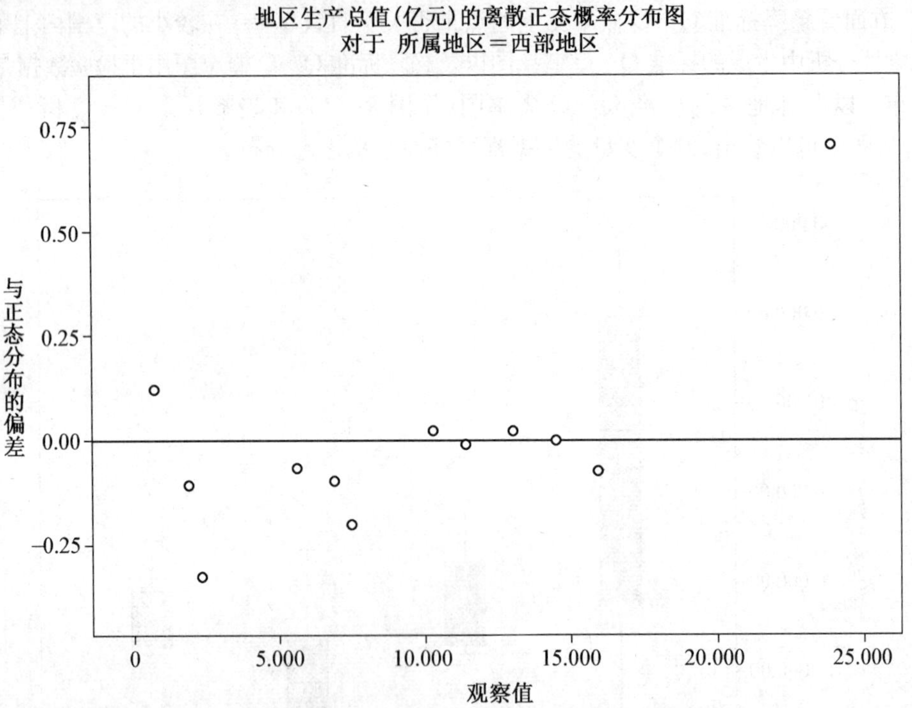

地区生产总值(亿元)的离散正态概率分布图
对于 所属地区＝西部地区

图 9-14 所属地区＝西部地区生产总值趋降标准 Q-Q 概率图

实验四　交叉列联表分析

【实验目的】

1. 理解交叉列联表分析的基本概念和统计原理。
2. 熟练应用 SPSS 软件进行交叉列联表分析。
3. 培养运用交叉列联表分析方法解决实际问题的能力。

【相关知识】

1. 交叉列联表分析的概念

前面学习的频率分析、描述性分析及探索分析，都是针对单变量自身的数据分布情况进行分析。在实际分析中，除了需要对单个变量的数据分布情况进行分析外，还需要掌握多个变量在不同取值情况下的数据分布情况，从而进一步深入分析变量之间的相互影响和关系，这种分析就称为交叉列联表分析。

当所观察的现象同时与两个因素有关时，如某种服装的销量受价格和居民收入的影响，某种产品的生产成本受原材料价格和产量的影响等，通过交叉列联表分析，可以较好地反映出这两个因素之间有无关联性及两个因素与所观察现象之间的相关关系。

因此，数据交叉列联表分析主要包括两个基本任务：一是根据收集的样本数据，产生二维或多维交叉列联表；二是在交叉列联表的基础上，对两个变量间是否存在相关性进行检验。要获得变量之间的相关性,仅仅靠描述性统计的数据是不够的,还需要借助一些表示变量间相关程度的统计量和一些非参数检验的方法。

常用的衡量变量间相关程度的统计量是简单相关系数,这在后面的章节中有较为详细的介绍。而对于定类型变量,则通常采用交叉列联表进行分析。交叉列联表是两个或多个变量交叉分组后形成的频数分布表,主要用于研究定类型变量之间有无相关性,给出了变量在不同取值下的数据分布。交叉列联表分析根据样本数据,产生二维或多维交叉表,并在此基础上,对变量间是否存在一定的相关性进行分析。SPSS 提供了多种适用于不同类型数据的相关系数表达,这些相关性检验的零假设都是:行和列变量之间相互独立,不存在显著的相关关系。根据 SPSS 检验后得出的相伴概率判断是否存在相关关系。如果相伴概率(Sig.)小于显著性水平 0.05,那么拒绝零假设,行列变量之间彼此相关;如果相伴概率(Sig.)大于显著性水平 0.05,那么接受原假设,行列变量之间彼此独立。

2. 统计检验方法

在交叉列联表分析中,SPSS 所提供的相关关系的检验方法主要有以下 3 种:

(1) 卡方(χ^2)统计检验,常用于检验行列变量之间是否相关,计算公式为:

$$\chi^2 = \sum \frac{f_0 - f_e}{f_e} \tag{9-5}$$

其中,f_0 表示实际观察频数,f_e 表示期望频数。

卡方统计量服从(行数－1)＊(列数－1)个自由度的卡方统计。SPSS 在计算卡方统计量时,同时给出相应的相伴概率,由此判断行列变量之间是否相关。

(2) 列联系数,常用于名义变量之间的相关系数计算。计算公式由卡方统计量修改而得,公式如下:

$$C = \sqrt{\frac{\chi^2}{\chi^2 + N}} \tag{9-6}$$

(3) V 系数,常用于名义变量之间的相关系数计算。计算公式由卡方统计量修改而得,公式如下:

$$V = \sqrt{\frac{\chi^2}{N(K-1)}} \tag{9-7}$$

系数介于 0 和 1 之间,其中,K 为行数和列数较小的实际数。

【实验内容】

【例 9-4】 针对所提供的数据进行"所属地区"与"等级"交叉列联表分析。(参见数据文件:data9-2.sav)

【实验步骤】

第 1 步 交叉列联表分析设置

选择菜单:"分析"→"描述统计"→"交叉表格",打开"交叉表格"对话框,按图 9-15 所示进行设置。

在该对话框中,左边的变量列表为原变量列表,通过单击按钮可选择一个或者几个变量进入右边的"行"变量列表框、"列"变量列表框和"层"变量列表框中。

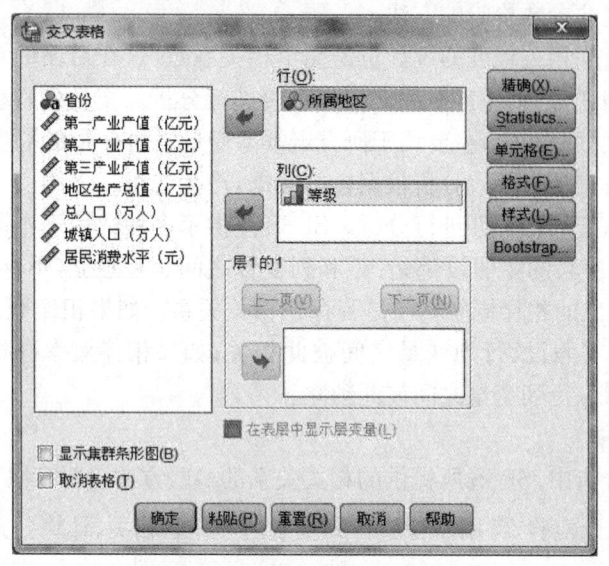

图9-15 "交叉表格"对话框

如果是二维列联表分析,只需选择行列变量即可;如果进行三维以上的列联表分析,可以将其他变量作为控制变量选到"层"变量列表框中。有多个层控制变量时,可以根据实际的分析要求确定它们的层次,既可以是同层次的也可以是逐层叠加的。

在"交叉表格"对话框底端有两个可选择项:

◇ 显示集群条形图:指定绘制各个变量不同交叉取值下关于频数分布的柱形图。

◇ 取消表格:不输出列联表的具体表格,而直接显示交叉列联表分析过程中的统计量。如果没有选中统计量,则不产生任何结果。所以,一般情况下,只有在分析行列变量间关系时选择此项。

该对话框的右端有4个按钮,从上到下依次为"精确"按钮、"统计量"按钮、"单元格"按钮和"格式"按钮。单击可进入对应的对话框。

第2步 "精确检验"选择

该对话框提供了三种不同条件的检验方式来检验行列变量的相关性。单击"精确"按钮,打开"精确检验"对话框,如图9-16所示。

该对话框提供了3种用于不同条件的检验方式来检验行列变量的相关性。用户可选择以下3种检验方式之一:

(1) 仅渐近法:适用于具有渐近分布的大样本数据,SPSS默认选择该项。

(2) Monte Carlo(蒙特卡罗法):此项为精确显著性水平值的无偏估计,无须数据具有渐近分布的假设,是一种非常有效的计算

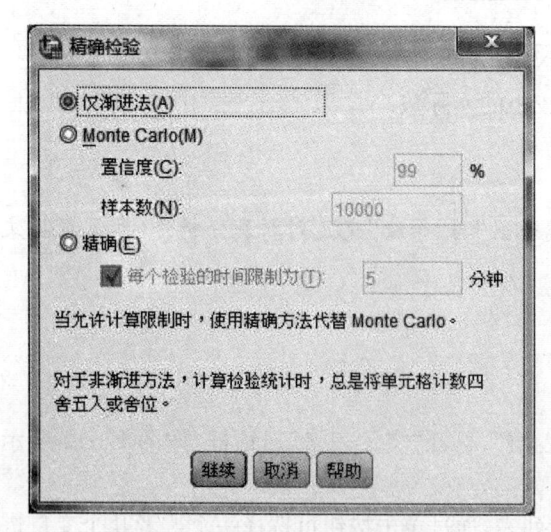

图9-16 "精确检验"对话框

确切显著性水平的方法。在"置信度"参数框内输入数据,可以确定置信区间的大小,一般为 90、95、99。在"样本数"参数框,可以输入数据的样本容量。

(3) 精确:观察结果概率,同时在下面的"每个检验的时间限制为"的参数框内,选择进行精确检验的最大时间限度。

第3步 "统计量"选择:用于确定检验方法及要输出的统计量

单击"统计量"按钮,打开"交叉表格:统计"对话框,如图9-17所示。

在该对话框中,用户可以选择输出合适的统计检验统计量。对话框中各选项的意义如下:

(1) 卡方(Chi-square):检验列联表行列变量的独立性检验,也被称为 Pearson chi-square 检验、χ^2 检验。

(2) 相关性:输出列联表行列变量的 Pearson 相关系数或 Spearman 相关系数。

(3) 名义:适用于名称变量统计量。

◇ 相依系数:即 Pearson 相关系数或 Spearman 相关系数。

◇ Phi 和 Cramer V:常用于名义变量之间的相关系数计算。计算公式由卡方统计量修改而得。在不同的卡方检验中,取值范围不同,但是指标的绝对值越大,变量间的相关性越强。

图 9-17 "交叉表格:统计"对话框

◇ Lambda:反映自变量对因变量的预测效果。其值为1,表明自变量预测因变量好;其值为0,表明自变量预测因变量差。

◇ 不确定性系数:以熵为标准的比例缩减误差,其值接近1,表明后一变量的信息很大程度上来自前一变量;其值接近0,表明后一变量的信息与前一变量无关。

(4) 有序:适用于有序变量的统计量。

◇ 伽玛:两有序变量之间的关联性的对称检验。其数值界于-1和1之间,所有观察实际数集中于左上角和右下角时,取值为1,表示两个变量之间有很强的相关;取值为0,表示两个变量之间相互独立。

◇ Somers'd:两有序变量之间的关联性的检验,取值范围为[-1,1]。

◇ Kendall s tau-b:考虑有结的秩或等级变量关联性的非参数检验,相同的观察值选入计算过程中,取值范围为[-1,1]。

◇ Kendall s tau-c:忽略有结的秩或等级变量关联性的非参数检验,相同的观察值不选入计算过程,取值范围界为[-1,1]。

(5) 按区间标定:适用于一个名义变量与一个等距变量的相关性检验。

◇ Eta 值:其平方值可认为是因变量受不同因素影响所致方差的比例。

(6) Kappa:检验数据内部的一致性,仅适用于具有相同分类值和相同分类数量的变量交叉表。

(7) 风险(相对危险度):检验事件发生和某因素之间的关联性。

(8) McNemar:主要用于检验配对的资料率(相当于配对卡方检验)。

(9) Cochran's and Mantel-Haenszel 统计:适用于在一个二值因素变量和一个二值响应变量之间的独立性检验。

第 4 步 "单元格"选择:用于指定要输出的统计量

单击"单元格",打开"交叉表:单元格显示"对话框,如图 9-18 所示。

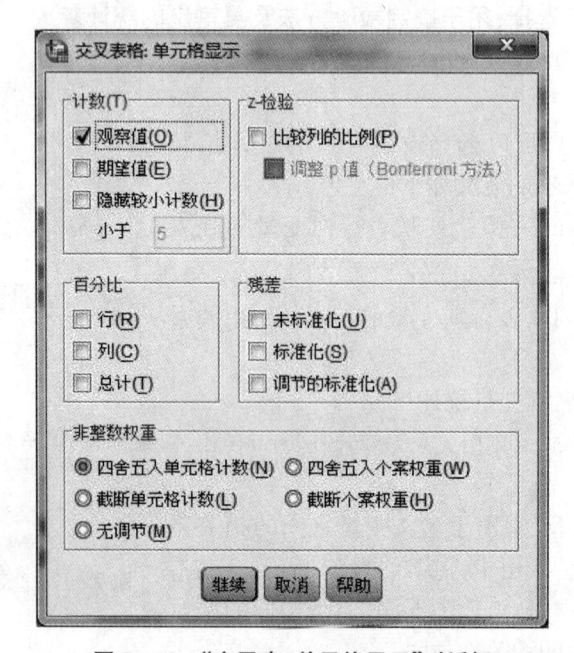

图 9-18 "交叉表:单元格显示"对话框

在该对话框中,用户可以指定列联表单元格中的输出内容。

(1) 计数:用于选择交叉列联表单元格中的频数输出格式,包括以下三个选项:
◇ 观察值:系统默认选项,表示输出为实际观察值。
◇ 期望值:表示输出为理论值。
◇ 隐藏较小计数:当期望值小于设定的值时,在输出结果中不显示出来。

(2) 百分比:用于选择交叉表单元格中的百分比显示格式,包括以下三个选项:
◇ 行:以行为单元,统计行变量的百分比。
◇ 列:以列为单元,统计列变量的百分比。
◇ 总计:行列变量的百分比都进行输出。

(3) 残差:用于选择交叉表单元格中的残差显示格式,包括以下三个选项:
◇ 未标准化:输出非标准化残差,为实际数与理论数的差值。
◇ 标准化:输出标准化残差,为实际数与理论数的差值除以理论数。
◇ 调节的标准化:输出修正标准化残差,为标准误确定的单元格残差。

(4) 非整数权重:用于当频数因为加权而变成小数时,有以下五种调整频数的方法:
◇ 四舍五入单元格计数:将单元格计数的非整数部分的尾数四舍五入为整数。
◇ 四舍五入个案权重:将观测量权数的非整数部分的尾数四舍五入为整数。
◇ 截断单元格计数:将单元格计数的非整数部分的尾数舍去,直接化为整数。

◇ 截断个案权重:将观测量权数的非整数部分的尾数舍去,化为整数。
◇ 无调节:不对计数数据进行调整。
一般情况下,对"交叉表:单元格显示"对话框的选项都默认为系统默认值,不作调整。

第 5 步 "格式"选择:用于指定列联表的输出排列顺序

在该对话框中,各选项的具体意义如下:
单击"格式",打开"交叉表:格式"对话框。
在行序栏中有如下两个选项:
◇ 升序:系统默认,以升序显示各变量值;
◇ 降序:以降序显示各变量值。

【实验结果与分析】

运行结果如表 9-8～表 9-10 所示,分别解释如下:

(1) 表 9-8 为个案处理摘要,给出了数据基本信息。表中给出了参与分析的有效数、缺失数。每个变量有 31 个个案参与分析,无缺失值。

表 9-8 个案处理摘要

	个 案					
	有 效		缺 失		总 计	
	数字	百分比	数字	百分比	数字	百分比
所属地区 * 等级	31	100.0%	0	0.0%	31	100.0%

(2) 表 9-9 为所属地区 * 等级的交叉表。

表 9-9 所属地区 * 等级交叉表

计数

		等 级				总 计
		1	2	3	4	
所属地区	1	0	5	3	2	10
	2	0	6	0	0	6
	3	4	8	0	0	12
	4	0	3	0	0	3
总 计		4	22	3	2	31

(3) 表 9-10 为行列变量通过卡方检验给出的独立性检验结果,共使用了三种检验方法。从表可以看出,各种检验方法显著水平都远小于 0.05,所以有理由拒绝"所属地区与消费水平等级是独立"的假设,认为所属地区与消费水平等级是相关的。

表 9-10　卡方检验

	值	自由度	渐近显著性(双向)
皮尔逊卡方	18.553[a]	9	.029
似然比(L)	20.577	9	.015
线性关联	8.853	1	.003
有效个案数	31		

a. 14 个单元格(87.5%)具有的预期计数少于 5。最小预期计数为 0.19。

本章小结

1. 频数分析是对相同个案的数量或同一事件重复出现的次数,进行分类统计的基本统计方法。运用频数分析,可以从总体上把握总体或样本中个案的分类或分组分布情况。

2. 基本描述统计分析通过对总体或样本数据的集中趋势、离散趋势和分布形态的分析,把握数据的分布特点。

3. 数据探索分析主要运用茎叶图和箱图,简单直观地表示总体或样本中种类别或分组中个案的分布频数。它能够把握数据的分布情况,发现数据的错误或异常情况。

4. 交叉列联表分析是对总体或样本中的个案,满足或具备两个或两个以上的条件的联合频数分析,分析样本中数据的相关性或因素的交互效应。

思考与练习

1. 运用数据文件 data9-3.sav,完成以下内容:
(1) 对不同部门男、女职工的月基本工资情况进行描述统计和比较分析。
(2) 对各部门职工人数进行统计分析。
(3) 先将职工月平均工资按[2 000,3 000],[3 001,4 000],[4 001,5 000],[5 001,5 500]分为四等,再运用频数分析方法对各工资等级中职工总人数、男职工人数和女职工人数进行统计分析。
(4) 对男职工和女职工的工龄分布进行探索分析。
(5) 对不同性别和不同工作类别的雇员的数量进行交叉列联表分析。

2. 数据文件 data9-4.sav 是对吸烟与患气管炎的调查表,试分析吸烟与患气管炎之间的关系。

3. 运用数据文件 data9-5.sav,完成以下内容:
(1) 对"收入"进行频率分析,统计最大值、最小值、范围和方差,并绘制收入的直方图和添加正态曲线。
(2) 对性别和收入进行探索性分析,分析收入水平在性别上有何差异,分别输出不同性别的收入的直方图、茎叶图、Q-Q 图及箱图。
(3) 进行教育层面的收入和负债收入的比率分析。
(4) 进行教育和性别的交叉列联表分析。

第 10 章　假设检验

如果掌握了所研究总体的全部数据,那么只需做一些简单的统计描述,就可得到有关总体的数据特征,如均值、标准差等。但在现实情况中,很多时候不可能或者不必对总体中的每个单位都进行测定,就需要从总体中抽取一部分单位进行测定,通过样本提供的信息来对总体信息进行推断。统计学经常通过样本来分析总体,从样本的观察或试验结果的特征来对总体的特征进行估计和推断。假设检验就是其中的一种方式。假设检验也叫"显著性检验",是统计学中根据一定假设条件由样本推断总体的一种方法。具体做法是:先对所研究的总体做出某种假设,然后通过抽样研究,推断出应该对此假设拒绝还是接受的结论。假设检验根据总体分布是否已知,可以分为参数检验与非参数检验。

实验一　单样本 T 检验

【实验目的】

1. 理解单样本 T 检验的基本思想与原理。
2. 熟练掌握单样本 T 检验的方法。
3. 熟练应用 SPSS 软件进行单样本 T 检验。
4. 培养运用单样本 T 检验方法解决实际问题的能力。

【相关知识】

1. 概念

单样本 T 检验利用来自某总体的样本数据,检验该样本的均值是否与某个给定的检验值之间是否存在显著性差异。例如,从新生入学成绩的抽样数据推断平均成绩是否为 75 分。

单样本 T 检验要求研究中的样本来自于同一个总体,且总体服从或近似服从正态分布。总体分布未知的情况下,通常采用非参数检验的方法。

2. 一般步骤

(1) 提出原假设与备择假设。

原假设为总体均值与检验值之间不存在显著差异,备择假设是两者之间存在显著差异,可表述为:

$$H_0: \mu = \mu_0; \quad H_1: \mu \neq \mu_0 \quad (\mu 为总体均值,\mu_0 为检验值)$$

(2) 检验统计量。

单样本 T 检验的前提是总体服从正态分布 $N(\mu, \sigma^2)$,其中 μ 为总体均值,σ^2 为总体方差。如果样本容量为 n,样本均值为 $\bar{X}$,则 $\bar{X}$ 仍服从正态分布,即 $\bar{X}$ 服从 $N\left(\mu, \dfrac{\sigma^2}{n}\right)$。

在原假设成立的条件下,均值检验使用 t 统计量,构造的统计量如下:

$$t=\frac{\bar{X}-\mu}{S/\sqrt{n}} \qquad (10-1)$$

其中,S 为样本标准差。

(3) 计算统计值和概率 P 值。

在给定原假设的前提下,SPSS 将检验值 μ_0 带入 t 统计量,得到检验统计量观测值,以及根据 T 分布的分布函数计算出的概率 P 值,这些是 SPSS 自动生成的。在 SPSS 软件统计结果中,"sig"意为"显著性",后面的值就是统计出来的概率 P 值。

(4) 给定显著性水平,做出决策判断。

若概率 P 值小于显著性水平(一般取 0.01 或 0.05),则应该拒绝原假设,认为总体均值与检验值之间存在显著差异;反之,则接受原假设,认为总体均值与检验值之间无明显差异。

【实验内容】

【例 10-1】 我国 2014 年城镇单位就业人员年平均工资为 56 360 元,江苏省 13 座城市城镇单位就业人员年平均工资如数据 data10-1.sav 所示,假定总体服从正态分布,显著性水平为 0.05,检验江苏省和全国年平均工资水平是否有显著性差异。(参见数据文件:data10-1.saw)

【实验步骤】

第 1 步 单样本 T 检验分析设置

选择菜单"分析"→"比较平均值"→"单样本 T 检验",打开"单样本 T 检验"对话框,如图 10-1 所示。

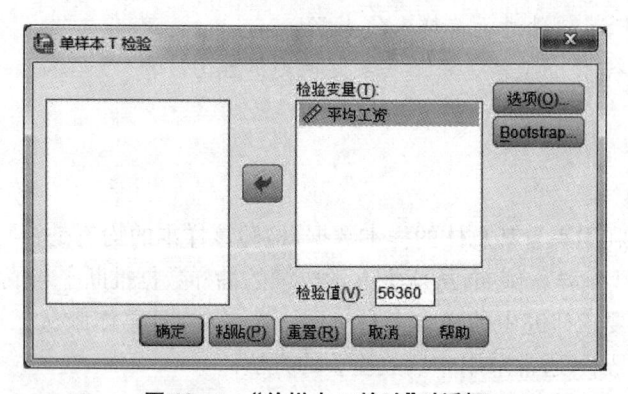

图 10-1 "单样本 T 检验"对话框

(1) 候选变量框:对话框中左边的列表框为候选变量框,列出了数据文件中所有可以进行 T 检验的变量。

(2) 检验变量:用来存放要进行 T 检验的变量。从候选变量框中选择需要变量移入此框中,可同时选择多个变量。

(3) 检验值:输入待检验的值,用来检验产生的样本均值与检验值有无显著性差异。

第 2 步 "单样本 T 检验:选项"对话框设置:指定置信水平和缺失值的处理方法

在图 10-1 的对话框中单击"选项(O)…"按钮,打开图 10-2 所示设置本次检验的置信水平并选择对缺失值的处理方式。

图 10-2 "单样本 T 检验:选项"对话框

(1) 置信区间百分比:设置样本均值与总体均值之差的置信区间。该文本框中可以输入 1~99 之间的任意值,系统默认为 95。

(2) 缺失值:在该选项组中可以选择缺失值的处置方式,包括以下两个选项。

◇ 按分析顺序排除个案:在检验过程中,仅剔除参与分析的缺失值。

◇ 按列表排除个案:剔除所有含有缺失值的个案。

本例中设置置信水平为 95%。

【实验结果与分析】

运行结果如表 10-1 和表 10-2 所示。

(1) 表 10-1 给出了单样本 T 检验的描述性统计量,包括样本数、均值、标准差及均值的标准误。

表 10-1 单样本统计量

	数字	平均值(E)	标准偏差	标准误差平均值
平均工资	13	57 169.85	8 854.249	2 455.727

(2) 表 10-2 是单样本 T 检验结果表。给出了检验统计量 t、自由度、双尾检测概率 P 值、平均差、均值差的 95% 置信区间。

表 10-2 单样本 T 检验结果

	检验值=56 360					
	t	自由度	显著性(双尾)	平均差	差值的 95% 置信区间	
					下限	上限
平均工资	.330	12	.747	809.846	−4 540.72	6 160.42

从表 10-2 中可以看出,当置信水平为 95% 时,显著性水平为 0.05,双尾检测概率 p 值为 0.747,大于 0.05,故原假设成立。也就是说,江苏省城镇单位就业人员年平均工资与全国年平均工资水平无显著性差异。

实验二 两独立样本 T 检验

【实验目的】

1. 理解两独立样本 T 检验的基本思想与原理。
2. 熟练掌握两独立样本 T 检验的方法。
3. 熟练应用 SPSS 软件进行两独立样本 T 检验。
4. 培养运用两独立样本 T 检验方法解决实际问题的能力。

【相关知识】

1. 概念

所谓两独立样本,是指两个样本之间彼此独立没有任何关联,从一总体中抽取的一组样本对从另一个总体中抽取的一组样本没有任何影响。两组样本的个案数目可以不等。两独立样本 T 检验是指用来自两个总体的独立样本,推断两个总体的均值是否存在显著性差异。因此,进行两独立样本 T 检验的前提是样本来自的总体应服从或近似服从正态分布,且两组样本相互独立。

2. 一般步骤

(1) 提出原假设与备择假设。

原假设为两总体均值无显著性差异,备择假设是两者之间存在显著差异,可表述为:

$$H_0: \mu_1 - \mu_2 = 0; \quad H_1: \mu_1 - \mu_2 \neq 0 \quad (\mu_1 \text{、} \mu_2 \text{ 分别为第一个和第二个总体的均值})$$

(2) 检验统计量。

当两个独立的总体分别服从 $N(\mu_1, \sigma_1^2)$ 和 $N(\mu_2, \sigma_2^2)$ 时,两样本均值差的抽样分布仍为正态分布,该正态分布的均值为 $\mu_1 - \mu_2$。

① 当总体方差未知且相等时,t 统计量定义为:

$$t = \frac{\bar{X}_1 - \bar{X}_2 - (\mu_1 - \mu_2)}{S_p \sqrt{\dfrac{1}{n_1} + \dfrac{1}{n_2}}} \tag{10-2}$$

式中,n_1 和 n_2 分别为两样本容量,$S_p^2 = \dfrac{(n_1-1)S_1^2 + (n_2-1)S_2^2}{n_1 + n_2 - 2}$,$S_1$ 和 S_2 分别为两样本标准差。这里的 t 统计量服从自由度为 $n_1 + n_2 - 2$ 的 t 分布。

② 当总体方差未知且不等时,t 统计量定义为:

$$t = \frac{\bar{X}_1 - \bar{X}_2 - (\mu_1 - \mu_2)}{\sqrt{\dfrac{S_1^2}{n_1} + \dfrac{S_2^2}{n_2}}} \tag{10-3}$$

由此可见,两独立样本 T 检验的结论在很大程度上取决于两个总体的方差是否相等。这就要求在检验两总体均值是否相等之前,首先应对两总体方差是否相等进行检验,称为方差齐性检验。

SPSS 中利用 Levene F 方差齐性检验,首先提出原假设 $H_0: \sigma_1^2 = \sigma_2^2$。执行检验过程中,若

概率 p 值小于给定的显著性水平(一般为 0.05),则拒绝原假设,认为两个总体的方差不等;否则认为两个总体的方差无显著性差异。两总体方差是否相等是决定两独立样本 t 检验所采用的检验统计量的关键,必须通过有效的方法对两总体方差是否相等做出判断。

(3) 计算检验统计量的观测值和伴随概率 P 值。

在给定原假设的前提下,SPSS 会根据样本信息自动计算出 t 统计量的观测值和伴随概率 p 值。

(4) 给定显著性水平,做出决策判断。

若概率 p 值小于显著性水平,则应该拒绝原假设,认为两总体均值存在显著性差异;反之,则接受原假设,认为两总体均值之间无显著性差异。

【实验内容】

【例 10-2】 某学院工商管理专业两个班级的"管理统计学"期末考试成绩。假定总体服从正态分布,显著性水平为 0.05,两个班级期末考试成绩有无显著差异。(参见数据文件:data10-2.sav)

【实验步骤】

第 1 步 独立样本 T 检验设置

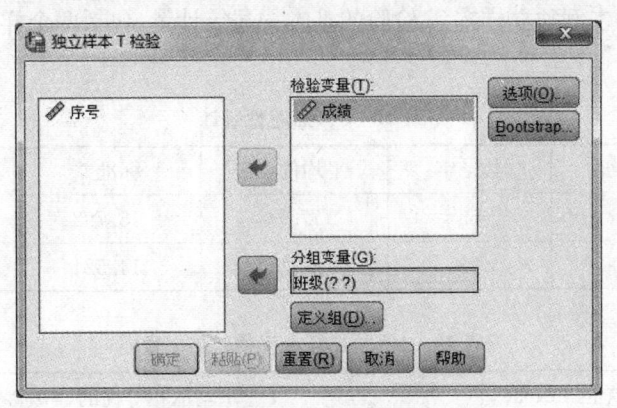

菜单选择:"选择"→"比较平均值"→"独立样本 T 检验",打开"独立样本 T 检验"对话框,确定要进行 T 检验的变量,确定分组变量。如图 10-3 所示。

图 10-3 "独立样本 T 检验"对话框

该对话框主要由以下几部分组成。

(1) 候选变量框:左侧变量列表框,列出数据文件中可以进行 T 检验的变量。

(2) 检验变量:从候选变量框中选择要进行 T 检验的变量移入此框中,可同时选择多个变量,此时 SPSS 将分别产生多个变量的 T 检验分析结果。

(3) 分组变量:选择分组变量,在选择变量进入"分组变量"框后,"定义组(D)..."按钮将被激活。

(4) 定义组:定义变量的分组方法。单击该按钮,弹出如图 10-4 所示的对话框。

图 10-4 "定义组"对话框

◇ 使用指定值分组,当变量的取值等于"组1(1)"文本框中的值时,将其划为第1组;当变量的取值等于"组2(2)"文本框中的值时,将其划为第2组。
◇ 分割点:输入一个数字,表示大于等于该值的作为一组,小于该值的对应于另一组。
以上两个选项定义方式不同,但作用相同,任选其一进行设置。

第2步 "选项"对话框设置:指定置信水平和缺失值的处理方法

在图10-3的对话框中单击"选项(O)..."按钮,打开"独立样本T检验:选项"对话框,具体选项内容及设置与单样本T检验相同。

【实验结果与分析】

运行结果如表10-3和表10-4所示,具体意义分析如下。

(1) 表10-3是本例独立样本T检验的基本描述统计量,包括两个样本的均值、标准差和标准误差平均值。

表 10-3 描述性统计

	班 级	数 字	平均值(E)	标准差	标准误差平均值
成 绩	1	53	77.74	15.792	2.169
	2	43	82.95	14.524	2.215

表 10-4 独立样本T检验结果表

		方差的 Levene		平均值相等性的 t 检验						
		F	显著性	t	自由度	显著性(双尾)	平均差	标准误差差值	差值的95%置信区间	
									下限	上限
成绩	已假设方差齐性	2.326	.131	−1.668	94	.099	−5.218	3.128	−11.428	.992
	未假设方差齐性			−1.683	92.486	.096	−5.218	3.100	−11.374	.939

(2) 表10-4是独立样本T检验的结果表。首先进行方差齐性检验,由方差方程的Levene检验,表中给出了两种T检验的结果,分别为在样本方差相等情况下和在样本方差不等情况下。表中F统计量的值,为2.326,对应的概率P值为0.131。显著性水平为0.05,由

于概率 P 值大于 0.05，可以认为两个总体的方差无显著性差异，即方差具备齐性。因此应分析"假定方差相等"情况下 T 检验的结果。方差相等情况下的 t 统计量值为 -1.668，对应的概率 P 值为 0.099。由于概率 P 值大于 0.05，应接受原假设，认为两个总体的均值无显著差异。

实验三　两配对样本 T 检验

【实验目的】

1. 理解两配对样本 T 检验的基本思想与原理。
2. 熟练掌握两配对样本 T 检验的方法。
3. 熟练应用 SPSS 软件进行两配对样本 T 检验。
4. 培养运用两配对样本 T 检验方法解决实际问题的能力。

【相关知识】

1. 概念

两配对样本 T 检验用于检验两组相关样本是否来自相同均值的正态总体，即推断两个总体的均值是否存在显著差异。

两配对样本 T 检验与独立样本 T 检验的差别之一是要求样本是配对的。所谓配对样本，可以是个案在"前"、"后"两种状态下某属性的两种不同特征，也可以是事物两个不同侧面的描述。其差别在于抽样不是相互独立的，而是相互关联的。例如，考察同一组人在参加一年的长跑锻炼前后的心率是否有显著差异。再如，为研究某种减肥茶是否有显著的减肥效果，需要对肥胖人群喝茶前与喝茶后的体重进行分析，这样获得的两组样本均是配对样本。

配对样本通常具有两个特征：第一，两个样本的样本容量相同；第二，两个样本观测值先后顺序是一一对应的，不能随意更改。

2. 一般步骤

(1) 提出原假设。两配对样本 T 检验的原假设 H_0：两总体均值无显著性差异。

$$H_0: \mu_1 - \mu_2 = 0$$ （其中 μ_1、μ_2 分别为第一个和第二个总体的均值）

(2) 选择检验统计量。首先求出每对观测值的差值，得到差值序列；然后对差值求平均值；最后检验差值序列的均值，即平均差是否与 0 有显著差异。显而易见，如果差值序列均值与 0 有显著性差异，则可以认为两总体的均值有显著性差异；反之，如果差值序列均值与 0 无显著性差异，则可以认为两总体的均值不存在显著性差异。

两配对样本 T 检验是通过单样本 T 检验实现的。设 x_{1i}、$x_{2i}(i=1,2,\cdots,n)$ 分别为配对样本，其样本差值为 $d_i = x_{1i} - x_{2i}$，此时检验统计量为：

$$t = \frac{\bar{d} - (\mu_1 - \mu_2)}{\frac{S}{\sqrt{n}}} \tag{10-4}$$

式中，$\bar{d}$ 为 d_i 的均值，S 为 d_i 的标准差，n 为配对数。当 $\mu_1 - \mu_2 = 0$ 时，统计量服从自由度为 $n-1$ 的 T 分布。

(3)计算检验统计量的观测值和伴随概率 P 值。SPSS 将自动计算 t 统计量的观测值,并给出相应的伴随概率 P 值。

(4)给出显著性水平 α,并做出判断。若概率 P 值小于显著性水平,则应该拒绝原假设,认为两总体均值存在显著性差异;反之,则接受原假设,认为两总体均值之间无显著性差异。

【实验内容】

【例 10－3】 某医疗机构为研究某种减肥药的疗效,对 16 位肥胖者进行为期半年的观察测试,测试指标为使用该药之前和之后的体重。假设体重近似服从正态分布,试分析服药前后,体重是否有显著变化。(参见数据文件:data10－3.sav)

【实验步骤】

第 1 步 配对样本 T 检验设置

选择菜单:"分析"→"比较均值"→"配对样本 T 检验",弹出"配对样本 T 检验"对话框,确定要配对分析的变量,如图 10－5 所示。

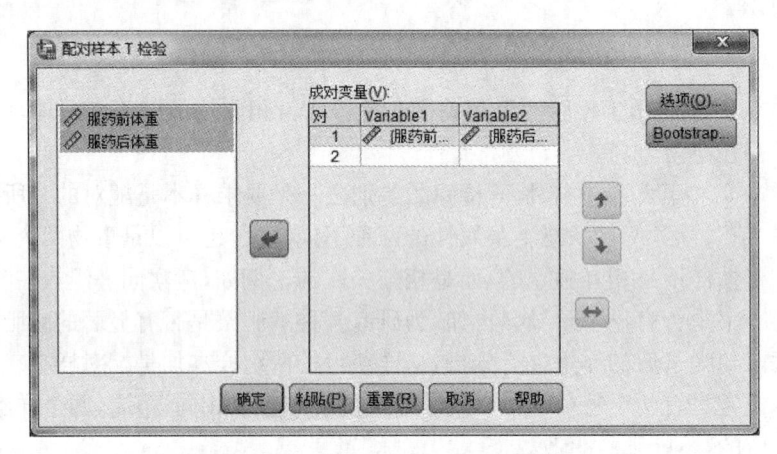

图 10－5 "配对样本 T 检验"对话框

该对话框主要由以下几部分组成。

◇ 候选变量框:左侧变量列表框,列出数据文件中可以进行配对样本 T 检验的变量。
◇ 成对变量:该列表框中的变量作为分析变量,总是成对出现,可以有多对分析变量。

第 2 步 "选项"对话框设置:指定置信水平和缺失值的处理方法

关于该对话框的各选项意义及其设置,在前面已有讲述,可以参考前文。

【实验结果与分析】

运行结果如表 10－5～表 10－7 所示,具体意义分析如下。

(1)表 10－5 是配对样本的基本描述性统计量,包括每一组样本的均值、样本容量、标准差和标准误差平均值。

表 10-5　配对样本基本描述统计量

		平均值(E)	数　字	标准偏差	标准误差平均值
配对 1	服药前体重	198.38	16	33.472	8.368
	服药后体重	190.31	16	33.508	8.377

(2) 表 10-6 是配对样本 T 检验的简单相关关系检验结果。表中第 3 列为服药前和服药后两样本的相关系数,第 4 列是相关系数的检验概率 P 值。从表中可以看出,在显著性水平为 0.05 时,概率 P 值为 0(小于 0.05),拒绝原假设,可以认为服药前后的成绩很显著,相关程度较高。

表 10-6　配对样本相关性

		数　字	相关系数	显著性
配对 1	服药前体重 & 服药后体重	16	.996	.000

(3) 表 10-7 是配对样本 T 检验的最终结果。服药前后配对样本的平均差值为 8.063,差值的标准差为 2.886,计算出 t 统计量的观测值为 11.175,自由度为 15。显著性(双尾)为双尾检验概率 P 值,在显著性水平为 0.05 时,概率 P 值为 0(小于 0.05),拒绝原假设,故可以认为服药对体重有显著效果,从两个样本的平均值可以看出,服药后的体重比服药前减轻了。

表 10-7　配对样本 T 检验结果

		配对差值					t	自由度	显著性(双尾)
		平均值(E)	标准差	标准误差平均值	差值的 95% 置信区间				
					下限	上限			
配对 1	服药前－服药后	8.063	2.886	.722	6.525	9.600	11.175	15	.000

本 章 小 结

1. 假设检验是关于总体参数的统计推断方法,原假设和备择假设在假设检验中是互斥的。假设检验所构造的检验统计量的分布是基于原假设的,备择假设对立于原假设。依据小概率原理进行假设检验是合理的,但有时会出现错误。如果原假设成立但被拒绝,称为犯第一类错误;如果原假设不成立但被接受,称为犯第二类错误。

2. 单样本 T 检验的前提是样本来自的总体应该服从或近似服从正态分布。总体分布未知的情况下,通常采用非参数检验的方法。严格来说,单样本 T 检验都要对总体的正态性进行检验,判断总体是否服从正态分布。

3. 两独立样本 T 检验要求两个样本应该是互相独立的,即从第一个总体中抽取的一组样本对从第二个总体中抽取的一组样本没有任何的影响,两组样本的样本容量可以不同,样本顺序可以随意调整。检验的前提是样本来自的两个总体应该服从或近似服从正态分布,如果总体分布未知的情况下,则通常采用非参数检验的方法。两总体方差是否相等是决定两独立样本 T 检验所采用的检验统计量的关键,在进行检验之前,必须通过有效的方法对两总体方差是否相等做出判断。

4. 两配对样本 T 检验要求两个样本应该是配对的,即样本在"前"、"后"两种状态下某属性的两种不同特征,抽样不是互相独立的,而是互相关联的。两组样本的样本容量必须相同,样本顺序不能随意调整。两配对样本 T 检验的前提是样本来自的两个总体应该服从或近似服从正态分布。总体分布未知的情况下,通常采用非参数检验的方法。

思 考 与 练 习

1. 数据文件 data10-4.sav 是对某单位职工的工资、学历和职称等信息的抽样调查表。假定该单位的平均基本工资为 8 000 元。请分析该抽样调查所得的 30 名职工的基本工资是否正常。

2. 数据文件 data10-5.sav 是对某大学网络使用情况的调查数据。试分析该抽样调查表中男女在上网时长上有无明显差异。

3. 某品牌洗衣粉生产过程中的设计重量为 500 克,低于这一重量被认为是不合格产品。随机抽取了 10 袋洗衣粉,经过测量的洗衣粉重量数据,假定总体服从正态分布,显著性水平为 0.05,检验该样本结果能否表示该生产过程运作正常。(基本数据见 data10-6.sav)

4. 一工厂的两个化验员每天同时从工厂的冷却水中取样,测量一次水中的含氯量(ppm),下面列出 10 天的记录:

化验员 A:1.15 1.86 0.75 1.82 1.14 1.65 1.90 0.89 1.12 1.09
化验员 B:1.00 1.90 0.95 1.95 1.35 1.90 1.75 1.87 1.69 1.92

设各化验员的化验结果服从正态分布,分别应用两配对样本 t 检验和两独立样本 t 检验,检验两个化验员测量的结果之间是否有显著差异?(显著性水平 $\alpha=0.05$)

第11章 方差分析

第10章已经做过两个总体均值的假设检验,如两台机床生产的零件尺寸是否相等,病人和正常人的某个生理指标是否一样。但在研究中经常遇到两个以上均值比较的问题。例如,在实验田里种植小麦,小麦的产量会受品种、施肥量、土地质量等因素的影响,而每种因素的影响大小是不同的,找到其中的关键因素就很重要。进一步地,在掌握了关键因素之外,如品种、施肥量等以后,还需要对不同的品种、不同的施肥量等进行对比分析,研究究竟哪个品种的产量高,施肥量究竟多少最合适,哪个品种与哪种施肥量搭配最优等。这就需要引入另一种统计分析方法——方差分析。方差分析是从观测变量的方差入手,研究诸多控制变量中哪些变量是对观测变量有显著影响的变量。其研究的目的是通过数据分析找出对该事物有显著影响的因素,各因素之间的交互作用,以及显著影响因素的最佳水平等。本章主要介绍单因素方差分析、多因素方差分析及协方差分析。

实验一 单因素方差分析

【实验目的】
1. 理解单因素方差分析的基本思想与原理。
2. 熟练掌握单因素方差分析的方法。
3. 熟练应用 SPSS 软件进行单因素方差分析。
4. 培养运用单因素方差分析方法解决实际问题的能力。

【相关知识】

1. 基本概念

单因素方差分析用来研究一个控制变量的不同水平是否对观测变量产生了显著影响,也称一维方差分析。这里,仅研究单个因素对观测变量的影响。例如,分析不同施肥量是否给农作物产量带来显著影响,研究不同学历对工资收入的影响等。

2. 统计原理

观测变量值的变动受控制因素和随机误差两方面的影响。因此,观测变量总的离差平方和分解为组间离差平方和(Between Groups)和组内离差平方和(Within Groups)两部分。数学表述为:

$$SST = SSA + SSE \tag{11-1}$$

其中,SST 为观测变量总离差平方和;SSA 为组间离差平方和,表示各水平组均值与总均值离差的平方和,反映了控制因素不同水平对观测变量的影响;SSE 为组内离差平方和,表示每个样本数据与本水平组均值离差的平方和,反映了抽样误差。

SST 的数学定义为：
$$SST = \sum_{i=1}^{k}\sum_{j=1}^{n_i}(X_{ij}-\bar{X})^2 \quad (11-2)$$

其中，K 为控制变量的水平数；X_{ij} 为控制变量第 i 个水平下第 j 个样本值；n_i 为控制变量第 i 个水平下样本个数；$\bar{X}$ 为观测变量均值。

SSA 的数学定义为：
$$SSA = \sum_{i=1}^{k}n_i(\bar{X}_i-\bar{X})^2 \quad (11-3)$$

式中，$\bar{X}_i$ 为控制变量第 i 个水平下观测变量的样本均值。

SSE 的数学定义为：
$$SSE = \sum_{i=1}^{k}\sum_{j=1}^{n_i}(X_{ij}-\bar{X}_i)^2 \quad (11-4)$$

方差分析采用的检验统计量是 F 统计量，数学定义为：
$$F = \frac{SSA/(k-1)}{SSE/(n-k)} \quad (11-5)$$

从 F 值的计算公式可以看出，如果控制变量的不同水平对观测变量有显著影响，那么观测变量的组间离差平方和就大，F 值也就较大；反之，如果控制变量的不同水平没有对观测变量造成显著影响，那么组间离差平方和的影响就会比较小，F 值就比较小。

3. 基本步骤

第 1 步　提出原假设

单因素方差分析的原假设 H_0：控制变量不同水平下观测变量各总体均值无显著差异，控制变量不同水平下的效应同时为 0，记为 $\mu_1 = \mu_2 = \cdots = \mu_k$，即说明控制变量的不同水平对观测变量没有产生显著性影响。

第 2 步　选择检验统计量

方差分析采用的是 F 统计量，计算公式为式(11-5)，服从 $(k-1, n-k)$ 个自由度的 F 分布。

第 3 步　计算检验统计量的观测值和概率 P 值

SPSS 会根据式(11-5)自动计算 F 值，并依据 F 分布表给出相应的相伴概率 P 值。不难理解，如果控制变量对观测变量造成了显著影响，观测变量总的变差中控制变量影响所造成的比例相对于随机变量就会较大，F 值显著大于 1；反之，观测变量的变差应归结为随机变量造成的，F 值接近于 1。

第 4 步　给出显著性水平，做出决策

如果相伴概率 P 值小于显著性水平 α，则拒绝原假设，认为控制变量不同水平下各总体均值有显著差异；反之，认为控制变量不同水平下各总体均值没有显著差异。

【实验内容】

【例 11-1】 评价不同行业的服务质量，消费者协会分别在零售业、旅游业、航空公司、家电制造业抽取了不同的企业作为样本，其中零售业 7 家，旅游业 6 家，航空公司 5 家，家电制造业 5 家，然后统计出近期消费者对这 23 家企业的投诉次数，试分析 4 个行业之间的服务质量是否存在显著差异？（数据来源：赖国毅等，SPSS 17.0 常用功能与应用，电子工业出版社，2010；参见数据文件见 data 11-1.sav）

第11章 方差分析

【实验步骤】

第1步 单因素方差分析设置

选择菜单"分析"→"均值比较"→"单因素 ANOVA",打开如图 11-1 所示的"单因素方差分析"窗口。

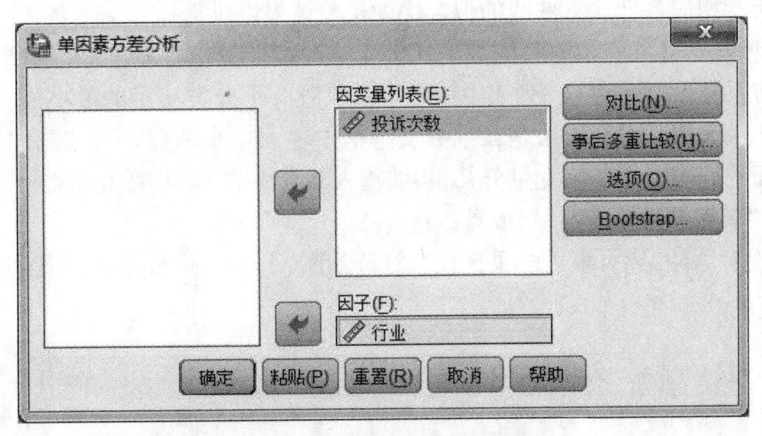

图 11-1 "单因素方差"对话框

该窗口主要由以下几部分组成。

◇ 候选变量框:即左侧变量列表框。
◇ 因变量列表:选择单因素方差分析的观测变量,可以同时选择多个变量,此时 SPSS 就将分别对各观测变量做单因素方差分析。
◇ 因子:选择控制变量,由于进行的是单因素方差分析,所以此时只能选择一个因子变量。

第2步 "对比"按钮设置

单击"对比(N)..."按钮,弹出如图 11-2 所示的"单因素 ANOVA:对比"对话框。本例不须设置。

图 11-2 "单因素 ANOVA:对比"对话框

该对话框主要用于对组间平方和划分成趋势成分,或者指定先验对比,主要包括如下几项。

◇ 多项式:选择是否对方差分析的组间平方和进行分解并进行趋势检验。
◇ 度:选中多项式复选框之后,该下拉列表被激活,用于选择进行趋势检验的曲线类型。曲线类型主要有线性、二次、立方、四次、五次多项式。如果选择了高次方曲线,系统会给出所有相应各低次方曲线的拟合优度检验结果以供选择。
◇ 系数:精确定义某些组间平均数的比较。一般按照分组变量顺序给每组一个系数值,但所有系数值之和为 0。列表中第一个系数对应于分类变量的最小值,最后一个系数对应于最大值。输入方法是在系数文本框中输入一个系数,单击"添加"按钮,使之进入下面的列表框中。因变量分几组,就输入几个系数,多出的无意义。

第 3 步 "事后多重比较"按钮设置

单击"单因素 ANOVA:事后多重比较",打开如图 11-3 所示进行两两比较选项设置的对话框。

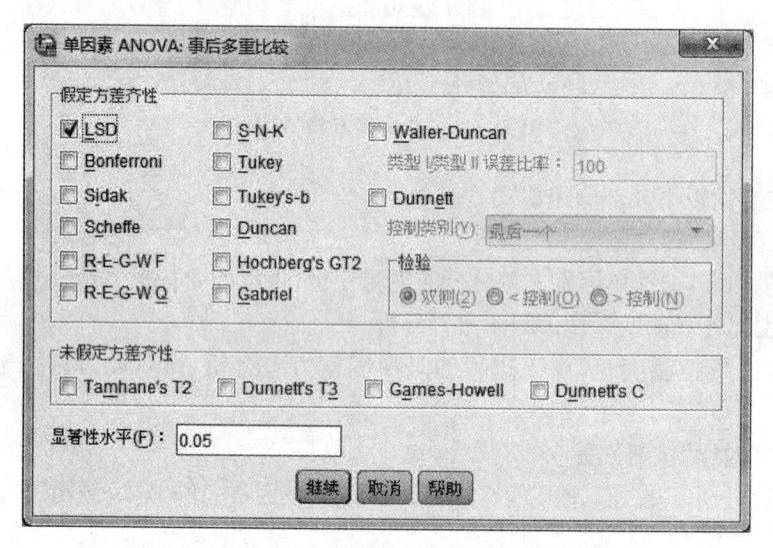

图 11-3 "单因素 ANOVA:事后多重比较"对话框

(1) 假定方差齐性:该选项组给出方差相等时的多重比较方法,具体有 14 种,其中常用的方法有以下几种。

◇ LSD(Least-Significant Difference),最小显著性差异法。用了检验完成各组间的配对比较,检验的敏感性高,各水平间的均值存在微小的差异也有可能被检验出来,但此方法对第一类弃真错误的概率不进行控制和调整。α 可指定为 0～1 之间任何显著性水平,默认值为 0.05。
◇ S-N-K(Student-Newman-Keuls 检验法),用 Student-Range 分布进行各组均值间的配对比较。如果各组样本含量相等或者选择了 Harmonic average of all groups(各组样本含量的调和平均数),即用各组样本含量的调和平均数进行样本量估计,还将用逐步过程进行齐次子集(差异较小的子集)的均值配对比较。在该过程中各组均值按从大到小的顺序排列,最先比较最极端的差异。α 只能取 0.05。

◇ Bonferroni 修正最小显著差异。用 T 检验完成各组间的配对比较,同时通过设置每个检验的误差率来控制第一类错误的概率。α 可指定为 $0\sim1$ 之间任何显著性水平,默认为 0.05。

◇ Duncan 修复极差法,指定一系列 Range 值,逐步计算、比较,得出结论。α 可取 0.01、0.05 和 0.1,默认值为 0.05。

◇ Scheffe 差别检验法,使用 F 统计量作为检验统计量,对所有可能的组合进行同步的配对比较,可用于检验分组均值所有可能的线性组合,但灵敏度不太高。α 可取 $0\sim1$ 之间任何显著性水平,默认值为 0.05。

(2) 未假定方差齐性:该选项组给出方差不相等时的确定多重比较方法,包括如下 4 项,其中 Dunnett's C 方法较常用。

◇ Tamhane's T2:用 T 检验进行各组均值配对比较。

◇ Dunnett's T3:用基于 Student 最大模数的比较配对试验。

◇ Games-Howell:方差不齐时的配对比较检验,该方法较灵活。

◇ Dunnett's C:用 Student-Range 极差统计量进行配对比较检验。

(3) 显著性水平:设定各种多重比较检验的显著性水平,系统默认值以为 0.05,α 可取的值一般为 0.01、0.05 和 0.1。

多重比较检验法以矩阵的形式输出检验结果,在确定的显著性水平下,对那些组均值有显著差异的分组用标记出来。本例选择"LSD"。

第 4 步 "选项"按钮设置

单击"选项(O)..."按钮,弹出如图 11-4 所示的"单因素 ANOVA:选项"对话框,本例选择"方差同质性检验"。

图 11-4 "单因素 ANOVA:选项"对话框

该对话框主要包括如下选项。

(1) 统计量:可以选择需要输出的统计量,主要有以下几种。

◇ 描述性:即要求输出描述统计量,包括观测量数目、均值、最小值、最大值、标准差、标准误差以及各组中每个因变量的 95% 置信区间。

◇ 固定和随机效果：输出不变效应模型和随机效应模型的标准差、标准误差以及 95% 置信区间。

◇ 方差同质性检验：表示要求用 Levene 统计量进行方差一致性检验，该方法不依赖于正态假设，即不要求样本一定服从正态分布。

◇ Brown-Forsythe：表示计算分组均数相等的 Brown-Forsythe 统计量，当不能把握方差齐性假设时，此统计量比 F 统计量更优。

◇ Welch：表示计算分组均数相等的 Welch 统计量，当不能把握方差齐性假设时，此统计量比 F 统计量更优。

(2) 平均值图：选中该复选框，表示输出均数分布图，根据控制变量值所确定的各组均数描绘出因变量的均值分布情况。

(3) 缺失值：选择缺失值的处置方式。

【实验结果与分析】

运行结果如表 11-1～表 11-5 和图 11-5 所示。

1. 描述性统计分析

表 11-1 给出的是不同行业投诉次数的基本描述统计量及 95% 置信区间。可以看出，4 个水平下一共有 23 个样本，分别给出了每个水平下的平均值、标准差、标准误、95% 的置信区间、最小值与最大值等。

表 11-1 描述性统计量表

投诉次数

	N	平均值	标准差	标准误	均值95%置信区间 下限值	均值95%置信区间 上限	最小值	最大值
1	7	49.00	10.801	4.082	39.01	58.99	34	66
2	6	48.00	13.594	5.550	33.73	62.27	29	68
3	5	35.00	10.416	4.658	22.07	47.93	21	49
4	5	59.00	12.748	5.701	43.17	74.83	44	77
总计	23	47.87	13.759	2.869	41.92	53.82	21	77

2. 方差齐性检验

表 11-2 是单因素方差分析的前提检验，即方差齐性检验结果。可以看出，Leneve 统计量的值为 0.195，第一、第二自由度分别为 3、19，相应的显著性为 0.898，大于显著性水平 0.05，接收方差齐性的原假设，因此可以认为不同行业投诉次数的总体方差无显著性差异，满足方差分析的前提条件。

表 11-2 方差同质性检验

投诉次数

Levene 统计	df1	df2	显著性
.195	3	19	.898

3. 方差分析

表 11-3 为方差分析表,可以看出,3 个组的总的离差平方和 SST 为 4 164.609,其中控制变量不同水平造成的组间离差平方和 SSA 为 1 456.609,随机变量造成的组内离差平方和 SSE 为 2 708.000,方差检验统计量 F 为 3.407,相应的显著性(Sig.)为 0.039,小于显著性水平 0.05,故拒绝原假设,认为不同行业投诉次数有显著性差异。

表 11-3 方差分析

投诉次数

	平方和	df	均方	F	显著性
组间	1 456.609	3	485.536	3.407	.039
组内	2 708.000	19	142.526		
总计	4 164.609	22			

4. 多重比较分析

表 11-4 是 LSD 法的多重比较检验的结果。分别进行了不同行业的两两比较,以第 1 个行业与第 2、3、4 个行业的比较为例。第 1 个行业与第 2、3、4 个行业的投诉次数均值分别相差 1.000、14.000 和 −10.000,说明第 1 个行业的服务好于第 4 个行业,但不如第 2、3 个行业,而且所有的相伴概率都大于 0.05,这说明第 1 个行业与其他三个行业均不具有显著性差异。

表 11-4 多重比较

因变量: 投诉次数

LSD(L)

(I)行业	(J)行业	平均差(I−J)	标准误	显著性	95%置信区间 下限值	上限
1	2	1.000	6.642	.882	−12.90	14.90
	3	14.000	6.990	.060	−.63	28.63
	4	−10.000	6.990	.169	−24.63	4.63
2	1	−1.000	6.642	.882	−14.90	12.90
	3	13.000	7.229	.088	−2.13	28.13
	4	−11.000	7.229	.145	−26.13	4.13
3	1	−14.000	6.990	.060	−28.63	.63
	2	−13.000	7.229	.088	−28.13	2.13
	4	−24.000*	7.551	.005	−39.80	−8.20
4	1	10.000	6.990	.169	−4.63	24.63
	2	11.000	7.229	.145	−4.13	26.13
	3	24.000*	7.551	.005	8.20	39.80

*. 均值差的显著性水平为 0.05。

5. 观测变量均值的折线图

图 11-5 是观测变量均值的折线图。可以看出第 4 行业的投诉次数最多,第 3 行业的投诉次数最少。

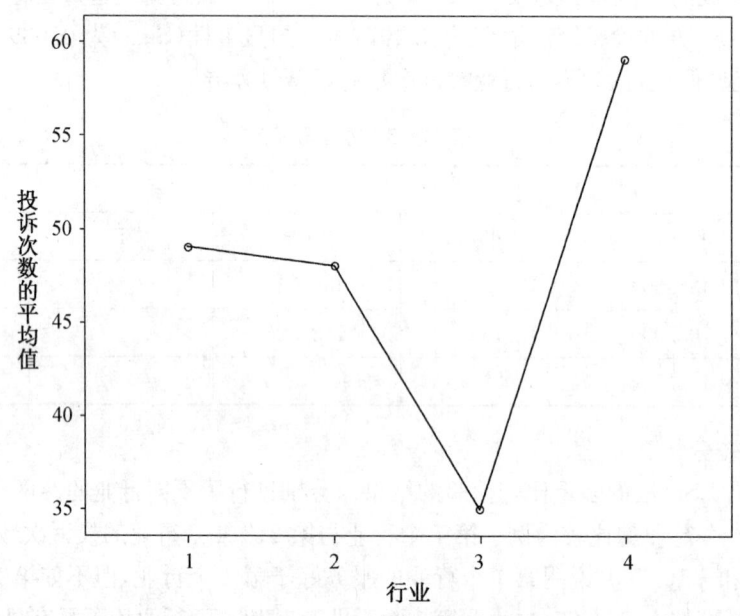

图 11-5　不同行业的投诉次数均值折线图

实验二　多因素方差分析

【实验目的】

1. 理解多因素方差分析的基本思想与原理。
2. 熟练掌握多因素方差分析的方法。
3. 熟练应用 SPSS 软件进行多因素方差分析。
4. 培养运用多因素方差分析方法解决实际问题的能力。

【相关知识】

1. 基本概念

多因素方差分析用来研究两个及两个以上控制变量是否对观测变量产生显著影响。多因素方差分析不仅能够分析多个控制变量对观测变量的独立影响,还能够分析多个控制变量的交互作用能否对观测变量的结果产生显著影响,进而最终找到有利于观测变量的最优组合。

2. 统计原理

多因素方差分析中,观测变量取值的变动会受到控制变量独立作用、控制变量交互作用和随机变量三方面的影响。据此,将观测变量总的离差平方和分解为三部分内容:控制独立作用引起的离差平方和、控制变量交互作用引起的离差平方和、随机因素引起的离差平方和。以两

个控制变量为例,多因素方差分析将观测变量的总离差平方和分解为:

$$SST = SSA + SSB + SSAB + SSE \tag{11-6}$$

式中,SST 为观测变量的总离差平方和;SSA、SSB 分别为控制变量 A、B 独立作用的离差平方和;$SSAB$ 为控制变量 A 和 B 交互作用引起的离差平方和;SSE 为随机变量引起的误差。通常称 $SSA + SSB$ 为主效应,$SSAB$ 为多向交互效应,SSE 为剩余。

设控制变量 A 有 k 个水平,变量 B 有 r 个水平。

定义 SST 为:
$$SST = \sum_{i=1}^{k} \sum_{j=1}^{r} (X_{ij} - \bar{X})^2 \tag{11-7}$$

定义 SSA 为:
$$SSA = \sum_{i=1}^{k} \sum_{j=1}^{r} n_{ij} (\bar{X}_i^A - \bar{X})^2 \tag{11-8}$$

其中,n_{ij} 为控制变量 A 第 i 个水平下和控制变量 B 第 j 个水平的样本观测值个数,$\bar{X}_i^A$ 为控制变量 A 第 i 个水平下观测变量的均值。

定义 SSB 为:
$$SSB = \sum_{i=1}^{k} \sum_{j=1}^{r} n_{ij} (\bar{X}_i^B - \bar{X})^2 \tag{11-9}$$

其中,n_{ij} 为控制变量 B 第 i 个水平下和控制变量 A 第 j 个水平的样本观测值个数,$\bar{X}_i^B$ 为控制变量 B 第 i 个水平下观测变量的均值。

定义 SSE 为:
$$SSE = \sum_{i=1}^{k} \sum_{j=1}^{r} \sum_{m=1}^{n_{ij}} (X_{ijm} - \bar{X}_{ij}^{AB})^2 \tag{11-10}$$

其中,X_{ijm} 为控制变量 A 第 i 个水平下和控制变量 B 第 j 个水平的第 m 个观测值。$\bar{X}_{ij}^{AB}$ 是控制变量 A、B 在水平 i、j 下的观测变量的均值。

定义 $SSAB$ 为:
$$SSAB = I \sum_{i=1}^{k} \sum_{j=1}^{r} (\bar{X}_{ij} - \bar{X}_i^A - \bar{X}_i^B + \bar{X})^2 \tag{11-11}$$

其中,I 为每个组合重复试验次数。

3. 基本步骤

第 1 步 提出原假设

多因素方差分析的原假设 H_0:各控制变量不同水平下观测变量各总体均值无显著差异,控制变量各效应和交互作用效应同时为 0,即控制变量和它们的交互作用对观测变量没有产生显著性影响。

第 2 步 构造检验统计量

在多因素方差分析中,控制变量可进一步划分为固定效应模型和随机效应模型。其中,固定效应通常指控制变量的各水平是可以严格控制的,它们对观测变量带来的影响是固定的,如温度、品种等;随机效应是指控制变量的各水平无法做严格的控制,它们对观测变量带来的影响是随机的,如城市规模、受教育水平等。两种效应的主要差别体现在统计量的构造上。多因素方差分析采用的是 F 统计量。如果有 A、B 两个控制变量,通常对应三个 F 检验统计量。

在固定效应模型中,各 F 检验统计量为:

$$F_A = \frac{SSA/(k-1)}{SSE/kr(m-1)} = \frac{MSA}{MSE} \tag{11-12}$$

$$F_B = \frac{SSB/(r-1)}{SSE/kr(m-1)} = \frac{MSB}{MSE} \tag{11-13}$$

$$F_{AB} = \frac{SSAB/(k-1)(r-1)}{SSE/kr(m-1)} = \frac{MSAB}{MSE} \tag{11-14}$$

在随机效应模型中，F_{AB} 统计量不变，其他两个 F 统计量分别为：

$$F_A = \frac{SSA/(k-1)}{SSAB/(k-1)(m-1)} = \frac{MSA}{MSAB} \qquad (11-15)$$

$$F_B = \frac{SSB/(r-1)}{SSAB/(k-1)(m-1)} = \frac{MSB}{MSAB} \qquad (11-16)$$

第 3 步 计算检验统计量的观测值和概率 P 值

SPSS 会自动将相关数据代入各式，计算出检验统计量的观测值的概率 P 值（也称相伴概率值 Sig.）。

第 4 步 给出显著性水平 α，做出决策

给定显著性水平 α（系统默认为 0.05），并与各个检验统计量的概率 P 值进行比较。在固定效应模型中，如果 F_A 的概率 P 值小于显著性水平 α，则应拒绝原假设，认为控制变量 A 的不同水平对观测变量的均值产生了显著性影响；反之，则应接受原假设，认为控制变量 A 的不同水平对观测变量没有产生显著性影响。同理，可对 B 的显著性及 A 和 B 的交互作用的显著性做推断。

【实验内容】

【例 11-2】 某企业在制定某商品的广告策略时，收集了该商品在不同地区采用不同广告形式促销后的销售额数据，希望对广告形式、地区以及它们的交互作用是否对商品销售额产生影响进行分析。[数据来源：薛薇编著，基于 SPSS 的数据分析（第三版），中国人民大学出版社；参见数据文件见 11-2.sav]

【实验步骤】

第 1 步 多因素方差分析设置

选择菜单"分析"→"一般线性模型"→"单变量"，打开"单变量"对话框，并按图 11-6 所示进行设置。

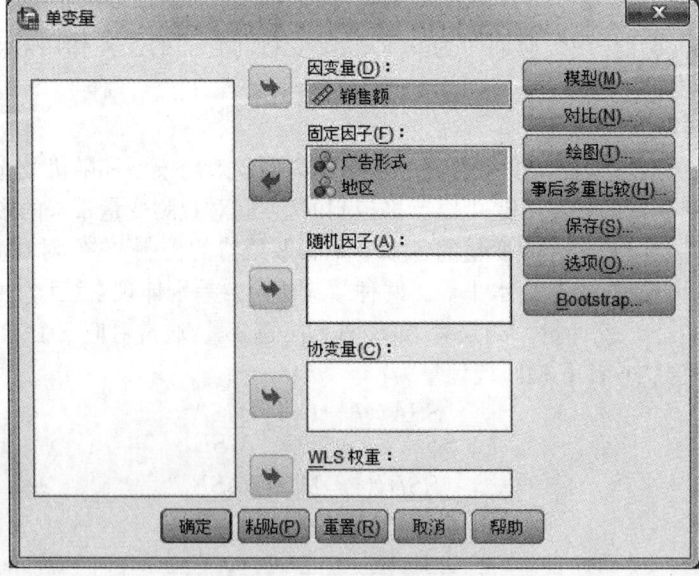

图 11-6 "单变量"对话框

该窗口主要由以下几部分组成。

(1) 候选变量框：即左侧变量列表框。

(2) 因变量：选择多因素方差分析的观测变量，从左侧的变量列表框中移入。只能选一个而且是数值型的变量。

(3) 固定因子：选择控制变量，由于进行的是多因素方差分析，所以可选择多个变量（数值型和字符串型均可）。

(4) 随机因子：选择随机因素变量。

(5) 协变量：选择协变量，此功能将在下一节用到。

(6) WLS 权重：选择加权最小二乘法的权重系数的变量。

第 2 步　设置方差齐性检验

单击"选项(O)..."按钮，弹出"单变量:选项"对话框，如图 11-7 所示。

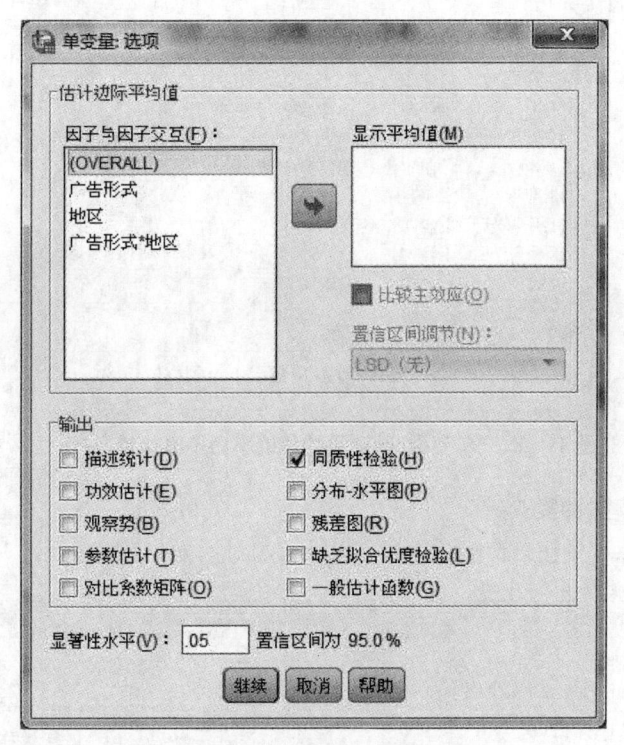

图 11-7　"单变量:选项"对话框

该对话框主要由以下几部分组成。

(1) 因子与因子交互：列出可选的控制变量及其交互作用，其中 OVERALL 表示对所有控制变量及其交互作用都计算其相应的样本均值。

(2) 显示平均值：将因子与因子交互框中要计算均值的变量选入此框中。

(3) 比较主效应：当显示均值框中有元素时，该项被激活，用来定义是否对选中变量进行均值的多重比较。

(4) 置信区间调节：选择多重比较的方法。

(5) 输出：定义输出的统计量。

由于方差分析要求不同组别数据方差相等，故应进行方差齐性检验，本例选中"同质性检验",显著性水平已设为默认值 0.05。

第 3 步 设置控制变量的多重比较分析

通过以上步骤只能判断两个控制变量的不同水平是否对观察变量产生了显著影响。如果想进一步了解究竟是哪个组与其他组有显著的均值差别,就需要进行控制变量的多重比较分析(这与前面的单因素方差分析一致)。单击"事后多重比较(H)..."按钮,弹出如图 11-8 所示的对话框,在其中选出需要进行比较分析的控制变量,这里选"广告形式",再选择一种方差相等时的检验模型,如 LSD。

图 11-8 "单变量:观测平均值的事后多重比较"对话框

第 4 步 设置模型种类

单击"模型(M)..."按钮,弹出如图 11-9 所示的对话框。

图 11-9 "单变量:模型"对话框

该对话框主要用来定义方差分析的模型,主要包括以下几部分。

(1) 全因子:系统默认选项,包含所有因子主效应、所有协变量主效应以及所有因子间交互。它不包含协变量交互。默认形式。

(2) 定制:指定其中一部分的交互或指定因子协变量交互。选择该项,则激活"类型"下拉列表,选择感兴趣的主体内效应和交互以及主体间效应和交互。

(3) 平方和:计算主体间模型平方和的方法,一般默认选择"类型Ⅲ"。

第5步 设置绘图

如果各因素间无交互作用,则各个水平对应的图形应近于平行,否则相交。单击"绘图(T)..."按钮,弹出"单变量:概要图"对话框,如图11-10所示,设置控制变量的交互效果,将"广告形式"和"地区"变量分别移入"水平轴"和"单图"框后,单击"添加"按钮添加到下方的文本框中。

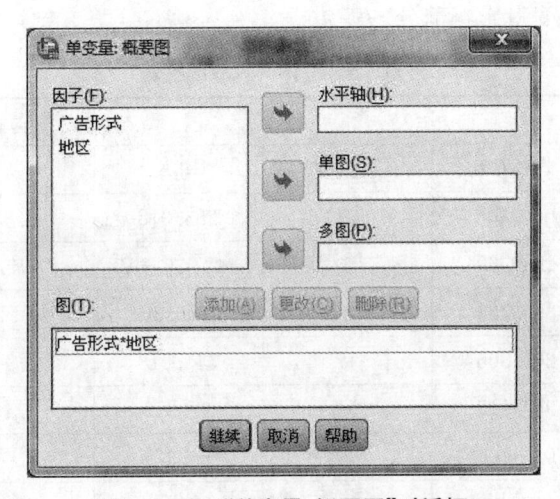

图 11-10 "单变量:概要图"对话框

第6步 设置对比

单击"对比(N)..."按钮,弹出"单变量:对比"对话框,如图11-11所示,对两种因子水平进行对比分析,用"简单"方法,并以"最后一个"水平的观察变量均值为标准(选择"对比"方式后需单击"更改"按钮进行确认)。

图 11-11 "单变量:对比"对话框

【实验结果与分析】

运行结果如表 11-5~表 11-7 和图 11-12 所示。

1. 多因素方差分析及交互检验结果

表 11-5 是多因素方差分析的主要部分。由于指定建立饱和模型,因此总的离差平方和分为 3 个部分:多个控制变量对观测变量的独立作用、多个控制变量的交互作用、随机变量的影响。关于多个控制变量的独立作用部分,不同广告形式贡献离差平方和为 5 866.083,均方 1 955.361,不同地区贡献离差平方和为 9 265.306,均方为 545.018,这说明地区比广告形式影响大。从相伴概率来看,均小于 0.05,应拒绝原假设,可以认为不同的广告形式、地区下的销售额总体均值存在显著差异。而广告形式、地区的交互作用的概率 p 值大于显著性水平 α,可以认为不同广告形式和地区的交互作用对销售额没有产生显著影响。说明两者均对销售额有影响。误差部分是随机变量影响部分。

表 11-5 主体间效应的检验

因变量: 销售额

源	Ⅲ类平方和	自由度	均方	F	显著性
校正的模型	20 094.306[a]	71	283.018	3.354	.000
截距	642 936.694	1	642 936.694	7 619.990	.000
广告形式	5 866.083	3	1 955.361	23.175	.000
地区	9 265.306	17	545.018	6.459	.000
广告形式 * 地区	4 962.917	51	97.312	1.153	.286
误差	6 075.000	72	84.375		
总计	669 106.000	144			
校正后的总变异	26 169.306	143			

a. R 平方=0.768(调整后的 R 平方=0.539)

2. "广告形式"控制变量的均值比较

表 11-6 分别显示了广告形式前三个水平下销售额总体的均值检验结果与第四种水平的检验结果的比较。从表 11-6 可以看出:第一种广告形式下的销售额的均值与第四种广告形式的差为 6.611,概率 P 值为.003,小于显著性水平 0.05,所以应拒绝原假设,说明第一种广告形式明显高于第四种广告形式。同理,第二种广告形式下的销售额的均值与第四种广告形式的差为 4.278,概率 P 值为.052,大于显著性水平 0.05,所以应接受原假设,说明第二种广告形式与第四种广告形式没有显著性差异。而第三种广告形式与第四种广告形式存在显著性差异。

表 11-6 对比结果(K 矩阵)

广告形式简单对比[a]		因变量销售额
水平 1 vs. 水平 4	对比估计值	6.611
	假设值	0
	差分(估计－假设)	6.611
	标准误	2.165
	显著性	.003
	差值的 95% 置信区间 下限值	2.295
	上限	10.927
水平 2 vs. 水平 4	对比估计值	4.278
	假设值	0
	差分(估计－假设)	4.278
	标准误	2.165
	显著性	.052
	差值的 95% 置信区间 下限值	−.038
	上限	8.594
水平 3 vs. 水平 4	对比估计值	−10.056
	假设值	0
	差分(估计－假设)	−10.056
	标准误	2.165
	显著性	.000
	差值的 95% 置信区间 下限值	−14.372
	上限	−5.740

a. 参考类别=4。

3. "广告形式"控制变量的多重比较结果

表 11-7 是不同广告形式的均值比较结果。表中第 5 列是不同广告形式销售量均值是否有显著性差异的假设检验概率 p 值,该值大于显著性水平 0.05,接受比较均值之间无显著性差异的假设;否则,拒绝以上假设,认为两个比较均值之间有显著差异。因此,在 0.05 显著性水平下,报纸与宣传品、体验有显著性差异。

表 11-7 多重比较

因变量： 销售额
LSD(L)

(I)广告形式	(J)广告形式	平均值差值(I−J)	标准误	显著性	95%的置信区间 下限值	95%的置信区间 上限
报纸	广播	2.333 3	2.165 06	.285	−1.982 6	6.649 3
报纸	宣传品	16.666 7*	2.165 06	.000	12.350 7	20.982 6
报纸	体验	6.611 1*	2.165 06	.003	2.295 1	10.927 1
广播	报纸	−2.333 3	2.165 06	.285	−6.649 3	1.982 6
广播	宣传品	14.333 3*	2.165 06	.000	10.017 4	18.649 3
广播	体验	4.277 8	2.165 06	.052	−.038 2	8.593 8
宣传品	报纸	−16.666 7*	2.165 06	.000	−20.982 6	−12.350 7
宣传品	广播	−14.333 3*	2.165 06	.000	−18.649 3	−10.017 4
宣传品	体验	−10.055 6*	2.165 06	.000	−14.371 5	−5.739 6
体验	报纸	−6.611 1*	2.165 06	.003	−10.927 1	−2.295 1
体验	广播	−4.277 8	2.165 06	.052	−8.593 8	.038 2
体验	宣传品	10.055 6*	2.165 06	.000	5.739 6	14.371 5

基于观察到的平均值。
误差项是均方(误差)=84.375。

*.均值差的显著性水平为0.05。

4. 交互影响折线图

图 11-12 是两控制变量对观测变量的交互作用图。

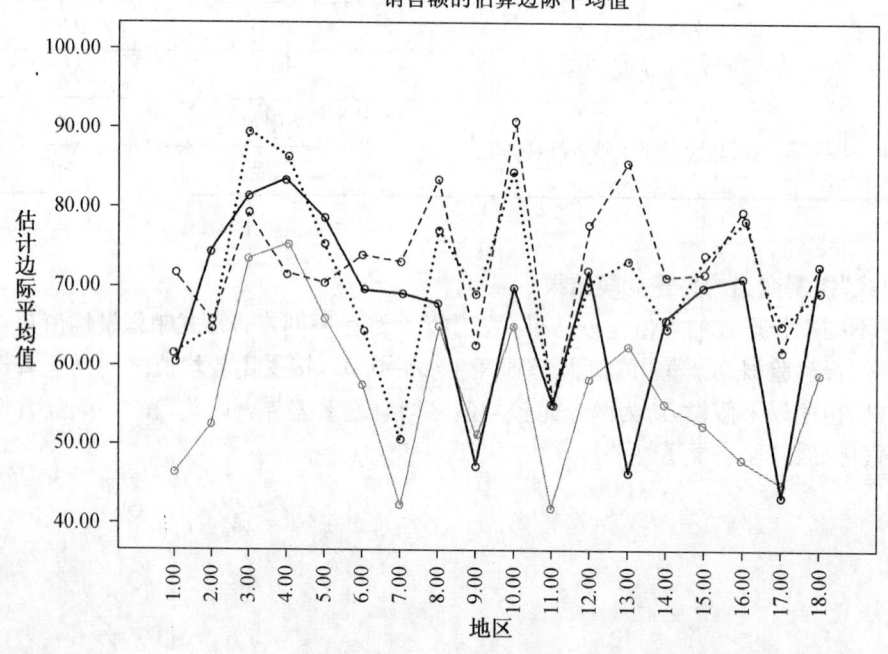

图 11-12 广告形式和地区的交互作用图

由于在地区第 1 水平分别变至第 18 水平的过程中,各个广告形式下的销售额基本按照相同的规律变动,各折线在各水平基本平行,说明广告和地区间不存在明显的交互作用,这与前面分析的结论一致。

实验三　协方差分析

【实验目的】

1. 理解协方差分析的基本思想与原理。
2. 熟练掌握协方差分析的方法。
3. 熟练应用 SPSS 软件进行协方差分析。
4. 培养运用协方差分析方法解决实际问题的能力。

【相关知识】

1. 基本概念

无论是单因素方差分析还是多因素方差分析,都有一些可以人为控制的变量。在实际问题中,有些随机因素是很难人为控制的,但它们又会对结果产生显著的影响。如果忽略这些因素的影响,则有可能得不到正确的结论。例如,研究某种药物对病症的治疗效果,如果仅仅分析药物本身的作用,而不考虑患者的身体素质,那么很可能得不到结论,或者得到的结论是错误的。

为了更加准确地研究控制变量不同水平对结果的影响,应该尽量排除其他因素对分析结果,为此就用到协方差分析。

协方差分析是将很难控制的因素作为协变量,在排除协变量影响的条件下,分析控制变量对观测变量的影响,从而更加准确地对控制变量进行分析和评价。

2. 统计原理

协方差分析中,在分析观测变量总的离差方差和时,考虑了协变量的影响,认为观测变量的变动受控制变量的独立作用、控制变量的交互作用、协变量的作用和随机因素的作用四个方面的影响,并在扣除协变量的影响后,再分析控制变量对观测变量的影响。以单因素协方差分析为例,总的离差平方和表示为:

$$SST=SSA+SSC+SSE \tag{11-17}$$

式中,SST 为观测变量的总方差,SSA 为控制变量 A 独立作用引起的变差,SSC 为协变量 C 作用引起的变差,SSE 为随机因素引起的变差。

3. 基本步骤

(1) 提出原假设。协方差分析的原假设 H_0:协变量对观测变量的线性影响不显著;在协变量影响扣除的条件下,控制变量各水平下的观测变量的总体均值无显著性差异,控制变量各水平对观测变量的效应同时为零。

(2) 选择检验统计量。协方差分析采用的检验统计量仍然是 F 统计量,它们是各均方与随机因素引起的均方之比。显而易见,如果相对于随机因素引起的变差,协变量带来的变差比例较大,即 F 值较大,则说明协变量是引起观测变量变动的主要因素之一,观测变量的变动可以部分地由协变量来线性解释;反之,如果相对于随机因素引起的变差,协变量带来的变差比例比较小,即 F 值较小,则说明协变量没有给观测变量带来显著的线性影响。在排除了协变量线性影响之后,控制变量对观测变量的影响分析与方差分析一样。

(3) 计算检验统计量的观测值和伴随概率 P 值。SPSS 自动计算出 F 统计量的观测值,并根据 F 分布表给出相应的伴随概率 P 值。

(4) 给出显著性水平 α,检验判断。对给定的显著性水平 α,依次与各个 F 检验统计量相对应的 P 值进行比较。如果控制变量计算的 F 统计量值所对应的伴随概率 P 小于等于显著性水平,则控制变量的不同水平对观测变量产生显著影响;如果协变量计算的 F 统计量值所对应的伴随概率 P 小于等于显著性水平,则协变量的不同水平对观测变量产生显著影响。

【实验内容】

【例 11 - 3】 一个班 30 名同学分成 3 组,高等数学课程分别接受了 3 种不同的教学方法,用变量"组别"对学生组进行区分,取值为 1、2、3 分别表示 3 个不同的组别。另外还知道这 30 个学生的数学入学成绩,分析哪些因素影响到学生的高等数学考试成绩。(参见数据文件:data11 - 3.sav)

【实验步骤】

第 1 步 协方差分析设置

与多因素方差分析操作一样,选择菜单"分析"→"一般线性模型"→"单变量"。该前提条件是各组方差一致。因此将"成绩"移入"因变量"框作为观测变量,将"组别"移入"固定因子"框作为控制变量,将"入学成绩"移入"协变量"框作为协变量,设置如图 11 - 13 所示。

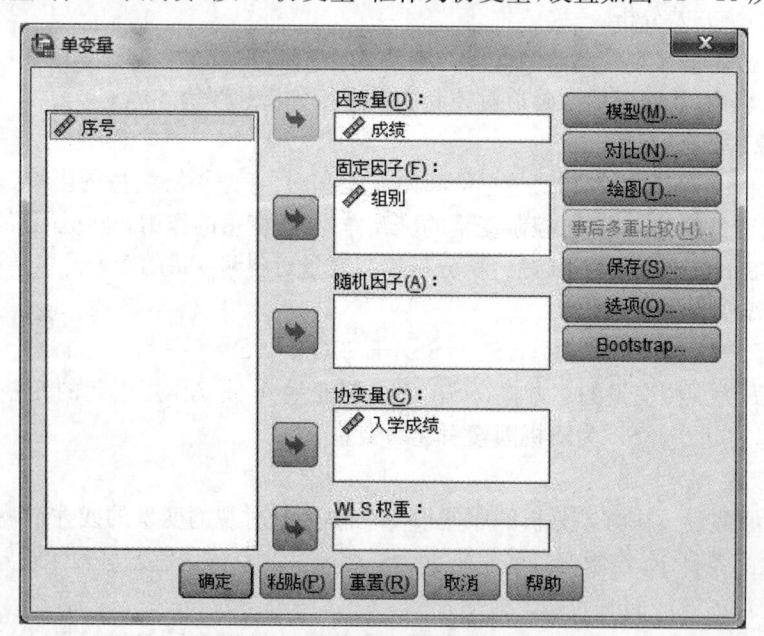

图 11 - 13 "协方差分析"窗口

第 2 步 "模型"对话框设置

打开"模型"对话框,如图 11-14 所示。

图 11-14 "单变量:模型"对话框

第 3 步 "选项"对话框设置

打开"选项"对话框,选中"同质性检验"和"参数估计"复选框,进行方差齐性检验,如图 11-15 所示。

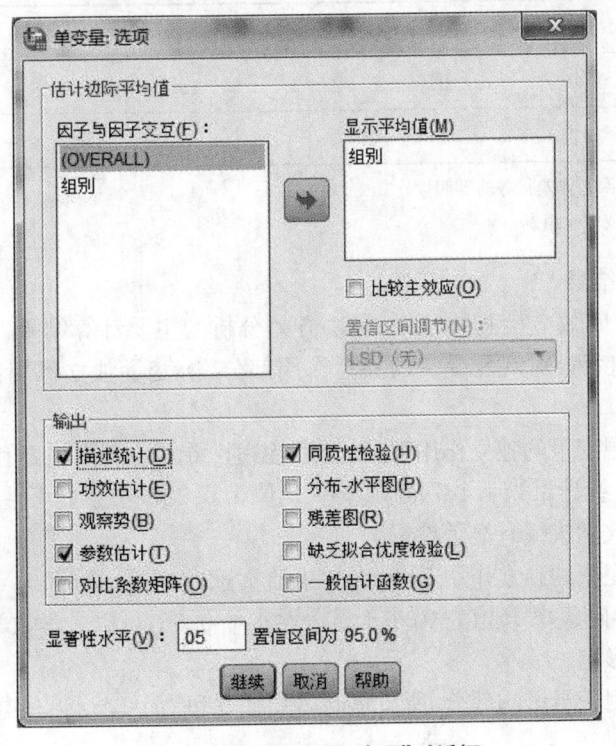

图 11-15 "单变量:选项"对话框

【实验结果与分析】

运行结果如表 11-8～表 11-12 所示。

1. 描述统计量

表 11-8 给出了不同分组高等数学成绩的基本描述统计量,可以看出,在 3 个分组下各有 10 个个案,第 1 组学生的平均成绩为 89.60,第 2 组学生的平均成绩为 81.80,第 3 组学生的平均成绩为 68.70。

表 11-8 描述统计

因变量: 成绩

组 别	平均值	标准偏差	数字
1	89.60	6.240	10
2	81.80	9.852	10
3	68.70	10.698	10
总 计	80.03	12.436	30

2. 方差齐性检验

表 11-9 是方差齐性的 Levene 检验,可以看出概率 p 值为 0.203,大于显著性水平 0.05,接受原假设,方差具有齐性。

表 11-9 方差的齐性 Levene 检验[a]

因变量: 成绩

F	df1	df2	显著性
1.695	2	27	.203

检验各组中因变量的误差方差相等的零假设。

a. 设计:截距+入学成绩+组别。

3. 协方差分析结果

表 11-10 是组间效应检验的结果,是协方差分析的主要计算结果。总的离差平方和分解为 3 个部分:控制变量对观测变量的独立作用部分、协变量独立作用部分、随机变量影响部分。

控制变量对观测变量的独立作用部分:变量"组别"贡献的离差平方和为 377.894,均方为 188.947。对应的 F 统计量为 4.187,伴随概率 P 值为 0.027,小于显著性著性水平 0.05,说明不同的教学方法对数学成绩有显著性影响。

协变量对观测变量的独立作用部分:入学成绩贡献的离差平方和为 1 080.817,对应的 F 统计量为 23.951,伴随概率 P 值为 0,小于显著性水平 0.05,可以入学数学成绩也对高等数学成绩产生了显著性影响。

随机变量对观测变量影响部分:所贡献的离差平方和为 1 173.283,均方为 45.126。

表 11 - 10　主体间效应的检验

因变量：　成绩

源	III类平方和	自由度	均方	F	显著性
校正的模型	3 311.684[a]	3	1 103.895	24.462	.000
截距	298.832	1	298.832	6.622	.016
入学成绩	1 080.817	1	1 080.817	23.951	.000
组别	377.894	2	188.947	4.187	.027
误差	1 173.283	26	45.126		
总计	196 645.000	30			
校正后的总变异	4 484.967	29			

a. R 平方 = 0.738（调整后的 R 平方 = 0.708）。

4. 参数估计值

表 11 - 11 输出的是参数估计值，可以看出"成绩"与"入学成绩"之间呈现直线关系：成绩 = 22.043 + 0.653 * 入学成绩，t 统计量为 4.894，伴随概率为 0，小于 0.05，"成绩"与"入学成绩"之间直线关系显著。

表 11 - 11　参数估计值

因变量：　成绩

参数	B	标准误	t	显著性	95%的置信区间 下限值	上限
截距	22.043	9.767	2.257	.033	1.966	42.120
入学成绩	.653	.133	4.894	.000	.378	.927
[组别=1]	10.590	3.669	2.886	.008	3.047	18.132
[组别=2]	6.379	3.303	1.931	.064	-.411	13.169
[组别=3]	0[a]	.	.	.	.	.

a. 此参数设置为零，因为它是冗余的。

5. 估计边际均值

表 11 - 12 为估计边际均值，可以看出，修正调整以后 3 组学生的高等数学成绩均值分别为 84.967、80.756 和 74.377，后面两列给出的是 3 组修正均值的置信区间。下方的文字表明该修正均值是按入学成绩 80.20 的情形计算得到的。跟表 11 - 8 相比，未调整前与调整后的均数有变化。

表 11-12　估计边际均值组别

因变量：　成绩

组别	平均值	标准错误	95%的置信区间 下限值	上限
1	84.967[a]	2.326	80.186	89.747
2	80.756[a]	2.135	76.367	85.144
3	74.377[a]	2.420	69.402	79.352

a. 按下列值对模型中显示的协变量进行求值：入学成绩=80.20。

本 章 小 结

1. 进行方差分析需要满足如下条件：各样本是相互独立的、各样本数据来自正态总体、各处理组总体方差相等，即方差具有齐性。因此在作方差分析之前，要作正态性检验和方差齐性检验，如不满足上述要求，可考虑作变量变换。常用的变量变换方法有平方根变换、平方根反正弦变换、对数变换及倒数变换等。

2. 单因素方差分析的基本分析只能得到控制变量是否对观测变量有显著影响。如果控制变量观测变量产生了显著性影响，要进一步研究控制变量的不同水平对观测变量的影响程度，则需要进行多重比较检验，实现对各个水平下观测变量总体均值的逐对比较。

3. 多因素方差分析不仅需要分析每个控制变量独立作用对观测变量的影响，还要分析多个控制变量交互作用对观测变量的影响，以及其他随机变量对结果的影响。多因素方差分析只能得到多个控制变量的不同水平是否对观测变量有显著影响。如果要进一步研究究竟是哪个组和其他组有显著的差别，则需要再对各个样本间进行多重比较检验。

4. 协方差分析将一些很难获知的随机变量作为协变量，在分析中将其排除，然后再分析控制变量对观测变量的影响，从而实现对控制变量的准确评价。协方差分析要求协变量一般应该是定距变量，多个协变量之间互相独立，且与控制变量之间也没有交互作用。

思 考 与 练 习

1. 某企业每天上班进行三班倒。管理部门想了解不同班次工人生产量是否存在明显的差异。每个班次随机抽取了 10 个工人，得到工人的生产量（件/班）资料。分析不同班次工人的劳动效率是否有显著差异。（基本数据见 data11-4.sav）

2. 某商家有商品销售的数据资料，分析销售额是否受到促销方式和售后服务的影响。用变量"促销"对促销方式进行区分，取值为 0，表示无促销；取值为 1，表示被动促销；取值为 2，表示主动促销。变量"售后"对所采取的售后服务进行刻画，取值为 0，表示没有售后服务；取值为 1，表示有售后服务。（基本数据见 data11-5.sav，资料来源：徐秋艳等，SPSS 统计分析方法与应用实验教程，中国水利水电出版社，2011）

3. 政府为了帮助年轻人提高工作技能，进行了一系列有针对性的就业能力和工作技能培训项目。为检验培训工作的成效,对1 000例年轻人进行了问卷调查,主要包括培训前和培训后的收入情况,调查结果如数据data11-6.sav所示。要求剔除培训前的收入差异,试分析培训状态对培训后的收入的提高是否有显著的影响。(资料来源:赖国毅等,SPSS 17.0常用功能与应用,电子工业出版社,2010)

4. 某超市将同一种商品做3种不同的包装(A)并摆放在3个不同的货架区(B)进行销售实验,随机抽取3天的销售量作为样本。要求检验在显著性水平0.05下商品包装、摆放位置及其搭配对销售情况是否有显著影响。(资料来源:耿修林,应用统计学,科学出版社;参见数据文件:data11-7.sav)

第 12 章　相关分析和回归分析

客观世界是普遍联系的统一整体,事物之间存在相互依赖、相互制约、相互影响的关系。描述事物数量特征的变量之间自然也存在一定的关系,变量之间的关系可以分为两种:一种是函数关系,另一种是相关关系。函数关系中,现象之间存在着严格的依存关系。即对于某一变量的每一个数值,都有另一个变量的确定的值与之相对应,而且变量间的关系可以用一个确定的数学公式表达出来。例如,圆的面积(S)与半径(r)的函数关系为 $S=\pi r^2$;函数关系是一一对应的确定性关系,比较容易分析和测度。可是在现实世界中,变量间的关系往往并不是简单的确定性关系。也就是说,变量之间有着密切的关系,但又不能由一个或几个变量的值确定另一个变量的值,这种变量之间非一一对应的、不确定性的关系,称为相关关系。例如,子女身高与父母身高之间的关系,虽然两者之间存在一定的关系,但这种关系却不能像函数关系那样用一个确定的数学函数来描述。相关分析和回归分析正是以不同的方式处理事物间的相关关系。

实验一　相关分析

【实验目的】

1. 理解相关分析的基本概念及统计原理。
2. 熟练应用 SPSS 软件进行相关分析。
3. 培养运用相关分析解决实际问题的能力。

【相关知识】

1. 简单相关分析的概念

在各种相关分析中,只有两个变量的线性相关关系的分析是最简单的。两个变量之间的线性相关程度可以用简单线性相关系数去度量,相关系数是反映变量之间相关关系密切程度的统计量,这些统计量包括皮尔逊(Pearson)相关系数、斯皮尔曼(Spearman)和肯德尔(Kendall)秩相关系数,一般用符号 r 来表示。相关系数具有以下特性:

(1) 它的取值极限在 -1 和 $+1$ 之间,即 $-1 \leqslant r \leqslant 1$ 之间。若 $r > 0$,表明 X 和 Y 完全正相关;若 $r < 0$,表明 X 和 Y 负相关;当 $r = 0$ 时,表明 X 和 Y 没有线性相关关系;当 $|r| = 1$ 时,表明 X 和 Y 完全线性相关。若 $r = 1$,表明 X 和 Y 完全正相关;若 $r = -1$,表明 X 和 Y 完全负相关。

(2) 它具有对称性,即 X 与 Y 之间的相关系数 r_{XY} 和 Y 与 X 之间的相关系数 r_{YX} 相同。

(3) 如果 X 和 Y 统计上是独立的,则它们之间的相关系数 $r = 0$;但反过来,$r = 0$ 不等于说 X 和 Y 是独立的。

(4) 它仅是线性关联的一个度量,不能用于描述非线性关系。

2. 线性相关系数的计算方法

(1) 皮尔逊(Pearson)相关系数。

这是最简单也最常用的相关系数。用于衡量间隔尺度变量间的线性关系。其计算公式如下:

$$r = \frac{\sigma_{xy}^2}{\sigma_x \sigma_y} = \frac{\frac{\sum(x-\bar{x})(y-\bar{y})}{n}}{\sqrt{\frac{\sum(x-\bar{x})^2}{n}}\sqrt{\frac{\sum(y-\bar{y})^2}{n}}} \tag{12-1}$$

(2) 斯皮尔曼(Spearman)和肯德尔(Kendall)秩相关系数。

在进行相关分析的过程中,我们经常会遇到一些不适宜用皮尔逊(Pearson)相关系数的数据。例如,变量的度量尺度不是间隔尺度而是顺序尺度的数据,变量总体的分布不详,这时皮尔逊(Pearson)相关系数就不再适用。斯皮尔曼(Spearman)和肯德尔(Kendall)秩相关系数是用来反映两个序次或等级变量的相关程度。斯皮尔曼(Spearman)相关系数公式为:

$$r_s = \frac{\sum(R_i-\bar{R})(S_i-\bar{S})}{\sqrt{\sum(R_i-\bar{R})^2(S_i-\bar{S})^2}} \tag{12-2}$$

式中,R_i、S_i 分别是 x_i、y_i 的秩。$\bar{R}$、$\bar{S}$ 分别是变量 R_i、S_i 的平均值。

至于肯德尔(Kendall)秩相关系数的计算公式,此处不再列出。

3. 显著性检验

样本相关系数是根据从总体中抽取的随机样本的观测值 X 和 Y 计算出来的,它只是对总体相关系数的估计。由于不同的样本可以计算出不同的样本相关系数,因此样本相关系数不是一个确定的值,而是随抽样变动的随机变量。那么,我们所估计的样本相关系数是否为抽样的偶然结果呢? 为此,相关系数的统计显著性还有待检验。

对相关系数的显著性检验通常是检验总体相关系数是否等于零,对于不同的相关系数,其统计检验的统计量也不相同,构建的假设检验也略有差异,下面分别介绍。

(1) 皮尔逊(Pearson)相关系数假设检验。

检验的原假设是总体相关系数为 0,即相关系数不显著,在原假设为真的条件下,与样本相关系数 r 有关的 t 统计量服从自由度为 $(n-2)$ 的 T 分布:

$$t = \frac{r\sqrt{n-2}}{\sqrt{1-r^2}} \tag{12-3}$$

SPSS 会自动计算 T 检验统计量的观测值和对应的相伴概率 P 值,根据 P 值来判断相关系数的显著性。

(2) 斯皮尔曼(Spearman)等级相关系数假设检验。

检验的原假设也是总体相关系数为 0,在小样本下,Spearman 等级相关系数就是检验统计量。在大样本时,采用正态检验统计量 Z 统计量,即:

$$Z = r\sqrt{n-1} \tag{12-4}$$

式中,Z 统计量服从标准正态分布。SPSS 将自动计算 Spearman 等级相关系数、Z 检验统计量的观测值和对应的概率 P 值。

(3) 肯德尔(Kendall)秩相关系数假设检验。

检验的原假设也是总体相关系数为 0,在小样本情况下,肯德尔(Kendall)秩服从 Kendall 分布,肯德尔(Kendall)秩相关系数就是检验统计量,在大样本情况下采用的检验统计量为:

$$Z=\tau\sqrt{\frac{9n(n-1)}{2(2n+5)}} \qquad (12-5)$$

式中,Z 统计量近似服从标准正态分布。SPSS 将自动计算肯德尔(Kendall)秩相关系数、Z 检验统计量和对应的概率 P 值。

以上三种相关系数的显著性检验,都可以根据 SPSS 计算出的 P 值和显著性水平比较来完成。

【实验内容】

【例 12-1】 对某市的金融业和其生产总值的影响情况做相关性分析。(参见数据文件:data12-1.sav)

【实验步骤】

第 1 步 分析

由于考虑的是金融业和其生产总值的相关性问题,故应用二元变量的相关性进行分析,同时两变量都是间隔尺度变量,考虑用 Pearson 相关系数来衡量。

第 2 步 两变量的相关性分析

1. 选择菜单

单击"分析"→"相关"→"双变量",打开如图 12-1 所示的对话框,将"金融业增加值"和"生产总值"两变量移入"变量"框中;"相关系数"选择 Pearson;在"显著性检验"中选择"双尾检验"。选择单尾检验和双尾检验一般遵循的原则是:如果不清楚变量之间是正相关还是负相关,应选择双尾检验;如果了解变量之间是正相关或负相关,则应选择单尾检验。

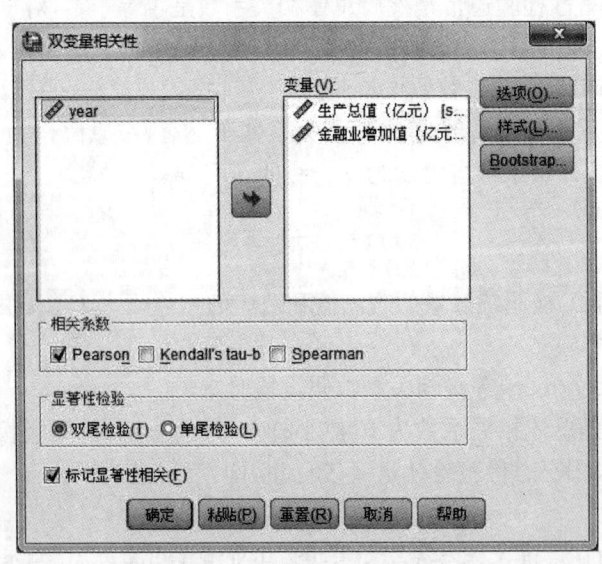

图 12-1 "双变量相关性"对话框

2. "选项(O)"对话框设置

单击"选项(O)..."按钮,弹出如图12-2所示的对话框,选中"统计量"下的一项,计算结果中将输出均值和标准差。

图12-2 "双变量相关性:选项"对话框

【实验结果与分析】

运行的主要结果如表12-1和表12-2所示,具体分析如下。

1. 描述性统计表

表12-1列出了描述性统计量均值、标准差和统计量个案数。

表12-1 描述性统计量

	平均值	标准偏差	N
生产总值(亿元)	4 174.857 1	2 840.664 70	17
金融业增加值(亿元)	441.621 2	254.113 28	17

2. 相关分析结果表

表12-2是相关分析的主要结果,其中包括Pearson相关系数及相伴概率P值。从表中可看出,相关系数为0.906大于0,说明呈正相关,相关系数的显著性为0<0.05,因此应拒绝原假设(H_0:两变量之间相关系数为零),即说明该市的金融业和生产总值存在显著正相关。从表下的注释可看出,两变量在0.01水平上显著相关。

表12-2 相关性

		生产总值(亿元)	金融业增加值(亿元)
生产总值(亿元)	Pearson 相关性	1	.906**
	显著性(双尾)		.000
	N	17	17
金融业增加值(亿元)	Pearson 相关性	.906**	1
	显著性(双尾)	.000	
	N	17	17

**.在置信度(双测)为0.01时,相关性是显著的。

实验二　偏相关分析

【实验目的】

1. 理解偏相关分析的方法原理和使用前提。
2. 熟练应用 SPSS 软件进行偏相关分析。
3. 培养运用偏相关分析解决实际问题的能力。

【相关知识】

1. 基本概念

相关分析计算两个变量之间的相互关系,分析两个变量间线性相关的程度。往往因为其他变量所起的作用,相关系数不能真实地反映两个变量间的线性相关程度,这就导致了二元变量相关分析的不精确性。例如,在研究某新产品消费情况,经常会考察消费者的收入、产品定价与产品销量之间关系。显然产品销量与消费者收入、产品价格存在一定的正相关关系。但是当我们将收入固定下来,对收入相同的人分析产品价格与销量的关系时,是否仍然有价格越低,销量越大的相关关系吗？恐怕实际中当价格低于某个区间时,两者关系会发生变化。进一步思考,当控制了消费者收入变量,并且价格与销量处于线性区间内,利用偏相关分析计算价格与销量的偏相关关系,一定可以得到反映两者的真实关系？结论也是不一定,因为除了消费者收入,还有消费者其他人口特征变量等许多因素仍然在影响到产品价格与销量之间的关系。所以,我们在使用偏相关时要尽可能地把其他一些影响因素控制起来,才可以得到更加接近真实的相关系数。这就是应用偏相关分析的前提条件。

偏相关分析的任务就是在研究两个变量之间的线性相关关系时控制可能对其产生影响的变量,这种相关系数称为偏相关系数。偏相关系数的数值和简单相关系数的数值常常是不同的,在计算简单相关系数时,所有其他自变量不予考虑。在计算偏相关系数时,要考虑其他自变量对因变量的影响,只不过是把其他自变量当作常数处理了。

根据观测资料应用偏相关分析计算偏相关系数,可以判断哪些自变量对因变量的影响较大,而选择作为必须考虑的自变量。至于那些对因变量影响较小的自变量,则可舍去。这样在计算多元回归分析时,只需保留起主要作用的自变量,用较少的自变量描述因变量的平均变动量。

2. 统计原理

控制变量为 z,变量 x、y 之间的偏相关系数定义为：

$$r_{xy,z}=\frac{r_{xy}-r_{xz}r_{yz}}{\sqrt{(1-r_{xz}^2)(1-r_{yz}^2)}} \tag{12-6}$$

式中,$r_{xy,z}$ 是在控制变量 z 的条件下,x、y 之间的偏相关系数；r_{xy} 是变量 x、y 之间的简单相关系数；r_{xz} 是变量 x、z 之间的简单相关系数；r_{yz} 是变量 y、z 之间的简单相关系数。

在利用样本研究总体的特性时,由于抽样误差的存在,样本中控制了其他变量的影响,两个变量间偏相关系数不为 0,不能说总体中这两个变量间的偏相关系数不为 0,因此必须进行检验。偏相关系数检验的零假设为：总体中两个变量间的偏相关系数为0。检验公式为：

$$t = r\frac{\sqrt{n-k-2}}{\sqrt{1-r^2}} \quad (12-7)$$

式中，n 为观测量数；k 为控制变量的数目；$n-k-2$ 是自由度。

3. 分析步骤

偏相关分析的步骤可分为以下两步：

第1步，根据公式计算偏相关系数。

第2步，对样本来自的两总体是否存在显著性相关进行推断。

具体如下：

(1) 提出原假设 H_0：即两总体的偏相关系数与零无显著性差异。

(2) 选择检验统计量：偏相关分析选择的是 t 统计量。

(3) 计算 t 值及对应的概率 P 值：根据式(12-7)计算检验统计量 t 值，同时计算相伴概率 p 值。

(4) 决策：如果相伴概率 P 值小于给定的显著性水平 α，则应拒绝原假设，认为两总体的偏相关系数与零有显著性差异；反之，如果检验统计量的相伴概率 P 值大于显著性水平 α，则不能拒绝原假设，可以认为两总体的偏相关系数与零无显著性差异，即两样本间的偏相关性不显著。

【实验内容】

【例12-2】 为研究立项课题总数和发表论文数之间的偏相关关系，可以将投入具有高级职称的人数作为控制变量，分析上述两者之间的偏相关。（参见数据文件：data12-2.sav）

【实验步骤】

第1步 分析

具有高级职称的人数作为控制变量，分析立项课题总数和发表论文数之间偏相关。

第2步 进行偏相关分析

选择菜单"分析"→"相关"→"双变量"，打开如图 12-3 所示的对话框，指定分析变量和控制变量。在对话框中使用系统默认的双尾检验，显示实际的显著性概率。

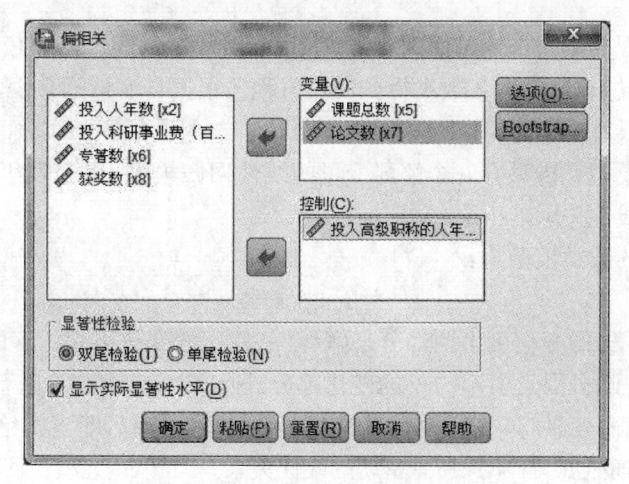

图 12-3 "偏相关"对话框

【实验结果与分析】

运行结果如表12-3所示,从中可以看出,投入高级职称的人年数为控制变量,偏相关系数为-0.140,双尾检测的相伴概率为0.461,明显大于显著性水平0.05。故应接受原假设,说明立项课题总数和发表论文数不存在显著的相关性。

表12-3 相关性

控制变量			课题总数	论文数
投入高级职称的人年数	课题总数	相关性	1.000	-.140
		显著性(双侧)	.	.461
		df	0	28
	相关性		-.140	1.000
		显著性(双侧)	.461	.
		df	28	0

实验三 一元线性回归分析

【实验目的】

1. 理解一元线性回归分析的方法原理。
2. 了解相关分析与回归分析的关系。
3. 熟练应用SPSS软件进行一元线性回归分析。
4. 培养运用一元线性回归分析解决实际问题的能力。

【相关知识】

1. 基本概念

线性回归假设因变量与自变量之间为线性关系,用一定的线性回归模型来拟合因变量和自变量的数据,并通过确定模型参数来得到回归方程。根据自变量的多少,线性回归可有不同的划分。当自变量只有一个时,称为一元线性回归;当自变量有多个时,称为多元线性回归。

一元线性回归模型是指只有一个解释变量的线性回归模型,用于表达被解释变量与另一个解释变量之间的线性关系。

一元线性回归的数学模型为:

$$y = \beta_0 + \beta_1 x + \varepsilon \tag{12-8}$$

式(12-8)表明,y的变化可由两部分来解释:一是x的变化引起的y的线性变化部分,即$\beta_0 + \beta_1 x$;二是由其他随机因素引起的y的变化部分,即ε部分。由此可以看出一元线性回归模型是被解释变量与解释变量间非一一对应的统计关系的良好诠释,即当x给定后y的值并非唯一,但它们之间可以通过β_0和β_1保持着密切的线性关系。因此,一元线性回归方程如下:

$$E(y)=\beta_0+\beta_1 x \tag{12-9}$$

式(12-9)表明 x 和 y 之间的统计关系是在平均意义下表述的,即当 x 的值给定后利用回归模型计算得到的 y 值是一个平均值。一元线性回归方程在二维平面上表示为一条直线,表示变量 x 变化时引起变量 y 的变化的估计值。

2. 一元线性回归模型的统计检验

回归模型检验一般包括:理论意义检验、统计检验和计量经济学检验,其中可以使用SPSS完成的检验有统计检验和计量经济学检验。

(1) 统计检验。

统计检验是利用统计学中的抽样理论检验样本回归方程的可靠性,统计检验是所有现象进行回归分析时都必须进行的检验,包括拟合优度检验和显著性检验。

① 拟合优度检验。

检验样本数据聚集在样本回归直线或曲线周围的密集程度,从而判断回归方程对样本数据的代表程度。一般用决定系数 R^2 实现,它越接近于1,表明回归方程的拟合优度越好;反之,越接近于0,方程的拟合就越差。

② 显著性检验。

回归分析中的显著性检验包括两方面的内容:一是对各回归系数的显著性检验;二是对整个回归方程的显著性检验。对于回归系数的显著性检验通常采用 t 检验;对回归方程的显著性检验是在方差分析的基础上采用 F 检验。在一元线性回归模型中,由于只有一个自变量 x,对 $\beta_1=0$ 的 t 检验与整个方程的 F 检验是等价的。

◇ 回归方程的显著性检验。

对因变量与所有自变量之间的线性关系是否显著的一种假设检验。一般采用 F 检验,其中原假设 H_0:回归总体不具显著性(即所有回归系数与零无显著差别:$\beta_0=\beta_1=\cdots=\beta_p=0$),备择假设 H_1:回归总体具有显著性(即所有自变量对 y 具有显著的线性作用,也就是说,所有回归系数同时与0有显著差别)。

◇ 回归系数的显著性检验。

根据样本估计的结果对总体回归系数的有关假设进行检验。之所以要对回归系数进行显著性检验,是因为回归方程的显著性检验只能检验所有回归系数是否同时与零有显著性差异,它不能保证回归方程中不包含不能较好地解释因变量变化的自变量,因此,可以通过回归系数显著性检验对每个回归系数进行考察。其中,原假设 H_0:x_i 对 y 没有显著性影响;备择假设 H_1:x_i 对 y 具有显著性影响。

(2) 计量经济学检验。

计量经济学检验是对标准回归方程的假定条件能否得到满足进行检验。根据一元线性回归模型的基本假定,其计量经济学检验主要包括以下三个方面的内容。

① 残差的正态性检验。残差的正态性检验可以通过建立标准参差 $E_i=e_i/\hat{\sigma}_e$ 直方图检验。由于 E_i 服从标准正态分布 $N(0,1)$,所以应有近 $50\%E_i$ 为正,50% 的为负;68% 的 E_i 落在 -1 与 $+1$ 之间;96% 的 E_i 落在 -2 与 $+2$ 之间。当样本容量较小时,E_i 在理论上应服从于自由度为 $n-k-1$ 的 t 分布。

② 残差的方差齐性检验。残差的方差齐性检验可以通过残差散点图来验证。以样本残差 e_i 为纵坐标,以估计值 $\hat{Y_i}$ 为横坐标作图,如果观察点随机地散布在横轴的周围,就说明残差

基本符合同方差性假设。当此假设被否定,残差出现了异方差的情况时,就需要先对原始数据进行适当的变量转换,再利用回归模型进行估计和预测,使方差趋于稳定。

③ 残差的独立性检验。检验残差独立性的统计量称为 DW 统计量,其数学表达式为:

$$DW = \frac{\sum_{i=2}^{n}(e_i - e_{i-1})^2}{\sum_{i=1}^{n}e_i^2} \qquad (12-10)$$

DW 统计量取值范围为:0<DW<4。若 DW=2,表明相邻两点的残差项相互独立;若 0<DW<2,表明相邻两点的残差项正相关;若 2<DW<4,表明相邻两点的残差项负相关。

此外,也可以通过残差散点图来验证,即采用和方差齐性检验中相同的图形观察和分析点的散布情况,如果观察点在横轴的周围显示出周期性或趋势性的变化,就说明残差不符合独立性的假设。

3. 一般步骤

一个完整的回归分析通常包括以下几步。

第 1 步　确定回归方程中的因变量和自变量

回归分析用于分析一个事物如何随其他事物的变化而变化,因此回归分析的第一步需确定因变量 y 和自变量 x。回归分析正是要建立 x 与 y 之间的回归方程,并在给定 x 的前提下,通过回归方程预测 y 的取值。

第 2 步　确定回归模型

根据函数拟合方式,通过观察散点图确定应通过哪种数学模型来概括回归方程。如果被解释变量与解释变量之间存在线性关系,则应进行线性回归分析,建立线性回归模型;反之,如果存在非线性关系,则应进行非线性回归分析,建立非线性回归模型。

第 3 步　建立回归方程

根据收集到的数据以及第 2 步所确定的回归模型,在一定的统计拟合准则下估计出模型中的各个参数,得到一个确定的回归方程。

第 4 步　对回归方程进行各种检验

回归方程是在样本数据基础上得到的,因此需要对回归方程进行检验,以确定回归方程是否真实地反映了事物之间的统计关系以及回归方程能否用于预测等。

第 5 步　利用回归方程进行预测

建立回归方程的目的之一就是根据回归方程对事物的未来发展趋势进行预测。

以上是进行回归分析的基本步骤,但在处理实际问题时,一定要以问题的专业背景为基础,而不是拘泥于固定的数学方法,这也是统计学与传统数学的根本区别之一。

【实验内容】

【例 12-3】 现有 1990—2014 年财政收入和国内生产总值的数据,请研究财政收入和国内生产总值之间的线性关系。(参见数据文件:data12-3.sav)

【实验步骤】

第 1 步　作散点图,观察两个变量的相关性

依次选择"图形"→"旧对话框"→"散点/点状"→"简单分布",并将"国内生产总值"作为 x

轴,"财政收入"作为 y 轴,得到如图 12-4 所示的散点图。可以看出两变量具有较强的线性关系,可以用一元线性回归来拟合两变量。

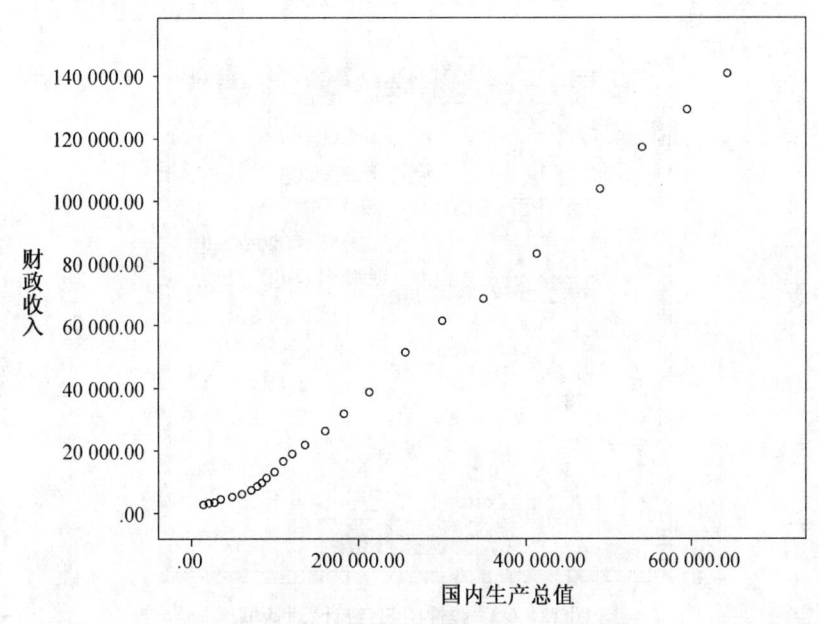

图 12-4 国内生产总值与财政收入的散点图

第 2 步　一元线性回归分析设置

选择菜单"分析"→"回归"→"线性",打开"线性回归"对话框,并按图 12-5 所示进行设置。

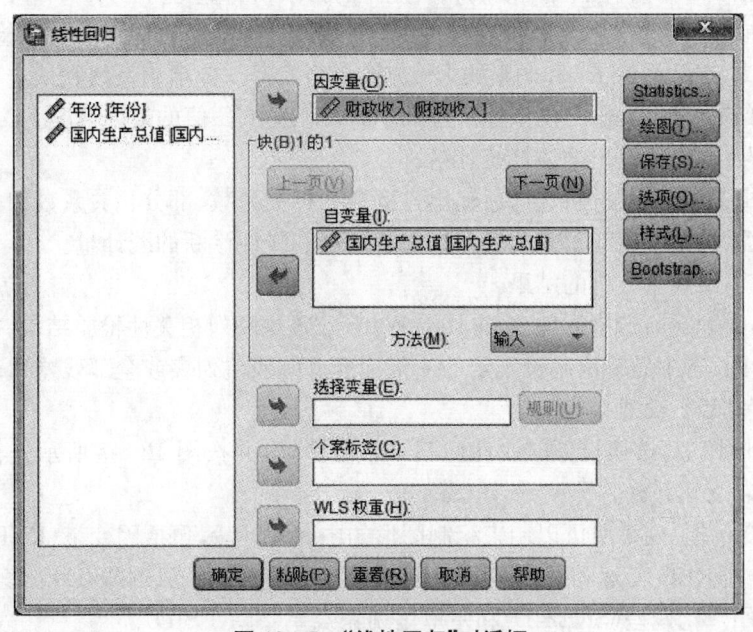

图 12-5 "线性回归"对话框

1. "统计量"对话框设置

单击"统计量(S)..."按钮,打开"线性回归:统计"对话框,如图 12-6 所示,主要由以下几部分组成。

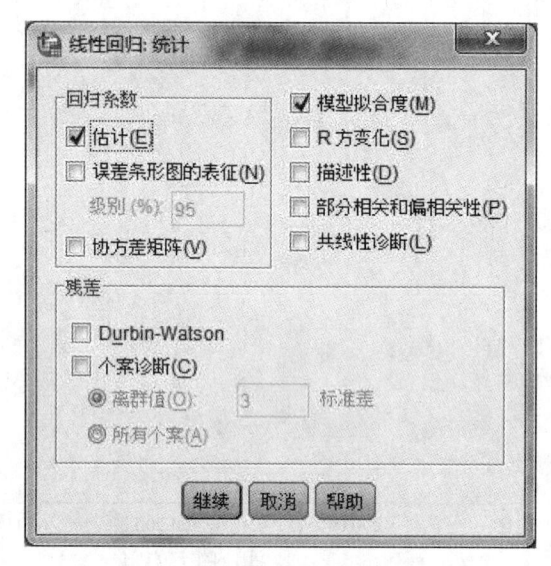

图 12-6　"线性回归:统计"对话框

(1) 回归系数:定义回归系数的输出情况,其中各项的具体作用如下:
◇ 估计:输出回归系数的估计值及其标准误差、检验统计量,标准化的回归系数。
◇ 误差条形图的表征:输出每个回归系数 95% 的置信区间,置信水平是可以设置的。
◇ 协方差矩阵:输出每个自变量的相关矩阵、方差、协方差矩阵。

(2) 模型拟合度:选中后输出回归模型因变量列表、模型是否恰当的一些检验统计量,以及复相关系数 R、决定系数 R^2 和调整的 R^2、方差分析表等。此项为系统默认选项。

(3) R 方变化:选中后输出模型拟合过程中 R^2、F 值和 P 值的改变情况。

(4) 描述性:选中后输出描述性统计量。

(5) 部分相关和偏相关性:选中后输出自变量的相关系数、部分相关系数和偏相关系数。

(6) 共线性诊:选中后输出多元线性回归中用于共线性诊断的统计量。

(7) 残差:输出残差分析的结果。
◇ Durbin-Watson:选中后输出 Durbin-Watson 残差序列相关性检验结果。
◇ 个案诊断:选中后输出超过规定的 n 倍标准差的残差列表或全部残差列表。

2. "图形"对话框设置

单击"绘图(T)..."按钮,打开"线性回归:图"对话框,并按图 12-7 所示进行设置。该对话框主要包括以下几部分。

(1) 候选变量框:列举出可以用来绘制图形的中间统计量,包括因变量(DEPENDNT)、标准化预测值(ZPRED)、标准化残差(ZRESID)、剔除残差(DRESID)、修正后预测值(ADJPRED)、用户化残差(SRESID)和用户化剔除残差(SDRESID)。

(2) 散点 1 的 1:从左侧候选变量框中选择变量到"X"、"Y"轴框,定义需要绘制的回归分析诊断图或预测图。

图 12-7 "线性回归:图"对话框

(3) 标准化残差图:选择绘制标准化残差图的类型,包括直方图(H)和正态概率图(R)。
(4) 产生所有部分图:选择是否绘制每一个自变量与因变量残差的散点图。

3. "保存"对话框设置

单击"保存(S)…"按钮,打开"线性回归:保存"对话框,并按图 12-8 所示进行设置。该对话框主要包括以下几部分:

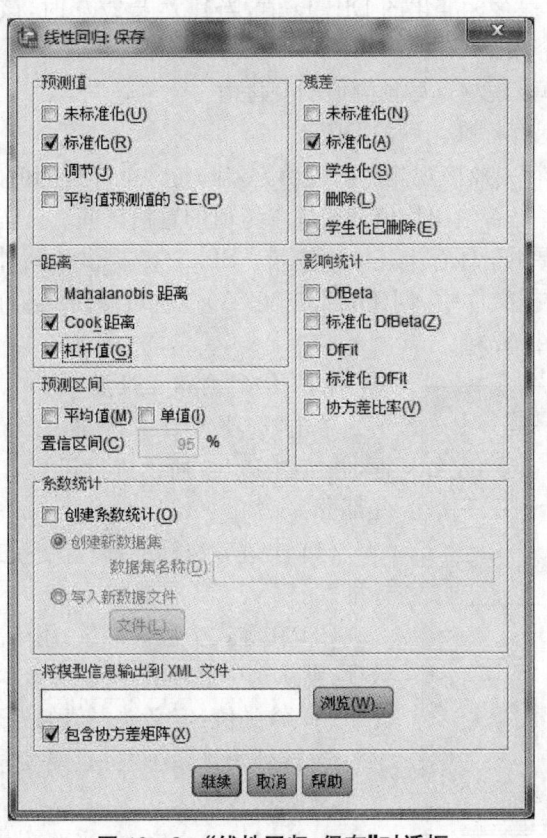

图 12-8 "线性回归:保存"对话框

(1) 预测值:主要用于保存预测值。

◇ 未标准化:保存模型对因变量的原始预测值。

◇ 标准化:保存标准化后的预测值,此时均值为0,标准差为1。

◇ 调节:保存去掉当前记录时,当前模型对该记录因变量的预测值。

◇ 均值预测值的 S. E. (P):保存预测值的标准差。

(2) 残差:用于设置残差的保存选项。

◇ 未标准化:保存模型预测值对因变量观测值的原始残差。

◇ 标准化:保存用 U 变换进行标准化后的残差,此时均值为0,标准差为1。

◇ 学生化:保存学生化残差,即用 T 变换进行标准化后的残差。

◇ 删除:保存删除当前记录后的残差。

◇ 学生化已删除:保存删除当前记录后,用 T 变换进行标准化后的残差。

(3) 距离:保存测量数据点离拟合模型距离的指标,通常用于诊断离群点或强影响点。

◇ Mahalanobis 距离:保存记录值与样本平均值的距离。

◇ Cook 距离:保存删除当前记录后,模型残差的变化量。

◇ 杠杆值:测量该数据点的影响强度。

(4) 影响统计量:保存用于判断强影响点的统计量。

◇ DfBeta:保存去掉该观测值后回归系数的变化量。

◇ 标准化 DfBeta:保存标准化的 DfBeta 值,当其大于 $2/\sqrt{n}$ 时,该点可能为强影响点,其中 n 表示样本个数。

◇ DfFit:保存去掉该观测点后预测值的变化值。

◇ 标准化 DfFit:保存标准化后的 DfFit。

◇ 协方差比率:保存去掉该观测点后的协方差阵与含全部观测值的协方差阵的比率。

(5) 预测区间:选择是否给出均值和个体参考值的置信区间。

(6) 系数统计:主要用于保存上述中间变量。SPSS 22 提供了两种保存方法,可以将结果保存到一个新生成的数据文件中[创建新数据集(A)],也可以将结果直接保存在一个其他的文件中[写入新数据文件(W)]。

4. "选项"对话框设置

单击"选项(O)..."按钮,打开"线性回归:选项"对话框,并按图 12-9 所示进行设置,该对话框主要包括以下几部分:

(1) 步进方法标准:设置变量进入回归模型和排除的标准。

(2) 在等式中包含常量:用于决定模型中是否包含常数项,默认选中此项。

(3) 缺失值:定义缺失值的处理方式。

◇ 按列表排除个案:只要变量中有数据值缺失就剔除该数据。

◇ 按对排除个案:仅当要分析的变量值缺失时才剔除该数据。

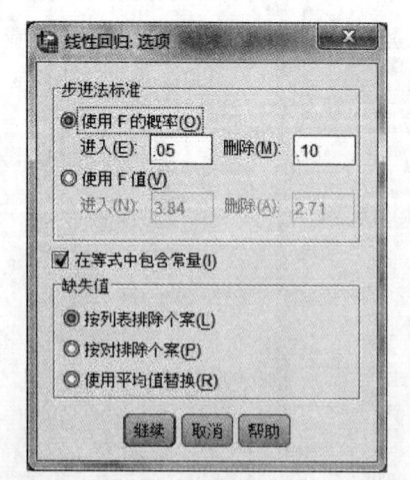

图 12-9 "线性回归:选项"对话框

◇ 使用均值替换:用变量均值代替变量缺失值。

【实验结果与分析】

运行结果如表12-4~表12-8和图12-10~图12-11所示,分别解释如下。

1. 回归模型概述表

表 12-4 模型摘要[b]

模 型	R	R 平方	调整后的 R 平方	标准估算的误差
1	.998[a]	.996	.996	2 733.936 91

a. 预测变量:(常量),国内生产总值。
b. 因变量:财政收入。

表12-4是模型摘要表,主要是回归方程的拟合优度检验。表中显示相关系数R、决定系数R^2、调整的相关系数的平方和估计值的标准误差等信息,这些信息反映了因变量和自变量之间的线性相关强度。从表12-4可看出$R=0.998$,说明自变量与因变量之间的相关性很强。R^2为0.996,说明自变量x可以解释因变量y的99.6%的差异性。

2. 方差分析表

表12-5是方差分析表。表中显示因变量的方差来源、方差平方和、自由度、均方、F检验统计量的观测值和显著性水平。方差来源有回归、残差。从表中可以看出,F统计量的观测值为6 008.265,显著性概率为0.000,即检验假设"H_0:回归系数$\beta=0$"成立的概率为0.000,从而应拒绝原假设,说明因变量和自变量的线性关系是非常显著的,可建立线性模型。

表 12-5 方差分析表

模 型		平方和	自由度	均方	F	显著性
1	回归	44 908 240 860.500	1	44 908 240 860.500	6 008.265	.000[b]
	残差	171 911 453.887	23	7 474 411.039		
	总计	45 080 152 314.387	24			

a. 因变量:财政收入。
b. 预测变量:(常量),国内生产总值。

3. 线性回归方程系数表

表12-6是回归系数表,表中显示回归模型的常数项、非标准化的回归系数β值及其标准误差、标准化的回归系数值、统计量t值以及显著性水平(Sig.)。从表12-6中可看出,回归模型的常数项为$-6\,966.465$,自变量"国内生产总值"的回归系数为0.225。因此,可以得出回归方程:

$$财政收入=-6\,966.465+0.225\times 国内生产总值$$

回归系数的显著性水平为0.000,明显小于0.05,故应拒绝T检验的原假设,这也说明了回归系数的显著性,说明建立线性模型是恰当的。

表 12-6　回归系数表[a]

模型		非标准化系数		标准系数	t	显著性
		B	标准错误	贝塔		
1	（常量）	−6 966.465	810.406		−8.596	.000
	国内生产总值	.225	.003	.998	77.513	.000

a. 因变量：财政收入。

4. 残差统计表

表 12-7 是残差统计表，表中依次列出了预测值、标准预测值、预测值的标准误差、调整的预测值、残差、标准残差、学生化残差、删除的残差等。

表 12-7　残差统计数据[a]

	最小值	最大值（X）	平均值	标准偏差	数字
预测值	−2 760.793 5	138 114.531 3	39 397.756 4	43 257.100 02	25
标准预测值	−.975	2.282	.000	1.000	25
预测值的标准误差	547.077	1 385.969	742.879	219.099	25
调整后的预测值	−3 253.417 7	137 334.390 6	39 319.383 7	43 156.632 78	25
残差	−3 159.835 21	5 697.893 55	.000 00	2 676.373 90	25
标准残差	−1.156	2.084	.000	.979	25
学生化残差	−1.194	2.172	.013	1.023	25
删除的残差	−3 373.021 73	6 190.517 58	78.372 68	2 925.314 03	25
学生化剔除残差	−1.206	2.383	.032	1.058	25
马氏距离（D）	.001	5.208	.960	1.316	25
Cook's 距离	.000	.204	.048	.059	25
居中杠杆值	.000	.217	.040	.055	25

a. 因变量：财政收入。

5. 直方图和累积概率 P-P 图

在回归分析中，总是假定残差服从正态分布，这两个图 12-10 和图 12-11 就是根据样本数据的计算结果显示残差分析的实际情况。从残差分布的直方图与附于其上的正态分布曲线的比较，可以观察出残差分析的正态性。同时，从观测量累积概率图也可以看出残差分布基本服从正态性。

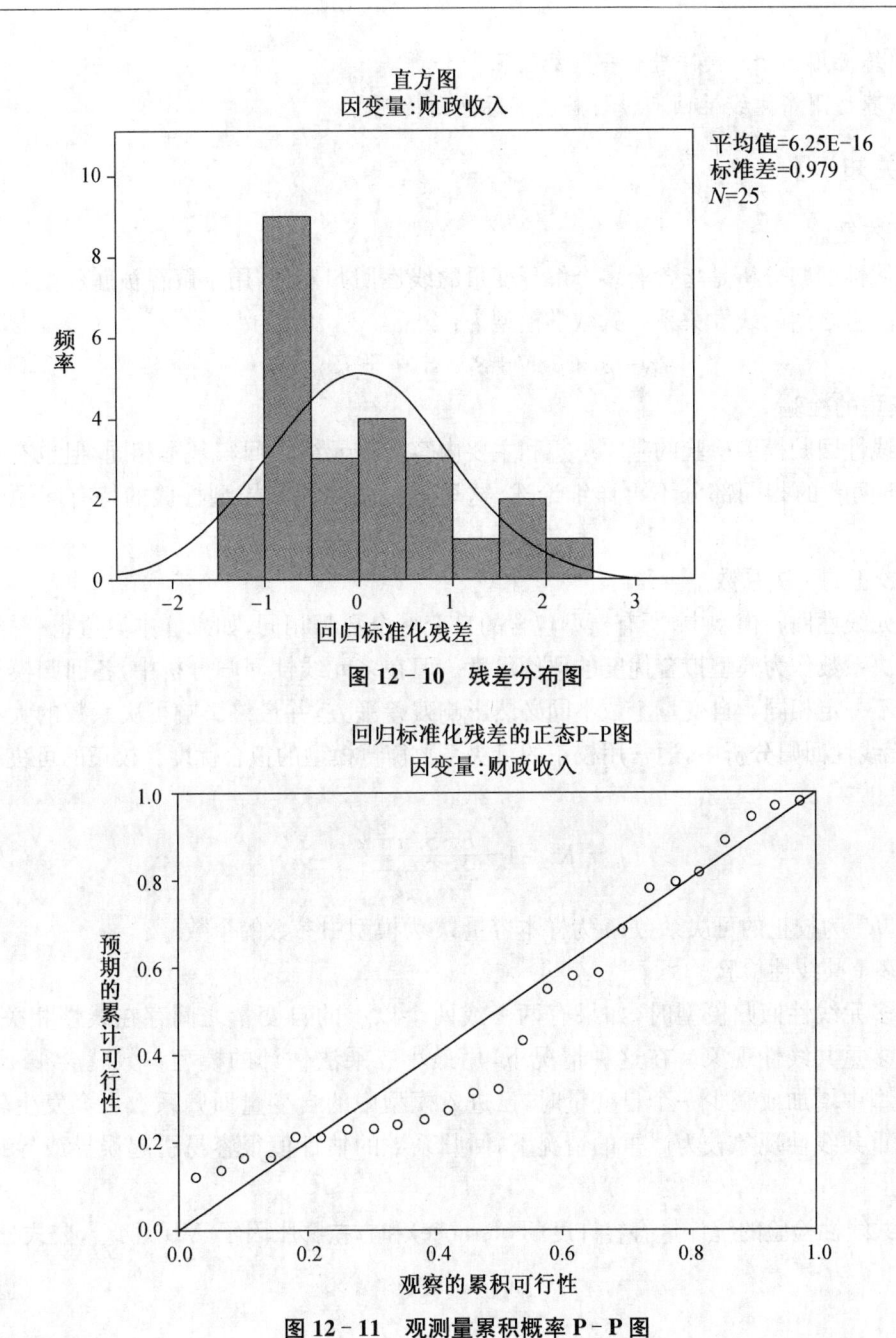

图 12-10 残差分布图

图 12-11 观测量累积概率 P-P 图

实验四 多元线性回归分析

【实验目的】

1. 理解多元线性回归分析的方法原理。

2. 熟练应用 SPSS 软件进行多元线性回归分析。
3. 培养运用多元线性回归分析解决实际问题的能力。

【相关知识】

1. 基本概念

多元线性回归分析是指含有多个解释变量的线性回归模型,用于解释被解释变量与其他多个解释变量之间的线性关系。其数学模型为:

$$y = \beta_0 + \beta_1 x_1 + \beta_2 x_2 + \cdots + \beta_p x_p + \varepsilon \tag{12-11}$$

2. 模型的检验

多元线性回归模型检验的基本思想和主要内容与一元线性回归基本相同,但也有一定的差异,对于两者的相同部分不再详细论述,这里只对多元回归模型检验的特有问题作详细说明。

(1) 校正的可决系数。

在一元线性回归模型中,所有模型包含的自变量个数都相同,如果样本容量也一样,可以直接以可决系数作为模型拟合优度的评价尺度。但在多元线性回归分析中,各回归模型的自变量个数不一定相同。自变量个数不同必然影响残差平方,并最终影响可决系数的大小。因此,在多元线性回归分析中,通常用校正的可决系数衡量模型的拟合优度。校正的可决系数公式如下:

$$\bar{R}^2 = 1 - \frac{ESS/n-k}{SST/n-1} \tag{12-12}$$

式中,$\bar{R}^2$ 为校正的可决系数;n 为样本容量;k 为模型中参数的个数。

(2) 多重共线性检验。

建立多元线性回归模型时,如果有两个或两个以上的自变量之间存在线性相关关系,就会产生多重共线性现象。在这种情况下,用最小二乘法估计的模型参数就会很不稳定,而且当模型中增加或减少一个自变量时,已进入模型中的自变量回归系数也会发生较大变化。在多重共线性现象较为严重的情况下,回归系数的估计值很容易引起误导或导致错误的结论。

多重共线性检验的统计量有容许度(Tolerance)和方差膨胀因子(VIF)两个,公式分别为:

$$Tol_i = 1 - R_i^2 \tag{12-13}$$

$$VIF = \frac{1}{1 - R_i^2} \tag{12-14}$$

式中,R_i^2 为 x_i 与模型中其余自变量的复相关系数。

显而易见 VIF 为 Tol 的倒数,Tol 的值越小,VIF 的值越大,自变量 x_i 与其他变量之间存在共线性的可能性越大。方差膨胀因子 VIF 的值越接近于1,解释变量之间的多重共线性越弱。如果值大于或等于10,说明一个解释变量与其他解释变量之间有严重的多重共线性。

当确定自变量之间存在明显的共线性时,可用以下几种方法加以处理:

① 从有共线性问题的变量里删除不重要的变量。
② 增加样本量或重新抽取样本。
③ 采用其他方法拟合模型,如岭回归法、逐步回归法、主成分分析法等。

【实验内容】

【例12-4】 为研究我国民航客运量的变化趋势及其成因,试以民航客运量做因变量,以国内生产总值、消费额、铁路客运量、民航航程里程为自变量,根据1990—2014年统计数据进行多元线性回归分析。(参见数据文件:data12-4.sav)

【实验步骤】

第1步 分析

这里要分析的是一个变量"民航客运量"与其他四个变量之间的线性关系,显然是一个多元线性回归的问题。

第2步 多元线性回归分析设置

1. 菜单选择

按"分析"→"回归"→"线性"顺序打开,如图12-12所示,设置对话框。

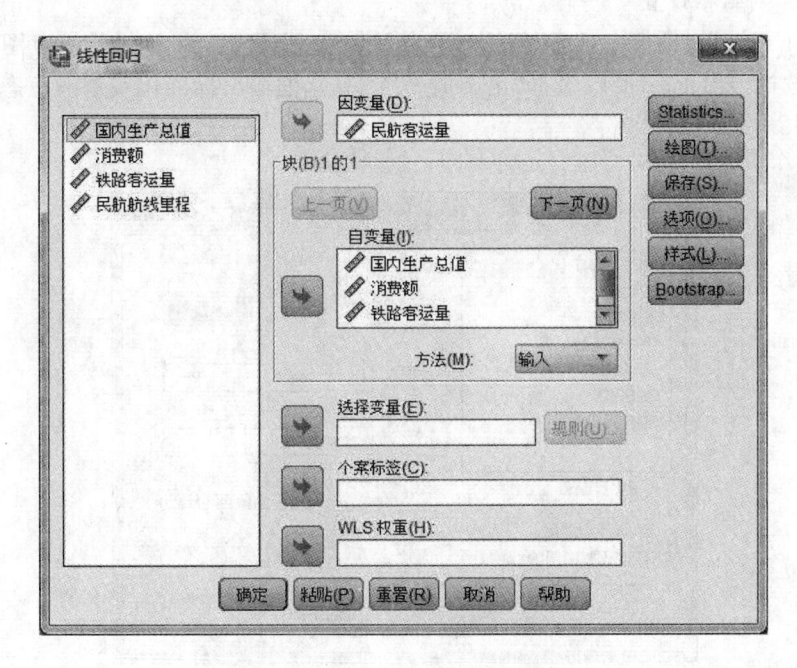

图12-12 "线性回归"对话框

2. "统计量"对话框设置

在"统计量"中选择"估计"、"模型拟合度"、"Durbin-Watson",如图12-13所示。

图 12‐13 "线性回归:统计"对话框

3. "绘图"对话框设置

在"绘图(T)…"对话框中,DEPENDNT 为 Y 轴和 ZRESID 为 X 轴的散点图。并且选择"直方图"复选框给出正态曲线,选择"正态概率图"复选框输出标准化残差的正态概率图(P‐P图),如图 12‐14 所示。

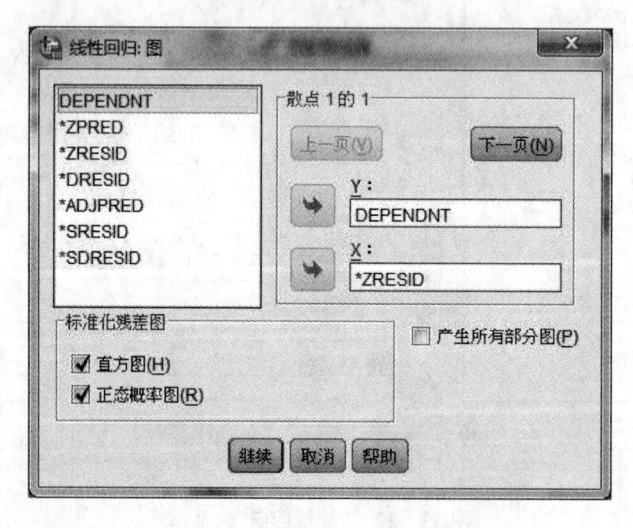

图 12‐14 "线性回归:图"对话框设置

4. "保存"对话框设置

在"保存"对话框里选择"未标准化"预测值、"未标准化"残差、"标准化"预测值、"标准化"残差,如图 12‐15 所示。

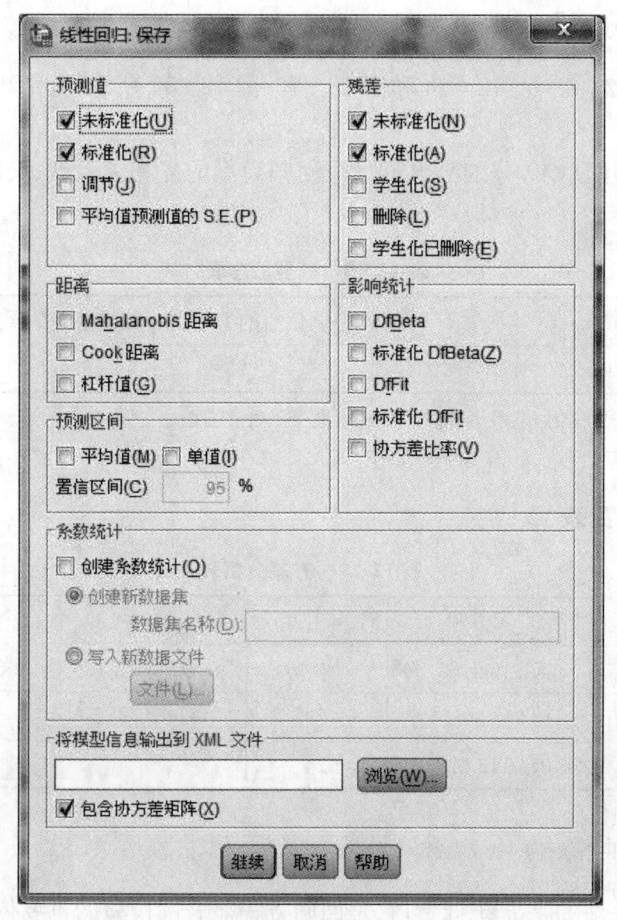

图 12－15 "线性回归:保存"对话框设置

5. "方法"对话框设置

在"方法(M)"列表中,选择"进入"方法,各种方法的含义如下:

(1) 输入:默认选项。将自变量框中的自变量全部纳入回归模型中,不做任何筛选。

(2) 逐步:根据"选项"对话框中设定的条件逐个选取变量进入模型之中。具体选取办法是首先计算各个自变量对因变量的影响大小,选取影响最大的变量进入模型之中,然后重复此过程。注意此时新变量的引入是否会使先前变量丧失统计意义,如果会,这个变量就要剔除并重新计算剩余变量对因变量的影响大小,直到方程中没有可剔除的变量,方程外没有变量可以引入为止。

(3) 删除:只出不进,根据移出标准将不进入方程模型的变量一次性全部剔除。

(4) 向后:一次性将所有变量引入方程,并依次删除。首先剔除与因变量最小相关且符合剔除标准的变量,然后进行第二个与因变量最小相关且符合剔除标准的变量,依次类推,直到所有变量均符合选入标准为止。

(5) 向前:与向后剔除法相反,首先引入与因变量最大相关且符合引入标准的变量,在引入第一个变量后,再引入第二个与因变量最大偏相关且符合引入标准的变量,依次类推,直到无变量符合引入标准时,终止回归过程。

【实验结果与分析】

运行结果如表12-8~表12-14和图12-16、图12-17所示,分别解释如下。

1. 模型汇总表

表12-8为模型汇总表,分别给出了三个回归模型的复相关系数R、决定系数R^2和调整后的决定系数R^2。

表12-8 模型汇总表[b]

模 型	R	R平方	调整后的R平方	标准估算的误差	Durbin-Watson
1	.997[a]	.994	.993	973.486 23	1.009

a. 预测变量:(常量),民航航线里程,消费额,铁路客运量,国内生产总值。
b. 因变量:民航客运量。

2. 方差分析表(见表12-9)

表12-9 方差分析表

模 型		平方和	自由度	均方	F	显著性
1	回归	3 056 163 164.545	4	764 040 791.136	806.226	.000[b]
	残差	18 953 508.695	20	947 675.435		
	总计	3 075 116 673.240	24			

a. 因变量:民航客运量。
b. 预测变量:(常量),民航航线里程,消费额,铁路客运量,国内生产总值。

方差分析表最关注的是F统计量,它是回归方程显著性检验的重要依据。表12-9中,F检验统计量为806.226,相对应的显著性概率p为0.000小于显著性水平0.05,因此应拒绝回归方程显著性F检验的原假设,认为所有自变量综合起来对因变量有显著影响。

3. 回归系数表(见表12-10)

表12-10 回归系数[a]

模 型		非标准化系数		标准系数	t	显著性	共线性统计	
		B	标准误差	贝塔			容许	VIF
1	(常量)	−7 493.415	8 682.692		−.863	.398		
	国内生产总值	.061	.009	1.039	7.108	.000	.014	69.372
	消费额	94.143	80.895	.026	1.164	.258	.617	1.620
	铁路客运量	−.018	.028	−.065	−.664	.515	.032	31.006
	民航航线里程	3.916	9.121	.037	.429	.672	.043	23.511

a. 因变量:民航客运量。

表12-10的第2至6列是回归系数的相关内容,包括非标准和标准回归系数及其相应的t检验统计量和t检验显著性概率。从各回归系数的t检验显著性概率值可以看出,除国内生

产总值的回归系数 t 检验显著性概率小于 0.05 外,其他回归系数的 t 检验显著性概率均大于 0.05。因此,根据 t 检验的判断规则,可以断定在显著性水平 0.05 下仅国内生产总值一个因素对民航客运量有显著的影响。

第 7 和第 8 列为共线性诊断统计量。回归模型共线性检验是多元回归分析必不可少的内容。本实验资料的国内生产总值、铁路客运量、民航航线里程自变量的膨胀因子(VIF)均大于 10,所以这三个自变量之间存在明显的多重共线性。

4. 残差统计表

表 12-11 是残差统计表,本表显示了预测值、残差、标准预测值、标化残差的极小值、极大值、均值、标准差及样本容量。

表 12-11 残差统计数据[a]

	最小值	最大值(X)	平均值	标准偏差	数字
预测值	1 857.621 6	39 159.187 5	13 572.246 8	11 284.508 49	25
残差	−1 153.608 52	1 683.223 02	.000 00	888.667 28	25
标准预测值	−1.038	2.267	.000	1.000	25
标准残差	−1.185	1.729	.000	.913	25

a. 因变量:民航客运量。

图 12-16 与图 12-17 是残差分布直方图与观测量累积概率 P-P 图。

从图形特征看,模型残差不符合正态分布。

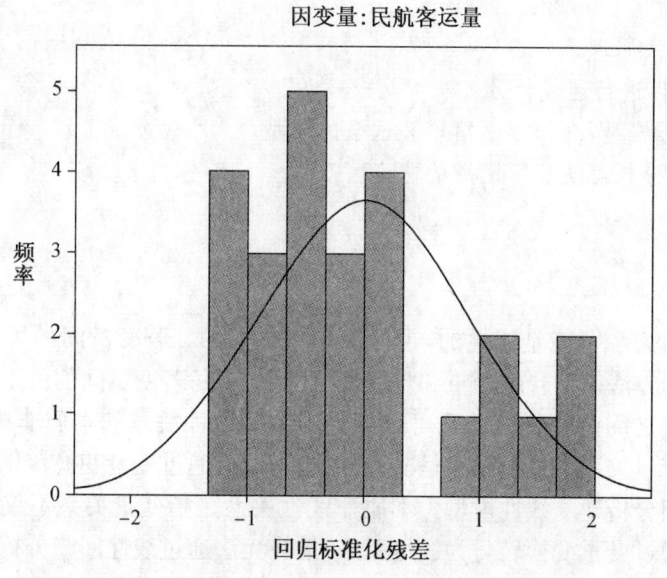

图 12-16 残差分布直方图

回归标准化残差的正态P-P图
因变量:民航客运量

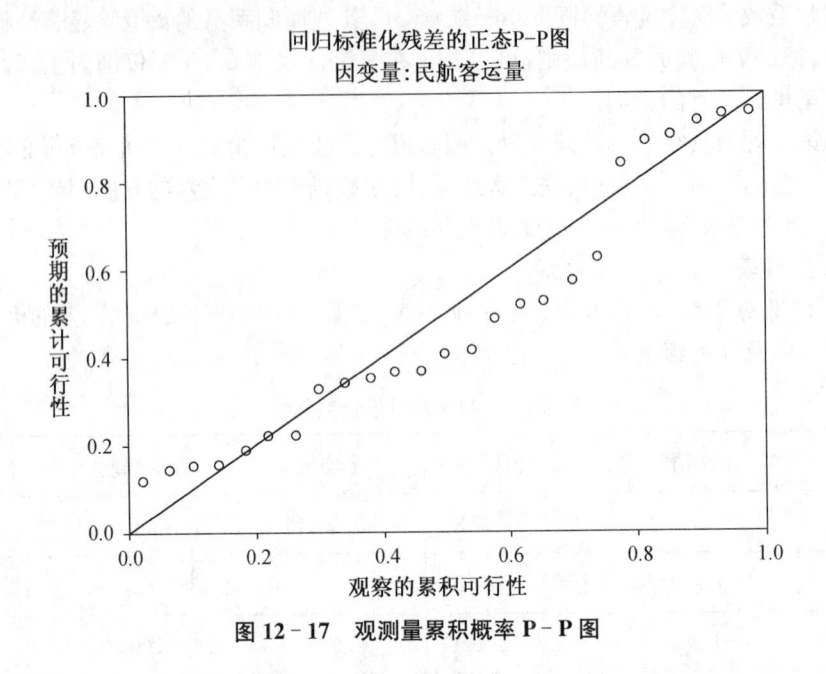

图 12-17　观测量累积概率 P-P 图

实验五　曲线估计

【实验目的】

1. 理解曲线回归的方法原理。
2. 熟练应用 SPSS 软件进行曲线估计。
3. 掌握根据 11 种曲线模型,选择建立简单又适合的模型。
4. 培养运用曲线回归分析解决实际问题的能力。

【相关知识】

1. 基本概念

实际问题中,变量间的关系可能是线性的,也可能是非线性的。若变量间的关系是线性的,那么可以用线性回归的方法来拟合因变量和自变量之间的关系;若变量间的关系是非线性的,问题就复杂得多。变量之间的非线性关系可以划分为本质线性关系和本质非线性关系。所谓本质线性关系,是指变量关系形式上虽然呈非线性关系,但可通过变量变换转化为线性关系,并可最终通过线性回归分析建立线性模型。本质非线性关系是指变量关系不仅形式上呈非线性关系,而且也无法通过变量变换转化为线性关系,最终无法通过线性回归分析建立线性模型。本节的曲线回归是解决本质线性关系问题的。

曲线估计(曲线拟合、曲线回归)是研究一个自变量和一个因变量之间非线性关系的一种方法。指选定一种用方程表达的曲线,使得实际数据与理论数据之间的差异尽可能小。如果曲线选择得好，那么可以揭示因变量与自变量的内在关系，并对因变量的预测有一定意义。

在曲线估计中，需要解决两个问题：一是选用哪种理论模型，即用哪种方程来拟合观测值；二是当模型确定后，如何选择合适的参数，使得理论数据和实际数据的差异最小。

2. 统计原理

在 SPSS 中，系统提供了 11 种常见形式的本质线性模型，如表 12-12 所示。

表 12-12 常见的本质线性模型

模 型	回归方程	变量变换后的线性方程
线性	$y=b_0+b_1 x$	$y=b_0+b_1 x$
二次方曲线	$y=b_0+b_1 x+b_2 x^2$	$y=b_0+b_1 x+b_2 x_1\ (x_1=x^2)$
复合曲线	$y=b_0+b_1^x$	$\ln(y)=\ln(b_0)+\ln(b_1)x$
增长曲线	$y=e^{b_0+b_1 x}$	$\ln(y)=b_0+b_1 x$
对数曲线	$y=b_0+b_1\ln(x)$	$y=b_0+b_1 x_1\ [x_1=\ln(x)]$
立方曲线	$y=b_0+b_1 x+b_2 x^2+b_3 x^3$	$y=b_0+b_1 x+b_2 x_1+b_3 x_2$ $(x_1=x^2, x_2=x^3)$
S 曲线	$y=e^{b_0+b_1/x}$	$\ln(y)=b_0+b_1 x_1\ \left(x_1=\dfrac{1}{x}\right)$
指数曲线	$y=b_0 e^{b_1 x}$	$\ln(y)=\ln(b_0)+b_1 x$
逆模型	$y=b_0+b_1/x$	$y=b_0+b_1 x_1\ \left(x_1=\dfrac{1}{x}\right)$
幂函数	$y=b_0(x^{b_1})$	$\ln(y)=\ln(b_0)+b_1 x_1$ $[x_1=\ln(x)]$
逻辑函数	$y=\dfrac{1}{\dfrac{1}{\mu}+b_0 b_1^x}$	$\ln\left(\dfrac{1}{y}-\dfrac{1}{\mu}\right)=\ln[b_0+\ln(b_1)x]$

3. 分析步骤

实际问题中，用户往往不能确定究竟何种函数模型更接近样本数据，在 SPSS 中进行曲线估计的一般步骤如下：

(1) 首先，根据实际问题的特点，在上述表 12-12 中多种可选择的模型中选择几种；

(2) 其次，SPSS 自动完成模型参数的估计，并输出回归方程显著性检验的 F 值和概率 P 值、决定系数 R^2 等统计量；

(3) 最后，以决定系数为主要依据选择其中的最优模型（R^2 最大的模型，并进行预测分析）。

【实验内容】

【例 12-5】 1990—2014 年社会保险基金收入与国内生产总值的数据，试研究两者之间的关系。（资料来源：中国统计年鉴 2015；参见数据文件 data12-5.sav）

【实验步骤】

第1步 分析

先用散点图的形式进行分析,看究竟是否具有一元线性关系。如果具有一元线性关系,则用一元线性回归分析;否则,采用曲线估计求解。作散点图,初步判定变量的分布趋势。

依次选择菜单"图形"→"旧对话框"→"散点/点状"→"简单分布",并将"国内生产总值作为 X 轴","社会保险基金收入"作为 Y 轴,得到如图 12-18 所示的散点图。

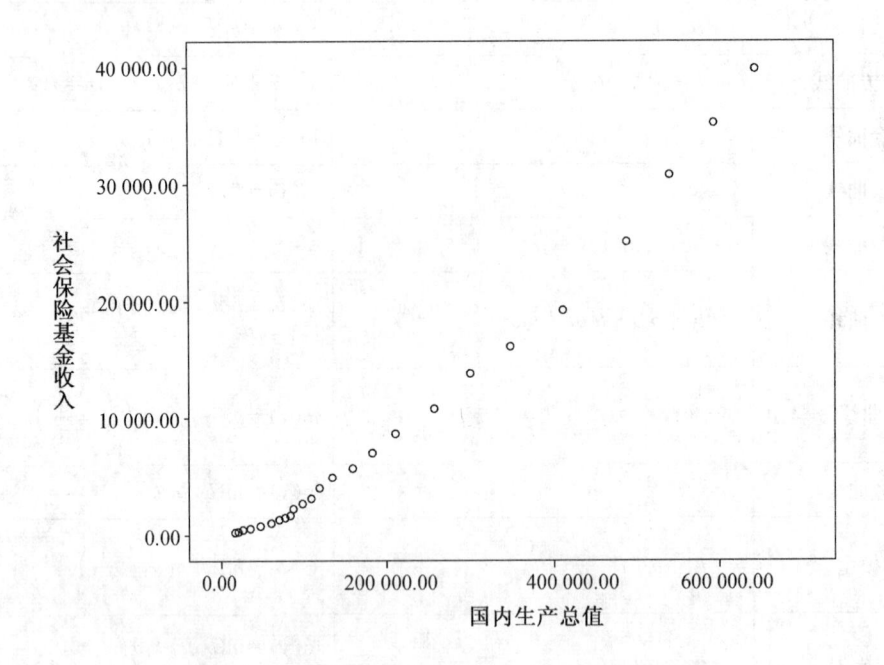

图 12-18 社会保险基金收入与国内生产总值散点图

从图 12-18 中可以看出,用线性回归模型表示 x、y 的关系是不恰当的,于是应找拟合效果好的模型。

第2步 进行曲线估计

1. 菜单选择

依次选择菜单"分析"→"回归"→"曲线估计",将所有模型全部选上,并按图 12-19 所示设置,看运行结果中哪种模型拟合效果更好。

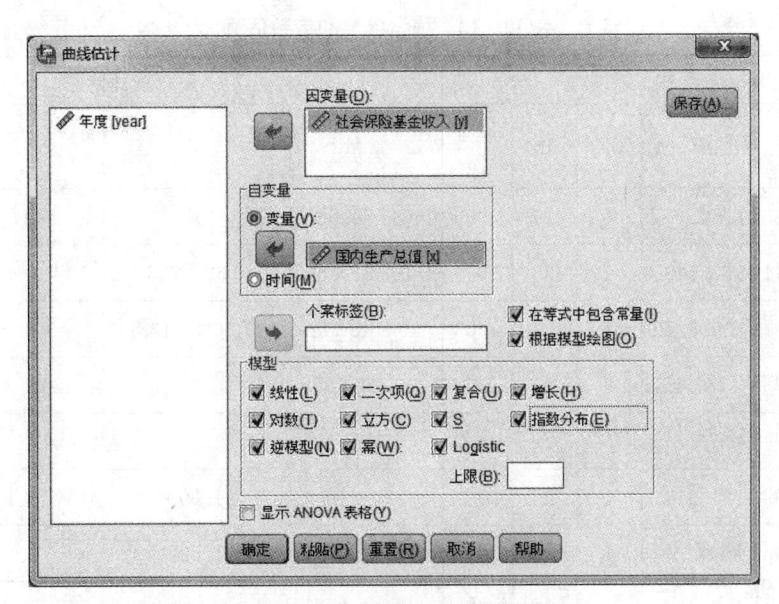

图 12-19 "曲线估计"对话框

2. "保存"对话框设置

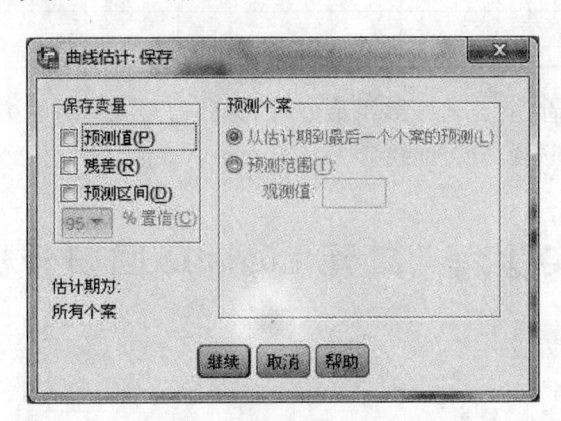

单击"保存(A)...",如图 12-20 所示。

图 12-20 "曲线估计:保存"对话框

(1) 保存变量:对于每个选定的模型,可以保存预测值、残差和预测区间。

(2) 预测个案:在数据集中,如果选择时间而不是变量作为自变量,则可以指定超出时间序列结尾的预测期。可以选择以下选项之一:

◇ 从估计期到最后一个个案的预测:在估计期内的观测量的基础上预测文件中所有观测量的值。

◇ 预测范围:根据估计期的观测量,预测指定日期、时间或观测号范围内的值。此功能用于预测超出时间序列中最后一个观测量的值。

【实验结果与分析】

主要结果,如表 12-13 所示。

表 12-13 模型摘要和参数估算

方程式	模型摘要					参数估计值			
	R^2	F	df1	df2	显著性	常量	b1	b2	b3
线性(L)	.983	1 302.737	1	23	.000	−3 054.665	.061		
对数	.731	62.540	1	23	.000	−103 822.537	9 625.766		
逆模型(N)	.317	10.677	1	23	.003	15 538.998	−470 682 716.732		
二次项(Q)	.998	6 579.177	2	22	.000	−730.605	.031	4.880E−08	
立方(U)	.999	4 673.379	3	21	.000	−1 051.060	.038	2.004E−08	3.075E−14
复合(U)	.799	91.612	1	23	.000	790.319	1.000		
幂	.995	4 443.092	1	23	.000	6.056E−05	1.522		
S	.794	88.752	1	23	.000	9.507	−100 991.612		
增长(H)	.799	91.612	1	23	.000	6.672	7.437E−06		
指数分布	.799	91.612	1	23	.000	790.319	7.437E−06		
对数	.799	91.612	1	23	.000	.001	1.000		

从决定系数 R^2 来看,立方曲线效果最好(因为其值最大),并且方差分析的显著性水平(Sig.)为 0。因此可以选择"立方曲线"。

实验六 二元 Logistic 回归分析

【实验目的】

1. 理解二元 Logistic 回归分析的方法原理。
2. 熟练应用 SPSS 软件进行二元 Logistic 回归分析。
3. 了解二元 Logistic 回归方程参数的意义及其解释。
4. 培养运用二元 Logistic 回归分析解决实际问题的能力。

【相关知识】

1. 基本概念

前面介绍的线性回归和曲线估计都要求因变量是定量变量,但实际问题中,因变量既有定量的,也有定性的。例如,在实际生活中,我们经常会遇到因变量是定性变量的情况,如医学上的阴性和阳性、生存与死亡,消费现象中的购买行为发生还是不发生,金融现象中的上市公司IPO通过还是不通,等等。Logistic 回归是处理定性因变量最常用的一种统计分析方法。根据因变量取值类别数量不同,Logistic 回归分析又分为二元 Logistic 和多元 Logistic 回归分析。二元 Logistic 回归模型中因变量只可以取两个值 1 和 0(虚拟因变量),而多元 Logistic 回归模型中因变量可取多个值,本节重点介绍二元 Logistic 回归模型。

2. 统计原理

(1) Logit 变换。

设因变量 y 是只取 0 或 1 的二分类变量,p 为某时间发生的概率,取值区间为 $[0,1]$。将 P 转换为 Ω,设 $\Omega = \dfrac{p}{1-p}$。

其中,Ω 称为优势(Odds),是某事件发生概率与不发生概率之比,这种转化是非线性的。同时,Ω 是 p 的单调函数,保证了 Ω 与 p 增长(或下降)的一致性,使模型易于理解。优势的取值范围在 $0 \sim +\infty$ 之间。

再将 $\ln \Omega = \ln \dfrac{p}{1-p}$

式中,$\ln \Omega$ 称为 $\text{Logit} P$。

经过这一转换后,$\text{Logit} P$ 与 Ω 之间仍呈增长(或下降)的一致性关系,且取值在 $-\infty \sim +\infty$ 之间,与一般线性回归方程因变量的取值范围相吻合。

上述两步转换过程称为 Logit 变换。经过 Logit 变换后,就可利用一般线性回归模型建立因变量与自变量之间的多元分析模型:

$$\ln\left(\frac{p}{1-p}\right) = \beta_0 + \beta_1 x_1 + \beta_2 x_2 + \cdots + \beta_k x_k \tag{12-15}$$

式中,$\beta_0, \beta_1, \cdots, \beta_k$ 是待估计的未知参数,可得:

$$p = \frac{\exp(\beta_0 + \beta_1 x_1 + \cdots + \beta_k x_k)}{1 + \exp(\beta_0 + \beta_1 x_1 + \cdots + \beta_k x_k)} \tag{12-16}$$

(2) 统计检验。

与线性回归一样,拟合时也要考虑模型是否合适、哪些变量该保留、拟合效果如何等问题。线性回归中常用的是决定系数 R^2,T 检验、F 检验等工具在这里均不再适用。

常用的指标有以下几种:

① $Cox \& Snell\ R^2$ 统计量。

$Cox \& Snell\ R^2$ 与一般线性回归分析中的 R^2 有相似之处,也是方程对因变量变差解释程度的反映。$Cox \& Snell\ R^2$ 的数学定义为:

$$Cox \& Snell\ R^2 = 1 - \left(\frac{LL_0}{LL_k}\right)^{\frac{2}{n}} \tag{12-17}$$

式中,LL_0 为方程中只包含常数项时的对数似然值;LL_k 为当前方程的对数似然值;n 为样本容量。由于 $Cox \& Snell\ R^2$ 的取值范围不易确定,因此使用时不方便。

② Nagelkerke R^2 统计量。

Nagelkerke R^2 是修正的 $Cox \& Snell\ R^2$,也反映了方程对因变量变差解释的程度。Nagelkerke R^2 的数学定义为:

$$\text{Nagelkerke}\ R^2 = \frac{Cox \& Snell\ R^2}{1 - (LL_0)^{\frac{2}{n}}} \tag{12-18}$$

Nagelkerke R^2 的取值范围在 0～1 之间。越接近 1,说明方程的拟合优度越高;越接近 0,说明方程的拟合优度越低。

③ Hosmer-Lemeshow 统计量。

Hosmer-Lemeshow 统计量的设计思想是:Logistic 回归方程给出的是解释变量取值条件下,被解释变量取 1 的概率值。如果模型拟合效果较好,则应给实际值为 1 的样本以高的概率预测值,实际值为 0 的样本以低的概率预测值。于是,对概率预测值进行分位数分组。

Hosmer-Lemeshow 统计量越小,表明样本实际值和预测值的总体差异较小,拟合效果越好,反之则拟合效果不好。Hosmer-Lemeshow 检验的原假设 H_0 是:观测频数的分布与期望频数的分布无显著差异。SPSS 将给出 Hosmer-Lemeshow 统计量的概率 P 值。如果概率 P 值小于给定的显著性水平,则应拒绝原假设,即观测频数的分布与期望频数的分布有显著差异,模型拟合效果不好;反之,如果概率 P 值大于给定的显著性水平,则不应拒绝原假设,即两个分布的差异不显著,模型拟合效果较好。

④ Wald 统计量。

Wald 统计量,数学定义为:

$$Wald_i = \frac{\beta_i}{S_{\beta_i}} \qquad (12-19)$$

式中,β_i 是回归系数;S_{β_i} 是回归系数的标准误差。Wald 检验统计量近似服从卡方分布。

如果某解释变量 $Wald_i$ 观测值对应的概率 P 值小于给定的显著性水平 α,则应拒绝原假设,认为某解释变量的回归系数与零有显著差异,该解释变量与 $LogitP$ 之间的线性关系显著,应保留在方程中;反之,如果概率 P 值大于给定的显著性水平,则不应拒绝原假设,认为某解释变量的回归系数与零无显著差异,该解释变量与 $LogitP$ 之间的线性关系不显著,不应保留在方程中。

【实验内容】

【例 12-6】 诊断发现运营不良的金融企业是审计核查的一项重要功能,审计核查的分类失败会导致灾难性的后果。审计列出了 66 家公司的部分运营财务比率,其中 33 家在 2 年后破产($y=0$),另外 33 家在同期保持偿付能力($y=1$)。请用变量 x_1(未分配利润/总资产)、x_2(税前利润/总资产)和 x_3(销售额/总资产)拟合一个 Logistic 回归模型。(数据来源:《例解回归分析》,中国统计出版社,2004;参见数据文件:data12-6.sav)

【实验步骤】

第 1 步 分析

共有 3 个自变量,均是定量数据类型,而因变量是定性的,取值有两种状态(0 和 1),这是一个典型的可用二元 Logistic 回归解决的问题。

第 2 步 二元 Logistic 回归分析设置

1. 菜单选择

选择菜单"分析"→"回归"→"二元 Logistic",打开二元"Logistic 回归"对话框,并按图 12-21 所示进行设置。

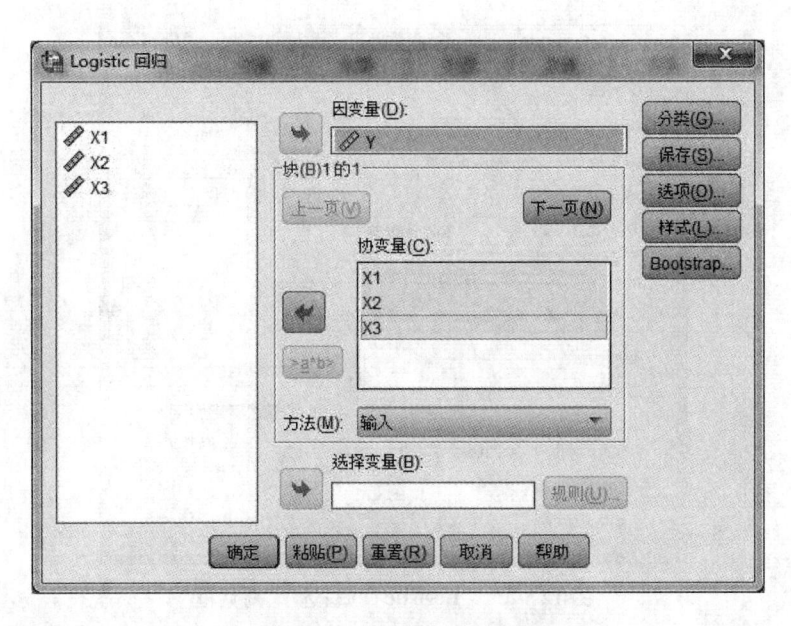

图 12‑21 "Logistic 回归"对话框

2. "保存"对话框设置

单击"保存(S)…"按钮,打开"Logistic 回归:保存"对话框,如图 12‑22 所示。在其中选择"预测值"选项组中的"概率"和"组成员"两项,即将预测的概率和分类保存下来。

图 12‑22 "Logistic 回归:保存"对话框

3. "选项"对话框的设置

单击"选项(O)…"按钮,打开"Logistic 回归:选项"对话框,如图 12‑23 所示,进行设置,并单击"继续"按钮,返回上一个对话框,然后单击"确定"按钮,即可得到分析结果。

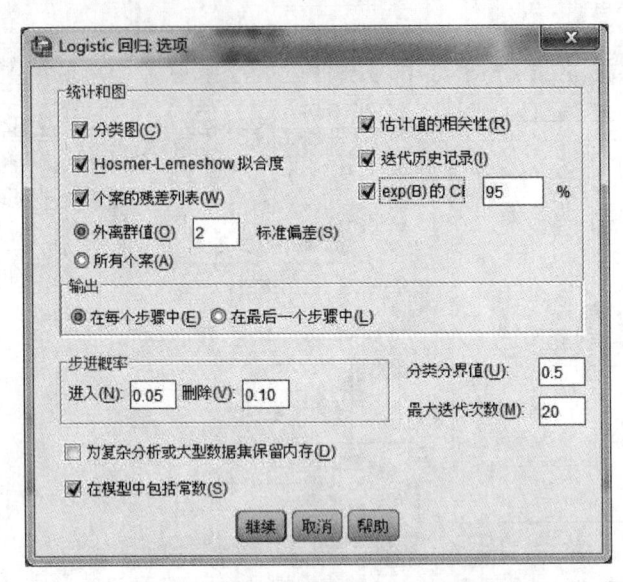

图 12-23 "Logistic 回归:选项"对话框

(1) 统计量和图:其中的选项用来选择输出哪些统计量或统计图表,具体选项如下:
◇ 分类图:通过比较因变量的观测值和预测值之间的关系,反映回归模型的拟合效果。
◇ 估计值的相关性:输出模型中各估计参数间的相关矩阵。
◇ Hosmer-Lemeshow 拟合度:检验整个回归模型的拟合优度。
◇ 迭代历史记录:输出参数估计迭代过程中的系数及对数似然值。
◇ 个案的残差列表:输出标准方差大于某值的个案或全部个案的入选状态,以及因变量的观测值和预测值及其相应的预测概率、残差值。
◇ exp(B)的 CI:选中该选项将会在模型检验的输出结果中列出 exp(B)(各回归系数指数函数值)的 $N\%$(默认值为 95%)的置信区间;如果要改变默认值,可以在空白方框内输入 1~99 之间的任何一个整数。

(2) 输出:用来选择输出计算结果的方式,具体说明如下:
◇ 在每个步骤中:显示 SPSS 每个步骤的计算结果。
◇ 在最后一个步骤中:只显示最终计算结果。

(3) 步进概率:用来设定步长标准,以便逐步控制自变量进入方程或被剔除方程。
◇ 进入:设置变量进入方程的标准值。如果变量的分数统计概率小于所设置进入方程的标准值,则该变量进入模型。SPSS 默认的显著性水平为 0.05。
◇ 删除:设置变量被剔除方程的标准值。如果变量的分数统计概率大于所设置被剔除方程的标准值,则该变量被剔除方程。SPSS 默认的显著性水平为 0.10。

(4) 分类标准值:用以设置个案分类的断点值。因变量预测值大于分类中止点的个案设为一类,小于分类中止点的个案设为另一类,默认值为 0.5,当然也可以重新设置。

(5) 最大迭代次数:用以确定达到最大对数似然值之前的迭代次数。最大对数似然值是通过反复迭代计算直到收敛为止而得到的。默认的最大迭代次数为 20,当然也可以重新设置。

(6) 在模型中包括常数:用以确定所求模型的参数是否要包含常数项。

4. "方法(M)"下拉列表框

方法:用以选择自变量进入模型的方法,主要有以下三种:

◇ "输入"法:所有自变量都强行进入回归模型。

◇ "向前逐步(条件/LR/Wald 法)":依据条件参数似然比检验结果/偏似然比检验结果/Wald 检验结果剔除变量的向前剔除法。

◇ "向后逐步(条件/LR/Wald 法)":依据条件参数似然比检验结果/偏似然比检验结果/Wald 检验结果剔除变量的向后剔除法。

【实验结果与分析】

运行结果如表 12-14～表 12-21 所示。

(1) 表 12-14 是因变量的赋值表。在 SPSS 中,默认将二分类变量中出现次数较多的赋值为 1。本例比较特殊,二分类变量的两种情况出现的次数是一样的。从表格中可以看出,将"两年后破产"赋值为 0,"两年后仍有偿付能力"赋值为 1。

表 12-14 因变量编码

原始值	内部值
两年后破产	0
两年后仍有偿付能力	1

(2) 表 12-15 是模型初始分类预测表。此时,模型中不含任何自变量,只包含常数项。表格左方代表实际观测值,右方代表模型的预测值和正确率。此时预测所有公司在两年后仍有偿付能力,预测的正确率为 50%。

表 12-15 模型初始分类表[a,b]

观测值		预测值		
		Y		百分比正确
		两年后破产	两年后仍有偿付能力	
步骤 0	Y 两年后破产	0	33	.0
	两年后仍有偿付能力	0	33	100.0
	总体百分比			50.0

a. 模型中包括常量。

b. 分界值为 0.500。

(3) 表 12-16 给出常数项系数为 0.000,其相伴概率为 1,可见常数项不显著。表 12-17 显示了待进入方程的各解释变量的情况,各数据项的含义依次为:比分检验统计量的观测值、自由度和概率 p 值。

表 12-16 方程式中的变量

		B	$S.E.$	$Wald$	自由度	显著性	Exp(B)
步骤 0	常量	.000	.246	.000	1	1.000	1.000

表 12-17 方程式中没有的变量

			得分	自由度	显著性
步骤 0	变量	X1	31.621	1	.000
		X2	19.358	1	.000
		X3	2.800	1	.094
	整体统计信息		37.613	3	.000

（4）表 12-18 显示了采用进入策略时回归方程显著性检验的总体情况，各数据项的含义依次为：似然比卡方的观测值、自由度和概率 P 值。可以看到，本步所选变量均进入方程，与前一步相比，似然比卡方的观测值为 85.683，概率 p 值为 0.000。如果显著性水平 α 为 0.05，由于概率 p 值小于显著性水平 α，应拒绝原假设，认为所有回归系数不同时为 0，解释变量的全体与 Logit P 之间的线性关系显著，采用该模型是合理的。表还分别输出了三行似然比卡方值。其中，步骤行是本步与前一步相比的似然比卡方；块行是本块与前一块相比的似然比卡方；模型行是本模型与前一模型相比的似然比卡方。在本例中，由于没有设置解释变量块，且解释变量是一次性强制进入模型的，所以三行结果相同。

表 12-18 模型系数的 Omnibus 检验

		卡方	自由度	显著性
步骤 1	步长(T)	85.683	3	.000
	块	85.683	3	.000
	模型	85.683	3	.000

（5）表 12-19 显示了当前模型拟合优度方面的指标，各数据项的含义依次为：-2 倍的对数似然函数值，$Cox\&Snell\ R^2$ 以及 $Nagelkerke\ R^2$。-2 倍的对数似然函数值越小，则模型的拟合优度越高。从拟合优度方面的指标来看，三种检验方法的结果是一致的，模型有显著的统计意义。

表 12-19 模型摘要

步长(T)	-2 对数似然	$Cox\ \&\ Snell\ R$ 平方	$Nagelkerke\ R$ 平方
1	5.813[a]	.727	.969

a. 估算在迭代号 12 终止，因为参数估算更改小于 0.001。

（6）表 12-20 是模型分类预测表。表中的分界值为 0.5 意味着如果预测概率值大于 0.5，则认为因变量的分类预测值为 1；如果小于 0.5，则认为因变量的分类预测值为 0。在两年后破产的 33 家公司中，模型正确识别率为 97%；在两年后仍有偿债能力的 33 家公司中，模型正确识别率为 97%。模型总的预测正确率为 97%。

表 12-20　分类表[a]

观测值		预测值		百分比正确
		Y		
		两年后破产	两年后仍有偿付能力	
步骤 1	Y　两年后破产	32	1	97.0
	两年后仍有偿付能力	1	32	97.0
	总体百分比			97.0

a. 分界值为 0.500。

(7) 表 12-21 是 Logistic 模型的拟合结果。表格从左到右依次表示变量及常数项的系数值(B)、标准误差($S.E.$)、Wald 卡方值、自由度(df)、相伴概率(Sig.)、Exp(B)。其 Logistic 回归模型为：

$$\ln\left(\frac{p}{1-p}\right)=-10.153+0.331x_1+0.181x_2+5.087x_3$$

则有：

$$p=\frac{e^{-10.153+0.331x_1+0.181x_2+5.087x_3}}{1+e^{-10.153+0.331x_1+0.181x_2+5.087x_3}}$$

表 12-21　方程式中的变量

		B	S.E.	Wald	自由度	显著性	Exp(B)	95% C.I.用于 EXP(B)	
								下限	上限
步骤 1[a]	X1	.331	.301	1.213	1	.271	1.393	.772	2.511
	X2	.181	.107	2.862	1	.091	1.198	.972	1.478
	X3	5.087	5.082	1.002	1	.317	161.979	.008	3 430 718.695
	常量	−10.153	10.840	.877	1	.349	.000		

按 Logistic 回归模型预测结果值如图 12-24 所示，其中 PRE_1 表示预测概率值，PGR_1 表示预测分类结果值。

	X1	X2	X3	Y	PRE_1	PGR_1
1	-62.80	-89.50	1.70	0	.00000	0
2	3.30	-3.50	1.10	0	.01635	0
3	-120.80	-103.20	2.50	0	.00000	0
4	-18.10	-28.80	1.10	0	.00000	0
5	-3.80	-50.60	.90	0	.00000	0
6	-61.20	-56.20	1.70	0	.00000	0
7	-20.30	-17.40	1.00	0	.00000	0
8	-194.50	-25.80	.50	0	.00000	0
9	20.80	-4.30	1.00	0	.74004	1
10	-106.10	-22.90	1.50	0	.00000	0

图 12-24　数据文件中保存的预测分类结果图

本章小结

1. 回归方程的显著性检验旨在检验所有自变量与因变量之间的线性关系是否统计显著。如果线性关系统计显著，说明自变量确实能影响因变量，就可以用自变量的取值去预测因变量的取值；反之则说明自变量与因变量之间没有显著的线性关系。一般采用 F 统计量进行 F 检验，F 检验依赖于 F 分布确定检验临界值。如果计算出的 F 值大于临界值，或者计算出的显著性概率小于 0.05，则说明自变量与因变量之间具有显著的线性关系。

2. 回归系数的显著性检验旨在检验单个自变量与因变量之间的线性关系是否统计显著。系数的显著性检验通过 T 检验完成，T 检验依赖于 T 分布计算临界值。如果计算出的 T 值大于临界值或者计算出的显著性概率小于 0.05，则说明回归系数具有显著性，单个自变量与因变量之间具有显著的线性关系。

3. 曲线估计是一个自变量与因变量的非线性回归过程，但只能处理比较简单的模型。如果有多个自变量与因变量呈非线性关系时，就需要用其他非线性模型对因变量进行拟合。SPSS 22 中提供了"非线性"过程，由于涉及的模型很多，且非线性回归分析中参数的估计通常是通过迭代方法获得的，而且对初始值的设置也有较高的要求，如果初始值选择不合适，即使指定模型函数非常准确，也会导致迭代过程不收敛，或者只能得到一个局部最优值而不能得到整体最优值。

4. Logistic 回归分析又分为二元 Logistic 回归分析和多元 Logistic 回归分析。二元 Logistic 回归模型中因变量只可以取两个值 1 和 0（虚拟因变量），而多元 Logistic 回归模型中因变量可取多个值。本节重点介绍二元 Logistic 回归模型，对于多元 Logistic 回归模型未做介绍，可参阅其他参考资料。

思考与练习

1. 数据文件 data12-7.sav 是 2015 年我国 31 个省区市的地区生产总值和全社会固定资产投资额。

要求：

（1）绘制地区生产总值与全社会固定资产投资额两变量的散点图；

（2）计算地区生产总值与全社会固定资产投资额两变量的相关系数；

（3）在地区生产总值与全社会固定资产投资额两变量间建立一元线性回归方程。

2. 某中心在国内公众中对职业态度做问卷调查，列举了 12 个职业，要求被调查者对声望高低和值得信任程度进行回答。根据回收的问卷，按照公众对各职业人数排列，得到如数据文件 data12-8.sav 所示的文件。试分析职业的社会声望与值得信任程度相关性。（数据来源：赫黎仁等，SPSS 实用统计分析，中国水利水电出版社，2003）

3. 某公司太阳镜销售情况如数据文件 data12-9.sav 所示，请分析销售量与平均价格、广告费用和日照时间之间的关系，显著性水平为 0.05。[数据来源：卢纹岱，SPSS for Windows 统计分析（第 3 版），电子工业出版社，2006]

4. 数据文件 data12-10.sav 是某商业银行下属 30 家分行在不良贷款、各项贷款余额、本年累计应收贷款、贷款项目个数、本年固定资产投资额的统计数值,要求建立多元线性回归方程。

5. 某企业集团 12 个生产同类产品企业的月产量和单位产品成本数据,如数据文件 data12-11.sav 所示。

要求:

(1) 绘制月产量和单位产品成本之间的散点图;

(2) 用最小平方方法建立指数曲线回归方程。

6. 在一次关于城镇居民上下班使用交通工具的调查中,因变量 $y=1$ 表示居民主要乘公共汽车上下班,$y=0$ 表示居民主要骑自行车上下班;其他因素主要包括年龄、月收入和性别,试建立 y 与自变量之间的 Logistic 回归模型。(数据来源:宋志刚等,SPSS 16 实用教程,人民邮电出版社,2008;参见数据文件 data12-12.sav)

7. 为研究和预测某商品消费特点和趋势,收集到以往的消费数据。数据项包括是否购买、性别、年龄和收入水平。采用 Logistic 回归方法,是否购买作为被解释变量,其余各变量为解释变量。(参见数据文件:data12-13.sav)

第 13 章　聚类分析和判别分析

俗话说"物以类聚，人以群分"，在现实生活中存在着大量的分类问题。聚类分析就是研究"物以类聚"的方法，它是按照样本或变量在性质上的亲疏相似程度进行分类的一种多元统计分析方法。聚类分析的基本思想是：根据一批样本的多个观测指标，具体地找出一些能够度量样本或指标之间相似程度的统计量，然后利用统计量将样本或指标进行归类。把相似的样本或指标归为一类，把不相似的归为其他类，直到把所有的样本（或变量）聚合完毕。聚类分析根据所用的方法可分为二阶聚类、K-均值聚类和系统聚类；根据分类对象的不同，可分为样本聚类（Q型聚类）和变量聚类（R型聚类）。判别分析的基本思想是：从已知分类情况中总结规律，建立判别函数，并用以判别新样本的所属类别。常用的判别分析方法有距离判别、贝叶斯判别、费歇尔判别与逐步判别。聚类分析与判别分析同是多元统计方法中解决分类问题的方法，所不同的是：聚类分析是在未知分类的情况下进行分类，而判别分析是在已知分类的基础上对样本进行判别分类。因此在实际应用中，往往可以先使用聚类分析得到分类结果，然后再利用判别分析加以确认。

实验一　两步聚类

【实验目的】

1. 掌握两步聚类的基本概念。
2. 理解两步聚类的基本思想与原理。
3. 熟练应用 SPSS 软件进行两步聚类分析。
4. 培养运用两步聚类分析方法解决实际问题的能力。

【相关知识】

1. 基本概念

两步聚类方法是设计用来分析大型数据集的算法。这个算法会用标准方法将不同的观察结果分组到不同的集群之中。这个过程会使用一个凝聚的层次聚类方法。目前主要应用在数据挖掘和多元数据统计的交叉领域——模式分类中，其算法适合任何尺度的变量。两步聚类分析主要利用距离度量，假设聚类模型的变量均为自变量，假设自变量中连续性变量为正态分布，分类变量是多项式。该过程主要有以下几个特点：分类变量和连续变量均可以参与两步聚类分析；该过程可以自动确定分类数；可以高效率地分析大数据集；用户可以自己定制用于运算的内存容量。

2. 统计原理

两步聚类的功能非常强大，而原理又较为复杂。在聚类过程中除了使用传统的欧氏距离外,为了处理分类变量和连续变量,它用似然距离测度,并要求模型中的变量是独立的。分类变量呈多项式分布,连续变量呈正态分布。

使用两个变量的相关过程去检验两个连续变量之间的独立性,使用交叉表过程检验两个分类变量之间的独立性,使用均值比较过程检验连续变量与分类变量的独立性,用探索分析过程检验连续变量的正态性,使用卡方检验过程检验分类变量是否是多项式分布的。

3. 分析步骤

第1步 构建聚类特征树

对每个观测变量考察一遍,确定类中心。根据相近者为同一类的原则,计算距离并把与类中心距离最小的观测量分到相应的各类中去,这个过程称为构建一个分类的特征树。开始,它把一个观测量放在树的叶节点根部,该节点含有该观测量的变量信息;然后,使用距离测度作为相似性测度判据,每个后续的观测量根据它在已经存在的节点的相似性归到某类中去。如果相似则将该观测量加在一个已经存在的节点上,形成该节点的树叶;如果不相似,就形成一个新的节点。

第2步 对聚类特征树的节点进行分组

为确定最好的类数,对每一个聚类结果使用 Akaik 判据(AIC)或贝叶斯判据(BIC)作为标准进行比较,得出最后的聚类结果。

【实验内容】

【例13-1】 某机构为了调查学生性别和所学专业与毕业后初始工资的情况,调查抽取了60个学生的数据,试根据样本指标进行聚类分析。(资料来源:邓维斌,SPSS 19 统计分析实用教程,电子工业出版社,2012;参见数据文件 data13-1.sav)

【实验步骤】

第1步 分析

由于自变量中不仅有连续变量,也有分类变量,故采用两阶聚类进行分析。

第2步 二阶聚类设置

1. 菜单选择

按"分析"→"分类"→"两步聚类"顺序打开"二阶聚类分析"对话框,如图13-1所示。

该对话框主要由以下几部分组成:

(1) 分类变量:用于放置离散变量,也可以放入连续变量,这时系统将把连续变量当作离散变量来处理。

(2) 连续变量:用于放置连续变量,离散变量无法移入其中。

(3) 距离测量:用于距离的测量方法。其中,包括两个选项:对数相似值和 Euclidean 距离,前者为系统默认值。当没有选入离散变量时,可以任意选择这两种方法中的一种,不过如果选择 Euclidean 的话,相当于使用传统聚类方法进行聚类;当有离散变量选入时,Euclidean 选项将无法使用,只能使用对数似然值。

(4) 连续变量计数:用于显示选入的连续变量数目及状态。

(5) 聚类数量:包含两个选项,"自动确定"是指由系统自动决定的分类数目,并在下面的"最大值"栏内输入一个数值来限制分类的最大数目,此选项为系统默认选项;"指定固定值"是指由客户自己确定分类数目,在下面的"数量"栏内输入这个指定值。

(6)聚类准则:SPSS 提供了两个准则,分别是 BIC(Bayesian Criterion)准则和 AIC (Akaike Information Criterion)准则,这两个指标越小,聚类效果越好。系统会根据 AIC 和 BIC 的大小,以及类间最短距离的变化情况来确定最优的聚类类别数。

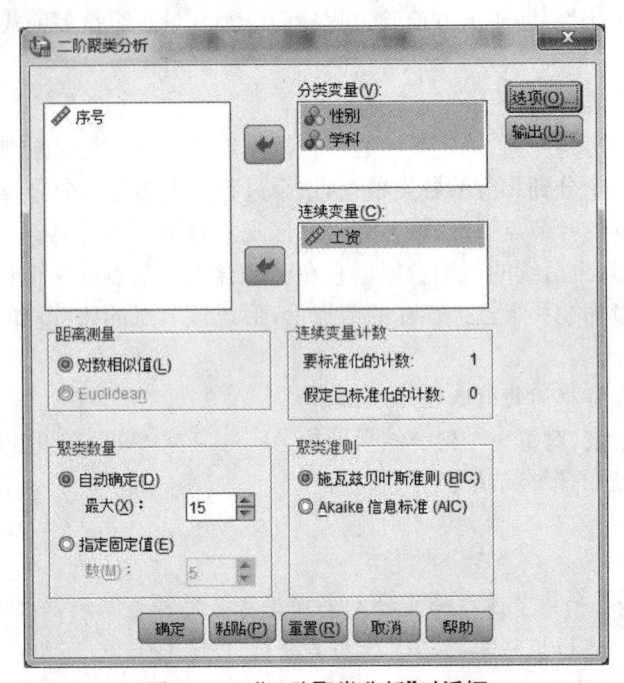

图 13-1 "二阶聚类分析"对话框

2. "选项"对话框设置

单击"选项(O)..."按钮,弹出此子对话框,如图 13-2 所示。

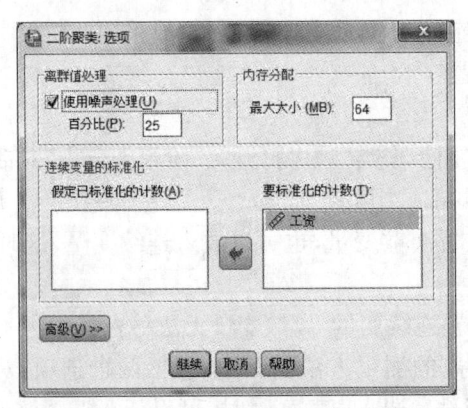

图 13-2 "二阶聚类:选项"对话框

(1)离群值处理:用于指定在聚类过程中产生聚类特征树时奇异值的处理方式,当选择"使用噪声处理"选项时,需要在"百分比"文本框中输入百分比数值。

(2)内存分配:用于指定聚类计算时的最大内存(MB),系统默认为 64 MB,一般使用系统默认值。

(3) 连续变量的标准化：从左侧的"假定已标准化的计数"列表框中指定需要标准化的连续型变量，将其移动到右侧"要标准化的计数"列表框。因为聚类算法中要求连续型变量必须是标准化变量，所以应该将所有连续型变量都移至右侧列表框，以便在聚类计算之前标准化所有的连续型变量，这样可以减少计算量，提高聚类效率。

(4) 高级：主要用于对前面提到的聚类特征树的选项进行设置，一般使用系统默认值。

3. "输出"对话框设置

单击"输出(U)…"按钮，弹出如图13-3所示的对话框。

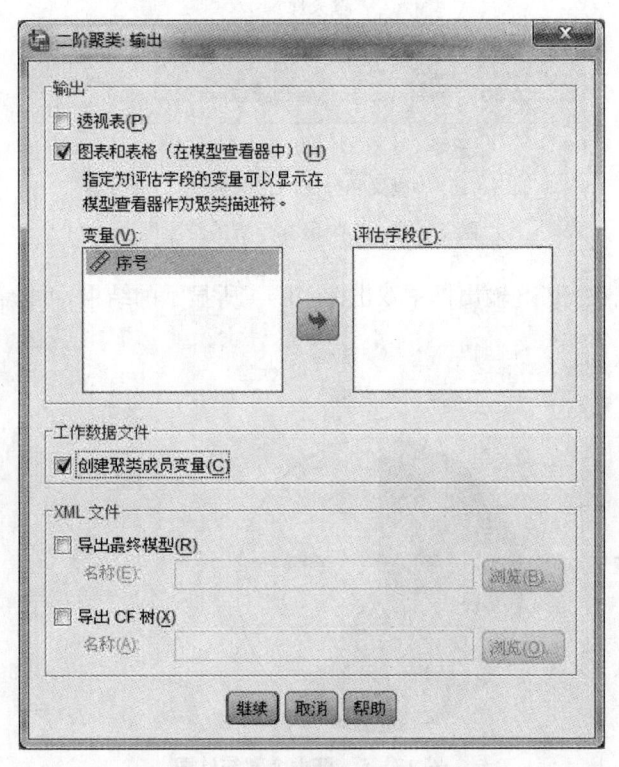

图13-3 "二阶聚类：输出"对话框

(1) 输出：选中"图表和表格"后，会将聚类分析的积概要表显示出来。

(2) 工作数据文件：选中"创建聚类成员变量"用于在文件中创建一个新变量，保存各个观测量的所属类别。

(3) XML文件：选择输出聚类的最终模型或聚类特征树到指定位置。

【实验结果与分析】

运行结果如图13-4～图13-6所示。

(1) 图13-4是二阶聚类的模型概要和聚类质量情况。从中可以看出，此算法采用的是两步聚类，共输入3个变量，将所有个案聚成3类。聚类的平均轮廓值为0.6(其范围值为−1～1.0，值越大越好)，说明聚类质量较好。

模型概要

算法	两步
输入	3
聚类(U)	3

聚类质量

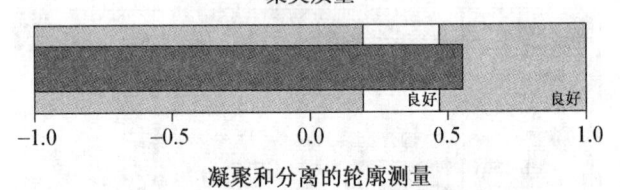

凝聚和分离的轮廓测量

图 13－4　二阶聚类分析的结果图

(2) 图 13－5 是在 SPSS 输出框中双击图 13－4 所显示的结果,可以看出各类所占的比例情况。

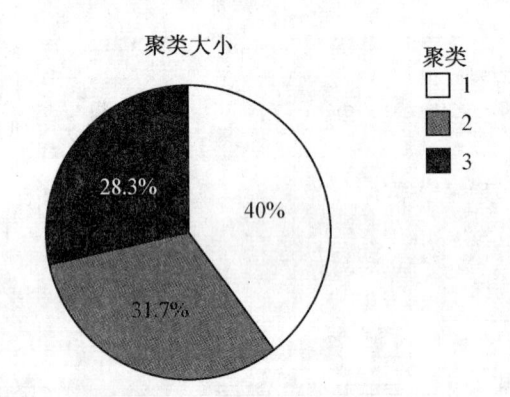

聚类大小

图 13－5　聚类个案统计图

(3) 图 13－6 显示了数据文件中聚类后各个案所属的分类号情况。

	序号	性别	学科	工资	所属类别
1	1	1	7	28900	3
2	2	1	7	28000	3
3	3	1	1	27500	2
4	4	1	7	30300	3
5	5	1	1	18000	2
6	6	0	7	31700	1
7	7	1	3	26000	2
8	8	1	7	25000	3
9	9	0	1	20000	1
10	10	1	1	18000	2

图 13－6　数据文件的分类结果

实验二 K 平均值聚类

【实验目的】

1. 掌握 K 平均值聚类的基本概念。
2. 理解 K 平均值聚类的基本思想与原理。
3. 熟练应用 SPSS 软件进行 K 平均值聚类分析。
4. 培养运用 K 平均值聚类分析方法解决实际问题的能力。

【相关知识】

1. 基本概念

K 平均值聚类是由用户指定类别数的大样本资料的逐步聚类分析方法。它先对数据进行初始分类,然后逐步调整,得到最终分类数。当要聚成的类数已知时,使用 K 平均值聚类的处理速度快,占用的计算机内存少。

2. 统计原理

K 平均值聚类基本思想是:把每个样本聚集到其最近形心(均值)类中去,即先对数据进行初始分类,然后逐步调整,得到最终分类。如果选择了 n 个数值型变量参与聚类分析,最后要求聚类数为 k,那么可以由系统首先选择 k 个观测量(也可以由用户指定)作为聚类目标,n 个变量组成 n 维空间。每个观测量在 n 维空间中是一个点。k 个事先选定的观测量就是 k 个聚类中心点(也称为初始类中心)。按照距这几个类中心的距离(使用的是欧氏距离)最小原则将观测量分派到各类中心所在的类中去,构成第一次迭代形成的 k 类,根据组成每一类的观测量,计算各变量均值。每一类中的 n 个均值在 n 维空间中又形成 k 个点,这就是第二次迭代的类中心。按照这种方法依次迭代下去,直到达到指定的迭代次数或达到中止迭代的判据要求时,迭代停止,聚类过程结束。

3. 分析步骤

第 1 步,选择初始凝聚点和初始分类,比如取 k 个初始凝聚点,将每个样本(或变量)初始分成 k 类。

第 2 步,计算初始 k 个类均值(重心),然后对所有样本逐一计算它到初始 k 类的距离(通常用欧氏距离作为样本到凝聚点的距离)。若某样本到它原来所在类的距离最近,则它仍在原类。否则,将它移动到和它距离最近的那一类,并重新计算失去该样品的那个类重心以及接收该样品的那个类的重心,即再重新计算每一类的均值(重心)作为该类的凝聚点。

第 3 步,重新计算第 2 步骤直到所有的样本都不能移动为止,或者说如果某一步所有的新凝聚点与前一次老凝聚点重合,则计算过程终止。对有些问题经过不断修改和迭代,直到分类比较合理或迭代稳定,可终止计算。

【实验内容】

【例 13-2】 给出我国 2014 年 31 个省、市、自治区的人口出生率、死亡率和自然增长率,

· 177 ·

请用 K 平均值聚类法将其分成 4 类。(参见数据文件:data13-2.sav)

【实验步骤】

第 1 步 分析

由于已知分成 4 类,故可用 K 平均值聚类法。

第 2 步 K 平均值聚类设置

1. 菜单选择

按"分析"→"分类"→"K 平均值聚类"顺序打开"K 平均值聚类分析"对话框,设置如图 13-7 所示。

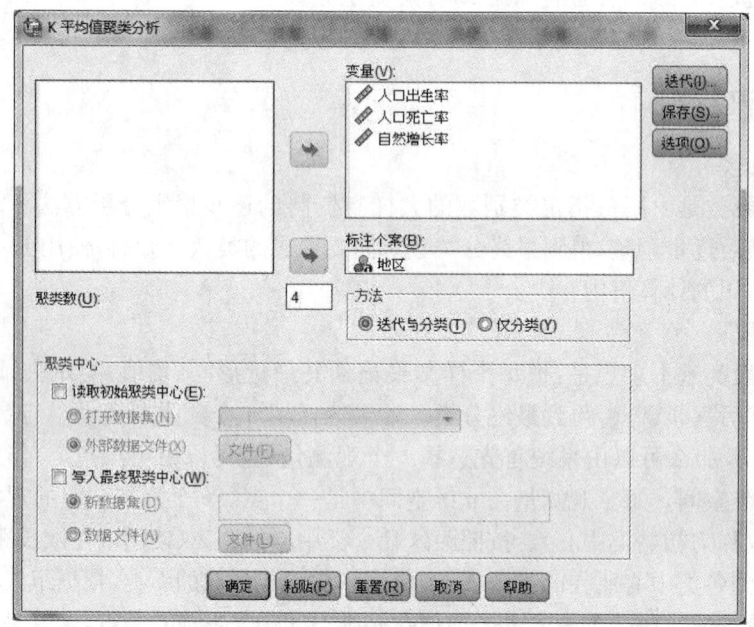

图 13-7 "K 平均值聚类分析"对话框

对其中的几个选项(组)解释如下。

(1) 变量:用于放置进行 K 平均值聚类的变量。

(2) 标注个案:用于标注各观测值的所属类的变量,相当于观测量记录号的作用。

(3) 聚类数:用于设置聚类数目,默认值为 4。

(4) 方法:用于选择聚类方法。系统默认选项是"迭代与分类",该选项是指在迭代过程中不断地更新聚类中心;"仅分类"是指迭代过程中聚类中心一直不变。

(5) 聚类中心:用于设置初始聚类中心和最终聚类中心的存取。其中,"读取初始聚类中心"表示从文件或数据集中读取初设的聚类中心,"写入最终聚类中心"表示将最终聚类中心保存到指定的文件或数据集中。

2. "迭代"对话框设置

单击"迭代(I)..."按钮,弹出此子对话框,并按图 13-8 所示设置。

(1) 最大迭代次数:栏内输入迭代次数的上限,系统默认为 10,即最多进行 10 步迭代。

(2) 收敛性标准:栏内输入一个不超过 1 的正数,其默认值为 0。若输入数值为 0.02,表示两迭代计算的最小类中心的变化距离小于初始类中心距离的 2% 时,迭代停止。

（3）使用运行平均值：选择此项表示在迭代过程中每分配一个观测量到某类后就立刻计算新的聚类中心，不选此项表示当所有观测量分配完以后再计算各聚类中心。

图 13-8 "K-平均值聚类分析：迭代"对话框

3. "保存"对话框设置

单击"保存(S)…"按钮，如图 13-9 所示设置。

（1）聚类成员：选择该项后，数据文件中将新建一个名为"QCL_1"的变量，其值为各观测变量的类别。

（2）与聚类中心的距离：若选择此项，工作文件中将建立一个名为"QCL_2"的变量，其值为各观测量与所属类的类中心之间的欧氏距离。

图 13-9 "K-平均值聚类分析：保存"对话框

4. "选项"对话框设置

单击"选项(O)…"按钮，如图 13-10 所示设置。

（1）统计量：用于指定输出统计量值，包括以下几类：

◇ 初始聚类中心：输出初始聚类中心，为系统默认选项。

◇ ANOVA 表：方差分析表选项，输出方差分析表。在聚类过程中，可能引入了无关变量，这样会降低聚类的效果。可见，使用方差分析表来分析变量在类间的差异，若发现差异很小的变量，就可以将它从"变量框"中去除。

◇ 每个个案的聚类信息：每个观测量的聚类信息选项，显示每个观测量最终被聚入的类别、各个观测量与最终聚类中心的欧氏距离，以及最终各类之间的欧氏距离。

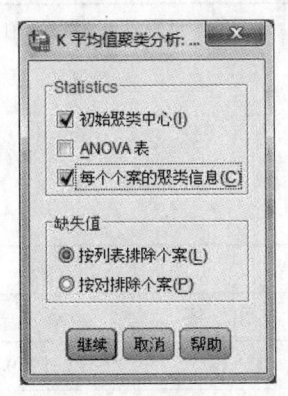

图 13-10 "K 平均值聚类分析：选项"对话框

（2）缺失值：用于指定缺失值的处理方式。按列表排除个案是指系统默认选项，指聚类分析中凡是有缺失值的观测量均剔除。按对排除个案是指聚类变量中只有有缺失值的观测量才予以剔除。

【实验结果与分析】

运行结果如表 13-1~表 13-6 和图 13-11 所示。

1. 初始聚类中心

表13-1是初始聚类中心表,由于没有指定初始聚类中心,故列出了由系统指定的聚类中心。与原数据比较,可见它们分别是四川省、辽宁省、新疆维吾尔自治区和广东省个案。

表13-1 初始聚类中心

	聚 类			
	1	2	3	4
人口出生率	10.22	6.49	16.44	10.80
人口死亡率	7.02	6.23	4.97	4.70
自然增长率	3.20	.26	11.47	6.10

2. 迭代历史表

表13-2是迭代历史表。由表可知,第一次迭代后,4个类的中心点分别变化了0.769、0.434、2.097和2.231。一共进行了10次迭代,达到聚类结果的要求。

表13-2 迭代历史记录[a]

迭代	聚类中心的更改			
	1	2	3	4
1	.769	.434	2.097	2.231
2	.470	.000	.000	.503
3	.243	.532	.000	.000
4	.000	.000	.000	.000

a. 由于聚类中心无更改或只有小的更改,因此达到了汇合。任何中心的最大绝对坐标更改为0.000。当前迭代为4。初始中心之间的最小距离是3.759。

3. 最终聚类中心

表13-3为最终聚类中心表,列出了最终的类中心位置。

表13-3 最终聚类中心

	聚 类			
	1	2	3	4
人口出生率	9.92	7.17	15.36	12.94
人口死亡率	6.07	6.24	5.58	6.25
自然增长率	3.85	.93	9.78	6.69

4. 最终聚类中心间的距离

表13-4给出了最终聚类中心间的距离。表中的数据显示,第1类与第2类两类聚类中心间的距离为4.020,第1类与第3类两类聚类中心间的距离为8.059。从表中可以分析任意两类中心之间的距离。

表 13－4　最终聚类中心之间的距离

聚　类	1	2	3	4
1		4.020	8.059	4.153
2	4.020		12.078	8.162
3	8.059	12.078		3.975
4	4.153	8.162	3.975	

5. 每个聚类中心中的案例数

表 13－5 给出了每个聚类中的案例数，从表中的数据可以看出，本例中的 31 个个案，第一类包含了 9 个个案，第二类包含了 4 个个案，第三类包含了 4 个个案，第四类包含了 14 个个案。

表 13－5　每个聚类中的个案数量

聚　类		
	1	9.000
	2	4.000
	3	4.000
	4	14.000
有效		31.000
缺失		0.000

6. 聚类结果

在数据文件中，可看到多出两个变量，分别表示每个个案的具体分类归属和与类中心的距离，如图 13－11 所示。

	地区	人口出生率	人口死亡率	自然增长率	QCL_1	QCL_2
1	北京市	9.75	4.92	4.83	1	1.52491
2	天津市	8.19	6.05	2.14	2	1.59742
3	河北省	13.18	6.23	6.95	4	.34868
4	山西省	10.92	5.93	4.99	1	1.52195
5	内蒙古	9.31	5.75	3.56	1	.75160
6	辽宁省	6.49	6.23	.26	2	.95114
7	吉林省	6.62	6.22	.40	2	.76053
8	黑龙江省	7.37	6.46	.91	2	.29952
9	上海市	8.35	5.21	3.14	1	1.93007
10	江苏省	9.45	7.02	2.43	1	1.76957
11	浙江省	10.51	5.51	5.00	1	1.40990
12	安徽省	12.86	5.89	6.97	4	.45886
13	福建省	13.70	6.20	7.50	4	1.10616
14	江西省	13.24	6.26	6.98	4	.41191
15	山东省	14.23	6.84	7.39	4	1.57810

图 13－11　数据文件中聚类结果图

实验三　系统聚类

【实验目的】

1. 掌握系统聚类的基本概念。
2. 理解系统聚类的基本思想与原理。
3. 熟练应用 SPSS 软件进行系统聚类分析。
4. 培养运用系统聚类分析方法解决实际问题的能力。

【相关知识】

1. 基本概念

系统聚类分析又称为层次聚类分析,其基本思想是依据样本个案或变量之间的亲疏远近关系,将最相似的对象结合在一起,以逐次聚合的方式,将样本个案或变量进行分类,直到最后所有的样本个案或变量都聚成一类。系统聚类有两种形式,分别是 Q 型聚类和 R 型聚类两种;系统聚类的聚类方式又分两种,分别是凝聚方式聚类和分解方式聚类两种。

(1) Q 型聚类。

Q 型聚类是对样本进行聚类,它使具有相似特征的样本聚集在一起,使差异性大的样本分离开来。

(2) R 型聚类。

R 型聚类是对变量进行聚类,它使差异性大的变量分离开来,具有相似性的变量聚集在一起。可在相似变量中选择少数具有代表性的变量参与其他分析,实现减少变量个数和变量降维的目的。

(3) 凝聚方式聚类。

凝聚方式聚类的过程是:首先,每个个体自成一类;然后,按照某种方法度量所有个体间的"亲疏程度",并将其中最"亲密"的个体聚成一小类,形成 $n-1$ 个类;接下来,再次度量剩余个体和小类间的"亲疏程度",并将当前最亲密的个体或小类再聚成一类;重复上述过程,不断将所有个体和小类聚集成越来越大的类,直到所有个体聚到一起,形成一个最大的类为止。可见,在凝聚方式聚类过程中,随着聚类的进行,类内的"亲密"程度在逐渐降低。对 n 个个体,通过 $n-1$ 步可凝聚成一大类。

(4) 分解方式聚类。

分解方式聚类的过程是:首先,所有个体都属一大类;然后,按照某种方法度量所有个体间的"亲疏程度",将大类中彼此间最"疏远"的个体分离出去,形成两类(其中一类只有一个个体);接下来再次度量类中剩余个体间的"亲疏程度",并将类中最"疏远"的个体再分离出去;重复上述过程,不断进行类分解,直到所有个体自成一类为止。可见,在分解方式聚类过程中,随着聚类的进行,类内的"亲密"程度在逐渐增强。

2. 统计原理

在系统聚类中,度量数据之间的亲疏程度是极为关键的。在衡量样本与样本之间的距离时,一般使用的距离有欧氏距离、欧氏平方距离、切比雪夫距离、Block 距离、明可斯基距离、夹角余弦等。

衡量样本数据与小类、小类与小类之间亲疏程度的度量方法主要有以下 7 种。

(1) 最短距离法:以当前某个样本与已形成小类中各样本距离的最小值作为当前样本与该小类之间的距离。

(2) 最长距离法:以当前某个样本与已形成小类中各样本距离的最大值作为当前样本与该小类之间的距离。

(3) 类间平均链锁法:两小类之间的距离为两个小类所有样本间的平均距离。

(4) 类内平均链锁法:与小类间平均链锁法类似,这里的平均距离是对所有样本对的距离求平均值,包括小类之间的样本对、小类内的样本对。

(5) 重心法:将两小类间的距离定义成两小类重心间的距离。每一小类的重心就是该类中所有样本在各个变量上的均值代表点。

(6) 中间距离法:以两类变量均值之间的距离作为类与类之间的距离。

(7) 离差平方和:在聚类过程中,使小类内各个样本的欧氏距离总平方和增加最小的两小类合并成一类。

【实验内容】

【例 13-3】 为了了解我国主要城市废水中主要污染物排放情况,对 2014 年 31 个主要城市的工业废水排放量(万吨)、工业化学需氧量排放量(吨)、工业氨氮排放量(吨)、城镇生活污水排放量(万吨)、生活化学需氧量排放量(吨)、生活氨氮排放量(吨)等相关数据进行研究,试对所研究的变量进行聚类分析。(参见数据文件 data13-3.sav)

【实验步骤】

第 1 步 分析

根据题目要求,需进行变量聚类分析(即 R 型聚类),故采用系统聚类分析中的 R 型聚类进行处理。

第 2 步 系统聚类设置

1. 菜单选择

按"分析"→"分类"→"系统聚类"打开"系统聚类分析"对话框,如图 13-12 所示。

对该对话框的各项解释如下。

(1) 变量:选择需要用于聚类分析的变量。

(2) 标注个案:用于放置标记变量,相当于观测量记录号的作用,变量类型只能是字符类型。

(3) 变量:用于选择聚类类型。"个案"是按观测量的样本进行聚类,即 Q 型聚类。而"变量"是按变量进行聚类,即 R 型聚类。

(4) 输出:选择显示内容,选中"统计量"激活"统计量(S)…"按钮,并可进行相应的统计量输出设置。类似地,选中"图"则激活"绘图(T)…"按钮,并可进行相应的图形输出设置。

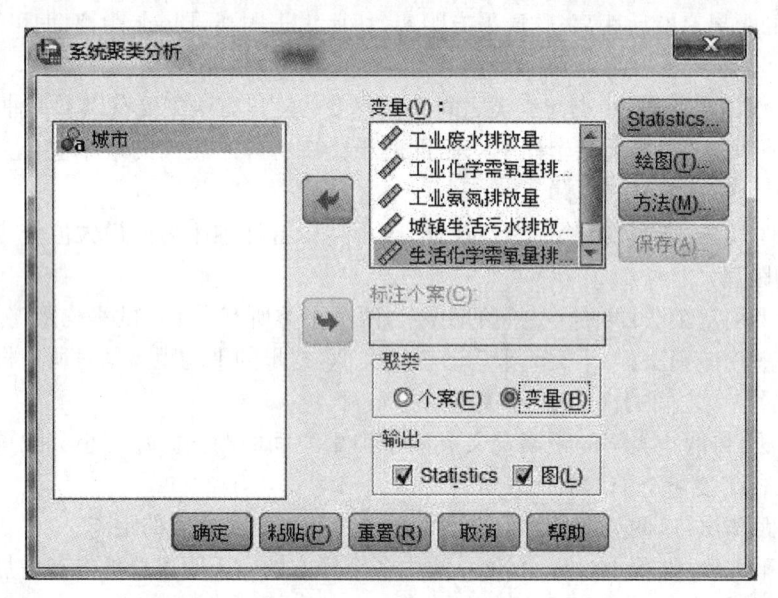

图 13-12 "系统聚类分析"对话框

2. "统计量"对话框设置

单击"统计量(S)..."按钮,弹出如图 13-13 所示的对话框,进行设置。

现对其中各项解释如下。

(1) 合并进程表:系统默认选项,输出一张概述聚类进程的表格,反映聚类过程中每一步样本或变量的合并情况。

(2) 近似值矩阵:显示各项间的距离矩阵。

(3) 聚类成员:包含以下三项。

◇ 无:不输出样品隶属类表,为系统默认选项;

◇ 单一方案:选择此项并在下边的"聚类数"框中指定表示分类数的一个大于1的整数,则输出各样本或变量的隶属表;

◇ 方案范围:指定两个分类数 $m<n$,输出分类数从 m 到 n 的各种分类的样本隶属表。

图 13-13 "系统聚类分析:统计"对话框

3. "绘图"图形对话框设置

单击"绘图(T)..."按钮,弹出如图 13-14 所示的对话框,进行设置。

(1) 谱系图:选择此项将输出反映聚类结果的龙骨图(树型图)。

(2) 冰柱:包含以下四项。

◇ 所有聚类:显示全部聚类结果的冰柱图。

◇ 聚类的指定全距:限制聚类解范围,在下面的"开始聚类"、"停止聚类"和"排序标准"3个小框中分别输入3个正整数 m、n、$k(m\leqslant n,k\leqslant n)$,表示从最小聚类解 m 开始,以增量 k 为步长,到最大聚类解 n 为止。

◇ 无:不输出冰柱图。

(3) 方向:以"垂直"或"水平"形式输出冰柱图。

图 13-14 "系统聚类分析:图"对话框

4. "方法"对话框设置

单击"方法(M)..."按钮,如图 13-15 所示,各选项解释如下。

图 13-15 "系统聚类分析:方法"对话框

(1) 聚类方法:可以选择"组之间的链接"法、"组内链接"法、"最近邻元素"法、"最远邻元素"法、"质心聚类"法、"中位数聚类"和"Ward"法 7 种中的一种方法。

(2) 测量:用于选择距离测度方法。

◇ 区间:为连续型变量提供距离算法,其中默认为"Euclidean 距离",其他还有"平方 Euclidean 距离"、"夹角余弦"、"Pearson 相关性"、"Chebychev 距离"、"Block 块"、"Minkowski 距离"和"自设置距离"7 种。

◇ 二分类:为二元变量提供的二值数据的不相似性测度,其中默认为平方 Euclidean 距离。

(3) 转换值:用于选择数据标准化方法。

◇ SPSS 默认不进行标准化处理。如果需要,可以选择下拉菜单的标准化方法。这些方法包括正态标准化(Z 得分)、全距从 −1 到 1、全距从 0 到 1、1 的最大量、均值为 1、标准差为 1 等。

◇ 如果选择了一种标准化处理方法,则需要指定标准化处理针对的是"变量",还是"个案"。

(4) 转换测量:用于选择转换方法。系统提供了 3 种方法,包括"绝对值"法、"更改符号"法、"重新标度到 0 − 1 全距"法。

5. "保存"对话框设置

用于保存新变量,只有对观测变量进行聚类时,此项才被激活。其结果不是以表格的形式输出,而是保存到数据窗口中。

【实验结果与分析】

运行结果如表 13 − 6 以及图 13 − 16、图 13 − 17 所示。

1. 聚类顺序

表 13 − 6 是凝聚计划表,第 1 步是第 1 个变量和第 6 个变量进行聚类,这个结果将在第 2 步中用到;第 2 步是经过第 1 步聚类后的变量 1 和变量 6 与变量 2 进行聚类,第 3 步是经过第 2 步聚类后的变量 1、6、2 与变量 3 进行聚类,第 4 步是第 4 个变量和第 4 个变量和第 5 个变量进行聚类,最后一步是变量 1、6、2、3 与变量 4、5 进行聚类,这 6 个变量经过 5 步聚类最终聚成一个大类。

表 13 − 6 凝聚计划表

阶 段	组合的集群		系 数	首次出现阶段集群		下一个阶段
	集群 1	集群 2		集群 1	集群 2	
1	1	6	1 648 014 573.000	0	0	2
2	1	2	2 682 051 292.500	1	0	3
3	1	3	6 550 570 560.000	2	0	5
4	4	5	25 871 152 886.000	0	0	5
5	1	4	104 092 958 386.000	3	4	0

2. 冰柱图

图 13 − 16 是聚类冰柱图,显示聚类过程与类群的归属问题,左侧 y 轴为集群数标识出划分类群的个数,横轴标识个案,用一个直尺与横轴平行放置在冰柱图上,从图的最下方开始平移,可以看到:首先是生活氨氮排放量与工业废水排放量聚成一类,第 2 步是生活氨氮排放量、工业废水排放量和工业化学需氧量排放量聚成一类,第 3 步是工业氨氮排放量与生活氨氮排放量、工业废水排放量和工业化学需氧量聚成一类,第 4 步是生活化学需氧量排放量、城镇生活污水排放量聚成一类,最后一步所有变量聚成了一个大类。

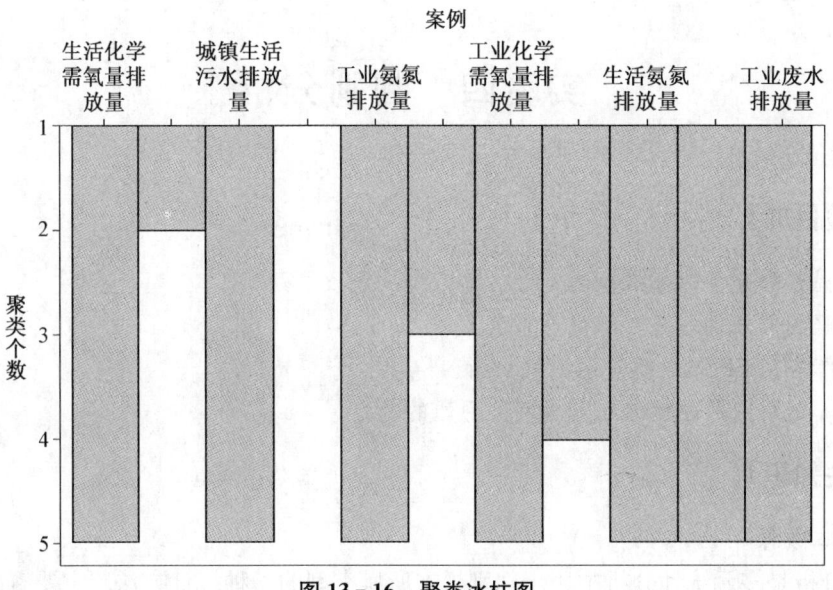

图 13-16 聚类冰柱图

3. 谱系图

图 13-17 是聚类谱系图,直观地显示了聚类的过程,从图中也可以清楚地看出聚类的过程与个案的归属情况。用一个直尺与纵轴平行放置在冰柱图上,从图的最左方开始平移,可以看到:首先是工业化学需氧量排放与工业废水排放量聚成一类,第 2 步是生活氨氮排放量、工业废水排放量和工业化学需氧量排放量聚成一类,第 3 步是工业氨氮排放量与生活氨氮排放量、工业废水排放量和工业化学需氧量聚成一类,第 4 步是生活化学需氧量排放量、城镇生活污水排放量聚成一类,最后一步所有变量聚成了一个大类。

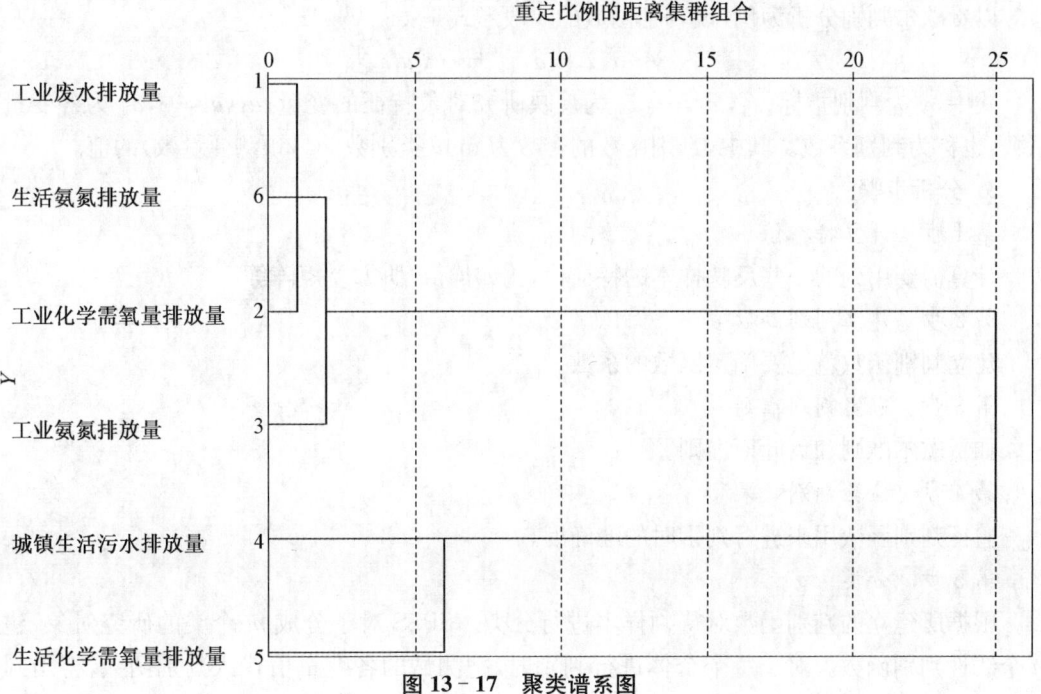

图 13-17 聚类谱系图

实验四 判别分析

【实验目的】

1. 掌握判别分析的基本概念。
2. 理解判别分析的基本思想与原理。
3. 熟练应用 SPSS 软件进行判别分析。
4. 培养运用判别分析方法解决实际问题的能力。

【相关知识】

1. 基本概念

判别分析是多元统计分析中用于判别样本所属类型的一种统计方法。它要解决的问题是在研究对象用某种方法已分成若干类的情况下,确定新的观察数据属于已知类别中的哪一类。

判别分析的假设:观测变量服从正态分布;观测变量之间没有显著的相关性;观测变量的平均值与方差不相关;观测变量应是连续变量,因变量(类别或组别)是间断变量;两个观测变量的相关性在不同类中是一样的。

2. 统计原理

判别分析按判别组数来分,有两组判别分析和多组判别分析;按区分不同总体所用的数学模型来分,有线性判别和非线性判别。判别分析可以从不同角度提出问题,因此有不同的判别准则,如费歇尔(Fisher)准则和贝叶斯(Bayes)准则。

以费歇尔判别分析为例,设判别函数的一般形式是:

$$y = a_1 x_1 + a_2 x_2 + \cdots + a_n x_n \tag{13-1}$$

式中,y 为判别指标;$x_1, x_2, \cdots, x_n$ 为反映研究对象特征的变量;$a_1, a_2, \cdots, a_n$ 为各变量的系数,也称为判别系数。其中,判别函数的个数为 $\min(类别数-1, 预测变量数)$ 的值。

3. 分析步骤

第 1 步 计算特征值

计算需要用到的一些反映样本的特征值,比如均值、协方差矩阵等。

第 2 步 建立判别函数

建立判别函数就是要确定函数的系数。

第 3 步 确定判别准则

如费歇尔准则和贝叶斯准则。

第 4 步 检验判别效果

验证判别函数用来进行判别时的准确度。

第 5 步 分类

根据所建立的判别函数对待判样本进行分类。SPSS 对于分成 m 个类的研究对象,建立 m 个线性判别函数。对于每个个体进行判别时,把测试的各变量值代入判别函数,得出判别得分,从而确定该个体属于哪一类(属于判别得分大的一类);或者计算属于各类别的概率,从而判断该个体属于哪一类(属于概率最大的那一类)。

【实验内容】

【例13-4】 现有某学院招收 MBA 学生的模拟数据,变量包括:大学平均成绩(x_1)、管理才能评分(x_2)以及录取结果(y,1表示录取,2表示不录取,3表示待定)。针对该数据,建立该学院 MBA 学生录取的判别分析模型,进而预测新学生的录取结果。[资料来源:薛薇,基于 SPSS 的数据分析(第三版),中国人民大学出版社,2014。参见数据文件 data13-4.sav]

【实验步骤】

第1步 分析

由于部分样本已经有分类标志,还有几个待分类样本。因此用判别分析进行处理。

第2步 判别分析设置

1. 菜单选择

按"分析"→"分类"→"判别"顺序打开"判别分析"对话框,如图 13-18 所示。各对话框中的各项解释如下:

图 13-18 "判别分析"对话框

(1) 分组变量:选择类别变量,并单击下面的"定义范围(D)..."按钮,在"最小值"和"最大值"中分别输入分类变量的最小值和最大值。

(2) 自变量:选择参与判别分析的因素变量(自变量),即哪些因素决定了对分类的影响,下有两个单选按钮。

◇ 一起输入自变量:建立所选择的全部变量的判别式,这是系统默认的选项。

◇ 使用步进法:采用逐步判别法进行判别分析。逐步判别法的基本思想与逐步回归一样,每一步选择一个判别能力最显著的变量进入判别函数,而且每次在选入变量之前对已进入判别函数的变量逐个进行检验。当每个变量因新变量的进入变得不显著时,就将这个变量移出,直到判别函数中全部为有显著判别能力的变量。当发现自变量的判别能力有显著差异时,可考虑选择这个选项,将判别能力显著的变量"筛选"出来,建立"最优"的判别函数。这种方法有利于提高判别函数的判别能力。只有当选择了此类方法后,"方法(M)…"按钮才被激活。

(3) 选择变量:用于定义变量选择条件。选入变量以后,单击"值(V)…"按钮,弹出一个"设置值"子对话框,在对话框内输入一个数,表示全部记录中只有该变量取值等于这个数的记录才用于分析。

2."统计量"对话框设置

单击"统计量(S)…"按钮,如图13-19进行设置,现对其中各选项解释如下。

(1)"描述性"选项组。

◇ 平均值:输出各类中各自变量的均值、标准差和各自变量总样本的均值、标准差。

◇ 单变量ANOVA:对各类中同一自变量均值都相等的假设进行检验,输出单变量的分析结果。

◇ Box's M:输出对各类协方差矩阵相等的假设进行Box's M检验的结果。

(2)"函数系数"选项组。

◇ Fisher's:费歇尔判别函数系数。可直接用于对新样本的分类,对每一类都给出一组系数,并且指出该类中具有最大判别分数的观测量。

图13-19 "判别分析:统计"对话框

◇ 未标准化:非标准化的判别函数系数。

(3)"矩阵"选项组。

输出相关的矩阵。包括组内相关矩阵、组内协方差矩阵、分组协方差矩阵和总体协方差矩阵4项。

3."分类"对话框的设置

单击"分类(C)…"按钮,如图13-20所示进行设置,现对其中各选项解释如下。

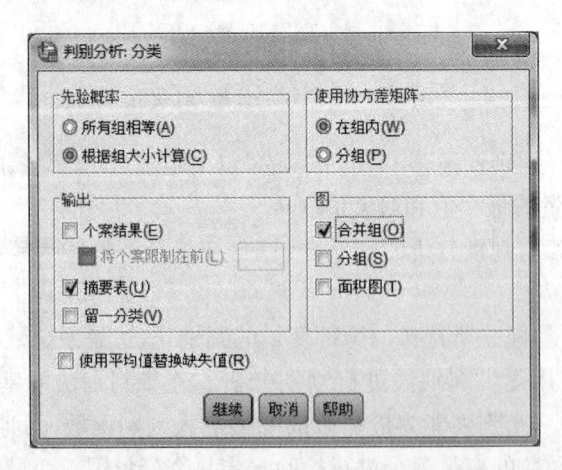

图13-20 "判别分析:分类"对话框设置

(1) 先验概率:用于设定判别函数的先验概率。系统默认选中第一个选项"所有组相等",

即各类先验概率均相等,也就是各类平均分布。第二个选项"根据组大小计算",是指基于各类样本量占总样本的比例计算出先验概率,一般需选择该项。

(2) 使用协方差矩阵:可选择"在组内",即为使用合并组内协方差矩阵进行分类,这是默认选项。"分组"表示为使用各组协方差矩阵进行分类。

(3) 输出:对需要输出的信息进行选择。

◇ 个案结果:输出每个观测量的实际类、预测类、后验概率及判别分数。选中此项后,"将个案限制在前"被激活,可设置对前面 n 项观测量输出分类结果。

◇ 摘要表:输出分类小结表,对每一类输出判定正确和错判的观测量数。

◇ 留一分类:对于每一个观测量,输出依据除它之外的其他观测量导出的判别函数的分类结果。

(4) 图:对需要输出的图形进行选择。

◇ 合并组:生成包括各类的散点图,如果只有一个判别函数,则输出直方图。

◇ 分组:对每一类生成一张散点图,该图是根据前两个判别函数值作的。如果只有一个判别函数,则显示直方图。

◇ 面积图:根据判别函数值生成将观测变量分到各类去的边界图。图中每一类占一个区域,各类的均值"*"用标记出来。如果只有一个判别函数,则不显示此图。

4. "保存"对话框的设置

单击"保存(S)…"按钮,弹出此子对话框,如图 13-21 所示进行设置。

(1) 预测组成员:建立新变量(默认变量名为 Dis_1),保存预测观测量所属类的值。

(2) 判别分数:建立新变量,保存判别分数。

(3) 组成员概率:建立新变量,保存各观测量属于各类的概率值。

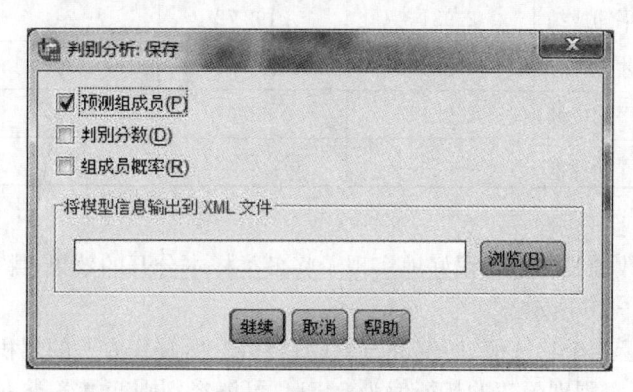

图 13-21 "判断分析:保存"对话框

【实验结果与分析】

运行结果如表 13-7~表 13-13 及图 13-22 所示。具体分析如下:

1. 分析个案处理摘要

表 13-7 是分类处理案例摘要表,表明共 85 个个案,已分类好的有 79 个个案,有 6 个个案需进行分类。

表 13-7 分析个案处理摘要

未加权的个案		数字	百分比
有效		79	92.9
除外	缺失或超出范围组代码	6	7.1
	至少一个缺失差异变量	0	.0
	两个缺失或超出范围组代码和至少一个缺失差异变量	0	.0
	总计	6	7.1
总计		85	100.0

2. 组统计量

表 13-8 给出了录取、不录取以及待定三组中大学平均成绩和管理才能评分的均值和标准差。可见,录取组的大学平均成绩和管理才能评分均值最高,待定组次之,不录取组的成绩最低。

表 13-8 组统计量

录取结果		平均值	标准偏差	有效 N(成列) 未加权	加权
录取	大学平均成绩	3.373 4	.213 36	29	29.000
	管理才能评分	557.586 2	64.622 82	29	29.000
不录取	大学平均成绩	2.453 1	.166 70	26	26.000
	管理才能评分	441.423 1	69.179 29	26	26.000
待定	大学平均成绩	2.981 3	.192 72	24	24.000
	管理才能评分	447.666 7	48.181 42	24	24.000
总计	大学平均成绩	2.951 4	.430 67	79	79.000
	管理才能评分	485.962 0	82.081 33	79	79.000

3. 判别能力检验

费歇尔判别函数的投影是否很好地实现了将各类样本分开的效果,哪个判别函数更重要。如表 13-9 和表 13-10 所示。

表 13-9 显示了两个特征值、所解释方差的百分比、所解释方差的累积百分比以及规范相关性。可以看到,第一判别函数的特征值为 5.514,可解释判别变量各类别组之间方差总和的 97.1%,第一判别函数很重要;第二判别函数的特征值为 0.162,可解释判别变量各类别组之间方差总和的 2.9%。

表 13-9 特征值

函数	特征值	方差百分比	累积%	规范相关性
1	5.514[a]	97.1	97.1	.920
2	.162[a]	2.9	100.0	.373

a. 在分析中使用了前 2 个规范判别式函数。

表 13-10 是对判别函数的显著性检验结果表。其中"1 通过 2"表示两个判别函数的平均数在 3 个级别间的差异情况,检验统计量对应的概率 p 值为 0.00,小于显著性水平,应拒绝原假设,认为第一和第二判别函数的整体判别能力统计显著。"2"表示在排除第一个判别函数后,第二个函数在 3 个级别间的差异情况,也呈统计显著。

表 13-10 Wilks' Lambda

函数检验	Wilks' Lambda	卡　方	自由度	显著性
1 通过 2	.132	152.822	4	.000
2	.861	11.337	1	.001

4. 标准规范判别式函数系数

表 13-11 是标准规范判别式函数系数表,根据此表可得判别函数:

$$F_1 = 0.952 x_1 + 0.518 x_2$$
$$F_2 = -0.354 x_1 + 0.874 x_2$$

表 13-11 标准规范判别式函数系数

	函　数	
	1	2
大学平均成绩	.952	-.354
管理才能评分	.518	.874

5. 分类函数系数表

表 13-12 是分类函数系数表,根据该表可建立三个分类函数:

$$q_{录取} = -230.251 + 102.366 x_1 + 0.203 x_2$$
$$q_{不录取} = -127.816 + 74.993 x_1 + 0.157 x_2$$
$$q_{待定} = -172.420 + 89.770 x_1 + 0.167 x_2$$

将各变量值代入这三个判别函数模型进行计算,对三者进行比较,将每个样本分到数值较大的类中。

表 13-12 分类函数系数

	录取结果		
	录取	不录取	待定
大学平均成绩	102.366	74.993	89.770
管理才能评分	.203	.157	.167
(常量)	-230.251	-127.816	-172.420

Fisher 的线性判别式函数。

6. 分类结果表

表 13-13 是分类结果表。对角线显示的为准确预测的个数,其余为错误预测的个数。从该表可以看出组,已经分类的 79 个个案中正确分类为 73 个,错误分类为 6 个。正确率还是比较高的。

表 13-13 分类结果[a]

原始		录取结果	预测组成员资格			总 计
			录取	不录取	待定	
	计数	录取	26	0	3	29
		不录取	0	25	1	26
		待定	1	1	22	24
		未分组的个案	2	2	2	6
	%	录取	89.7	.0	10.3	100.0
		不录取	.0	96.2	3.8	100.0
		待定	4.2	4.2	91.7	100.0
		未分组的个案	33.3	33.3	33.3	100.0

a. 92.4%正确分类的原始分组个案。

7. 判别结果的图形显示

图 13-22 是工作数据文件中的记录情况。由于选择了保存"预测组成员",即要求保存各个个案的分类情况,可以看出,数据文件中增加了一列"Dis_1",记录对应的分类情况。

	x1	x2	y	Dis_1
70	2.57	546.00	3.00	2.00
71	2.73	446.00	3.00	3.00
72	3.12	463.00	3.00	3.00
73	3.08	440.00	3.00	3.00
74	3.03	419.00	3.00	3.00
75	3.00	509.00	3.00	3.00
76	2.85	483.00	3.00	3.00
77	3.01	453.00	3.00	3.00
78	3.03	414.00	3.00	3.00
79	3.04	446.00	3.00	3.00
80	3.69	505.00	.	1.00
81	4.46	693.00	.	1.00
82	2.36	482.00	.	2.00
83	2.66	420.00	.	2.00
84	3.03	438.00	.	3.00
85	3.05	339.00	.	3.00

图 13-22 数据文件中的分类结果图

本章小结

1. 聚类分析与判别分析同是多元统计方法中解决分类问题的方法,所不同的是:聚类分析是在未知分类的情况下进行分类,而判别分析是在已知分类的基础上对样本进行判别分类。

2. 快速聚类结果与系统聚类的结果往往不同,因为两种聚类方法思路和步骤存在很大的区别,因此,要依据对案例个案的理论了解通过比较分析确定最终的聚类结果。系统聚类的优点是能很好地判断划分为多少类别比较合适,判断的依据是类内的差异最小,类间差异最大。快速聚类的优点是能计算出最终的聚类中心,对类的特点有一个较好的把握。

3. 判别分析的目的主要有四个:确定在两个或更多事先定义的组上的一组变量的平均得分剖面是否存在显著性差异。确定哪些变量在各组的平均得分剖面的差异中解释最多。在一组变量得分的基础上,建立将对象分类的步骤。由这组变量形成的组与组之间判别维数的数目及构成。可以列出标准化的判别函数、未标准化的判别函数和费歇尔线性判别函数。

思 考 与 练 习

1. 对数据文件 data13－5.sav 依据各身体指标进行二阶聚类分析,解释分析结果并将各身体指标在二阶聚类分析中按重要性排序。

2. 对数据文件 data13－6.sav 的大学生就业观关于未来职业认同感的调查,请将全体受试者分为 4 类。

3. 2014 年各地区的铁路、公路和水运的客运量情况,如数据 data13－7.sav 所示。试分别用二阶聚类和系统聚类对各地区的运输能力进行聚类分析。(数据来源:中国统计年鉴2015)

4. 对数据 data13－8.sav 的 2012 年各地区的城镇居民平均每人全年家庭收入来源进行聚类分析。

5. 数据 data13－9.sav 通过聚类分析将某专业学生的"英语成绩单"分为两类。由于某种原因,有的同学没有分类。请依据成绩单进行判别分析以确定这些未分类的同学的组别归属,并尝试为两个类别分别建立判别式。

第 14 章 主成分分析和因子分析

在研究实际问题时,为了更全面、准确地反映事物的特征及其发展规律,人们往往要考虑与其有关系的多个变量,希望尽可能多地收集相关变量数据。但这样却给统计分析带来了如下问题:一方面人们为了避免遗漏重要的信息而考虑尽可能多的变量,如果这些变量都参与数据建模,无疑会增加分析过程中的计算工作量;另一方面随着考虑变量的增多,增加了问题的复杂性,同时由于各变量均是对同一事物的反映,各变量之间通常都会存在或多或少的相关性,不可避免地造成信息的大量重叠,这种信息的重叠有时甚至会掩盖事物的真正特征与内在规律。变量之间信息的高度重叠和高度相关会给统计方法的应用带来很多不良的影响。比如,在多元回归分析中,如果多个自变量之间存在较强的相关性,即存在高度的多重共线性,模型参数的估计会不准确,统计检验失效。

为解决上述问题,最简单和最直接的方法就是减少变量的个数,但盲目减少指标会损失很多信息,容易产生错误的结论。因此需要找到一种合理的方法,减少分析指标的同时,尽量减少原指标包含信息的损失,对所收集的资料做全面分析。由于各变量间存在一定的相关性,因此有可能用较少的综合指标分别综合存在于各变量中的各类信息。主成分分析与因子分析就是这样能够有效降低变量维数以便于描述、理解和分析的多元统计分析方法。

实验一 主成分分析

【实验目的】

1. 明确与主成分分析有关的基本概念。
2. 理解主成分分析的基本思想与原理。
3. 理解主成分分析的一般步骤。
4. 熟练应用 SPSS 软件进行主成分分析。
5. 培养运用主成分分析方法解决实际问题的能力。

【相关知识】

1. 基本概念及基本思想

主成分分析是利用降维的思想,在损失很少信息的前提下把多个指标转化为几个综合指标的多元统计方法。通常把转化生成指标称之为主成分,其中每个主成分都是原始变量的线性组合,且各个主成分之间互不相关,这就使得主成分比原始变量具有某些更优越的性能。这样在研究复杂问题时就可以只考虑少数几个主成分而不至于损失太多信息,从而更容易抓住主要矛盾,揭示事物内部变量之间的规律性,同时使问题得到简化,提高分析效率。

主成分分析的基本思想:通过对原始变量相关矩阵或协方差矩阵内部结构关系,利用原始变量的线性组合形成几个综合指标(主成分),在保留原始变量主要信息的前提下起到降维与简化问题的作用,使得在研究复杂问题时更容易抓住主要矛盾。

原始变量之间的相关性越大,主成分分析的结果越好(即主成分对原始变量的代表性越强)。反之,代表性就越弱。一般来说,利用主成分分析得到的主成分与原始变量之间有如下基本关系:

(1) 主成分保留了原始变量绝大多数信息。
(2) 主成分的个数大大少于原始变量的数目。
(3) 各个主成分之间互不相关。
(4) 每个主成分都是原始变量的线性组合。

2. 统计原理

设有 n 个样本个案,每个个案都有 p 个变量 $x_1, x_2, \cdots, x_p$,设随机变量 $x' = (x_1, x_2, \cdots, x_p)$ 的相关系数矩阵为 R(也可称协方差矩阵 $\sum$),$\lambda_1 \geqslant \lambda_2 \geqslant \cdots \lambda_p$ 为 R 的特征值,$e_1, e_2, \cdots, e_p$ 为对应的标准正交特征向量。则作线性组合为:

$$\begin{cases} y_1 = e_{11}x_1 + e_{12}x_2 + \cdots + e_{1p}x_p \\ y_2 = e_{21}x_1 + e_{22}x_2 + \cdots e_{2p}x_p \\ \cdots \\ y_p = e_{p1}x_1 + e_{p2}x_2 + \cdots e_{pp}x_p \end{cases} \tag{14-1}$$

其中,$e_{i1}^2 + e_{i2}^2 + \cdots + e_{ip}^2 = 1 (i = 1, 2, 3, \cdots, p)$。

对式(14-1)中的系数应按照以下原则求解:

(1) y_i 与 $y_j (i \neq j; i, j = 1, 2, 3, \cdots, p)$ 相互独立。
(2) y_1 是 $x_1, x_2, \cdots, x_p$ 的一切线性组合(系数满足上述方程组)中方差最大的;y_2 是与 y_1 不相关的 $x_1, x_2, \cdots, x_p$ 的一切线性组合中方差次大的;y_p 是与 $y_1, y_2, \cdots, y_{p-1}$ 都不相关的 $x_1, x_2, \cdots, x_p$ 的一切线性组合中方差最小的。

根据上述原则确定的变量 $y_1, y_2, \cdots, y_p$ 依次称为原有变量 $x_1, x_2, \cdots, x_p$ 的第 $1, 2, 3, \cdots, p$ 个主成分。其中,y_1 在总方差中所占比例最大,它综合原有变量 $x_1, x_2, \cdots, x_p$ 的能力最强,其余主成分 $y_2, \cdots, y_p$ 在总方差中所占比例依次递减,即其余主成分 $y_2, \cdots, y_p$ 综合原有变量 $x_1, x_2, \cdots, x_p$ 的能力依次减弱。在主成分分析的实际应用中,一般只选取前面几个方差较大的主成分。这样既减少了变量的数目,又能够用较少的主成分反映原有变量的绝大部分信息。

可见,主成分分析法的核心是通过原有变量的线性组合以及各个主成分的求解来实现变量降维。

第 i 个主成分的贡献率为: $\dfrac{\lambda_i}{\sum\limits_{i=1}^{p} \lambda_i}$

反映了相应的主成分代表原来变量多大的信息,有多大的综合能力。

前 k 个主成分的贡献率为: $\sum\limits_{i=1}^{k} \lambda_i \Big/ \sum\limits_{i=1}^{p} \lambda_i$

表明了前 k 个主成分的包含了原始变量所具有的信息量,共有多大的综合能力。

3. 分析步骤

第1步,原始数据的标准化处理。

第 2 步,计算相关系数矩阵 R。

第 3 步,计算相关系数矩阵 R 的特征值 $\lambda_1 \geqslant \lambda_2 \geqslant \cdots \geqslant \lambda_p$ 和对应的单位特征向量 e_1, $e_2, \cdots, e_p$。

第 4 步,计算主成分的方差贡献率和累积方差贡献率。

主成分的提取,可以遵循以下几个原则。

◇ 主成分的累积贡献率:一般来说,提取主成分的累积贡献率达到 80%~85% 以上就比较满意了,可以由此确定需要提取多少个主成分。

◇ 特征值:特征值在某种程度上可以看成表示主成分影响力度大小的指标,如果特征值小于 1,说明该主成分的解释力度还不如直接引入原变量的平均解释力度大。因此一般可以用特征值大于 1 作为纳入标准。

◇ 综合判断:大量的实际情况表明,如果根据累积贡献率来确定主成分数往往较多,而用特征值来确定又往往较少,很多时候应当将两者结合起来,以综合确定合适的数量。

第 5 步,计算主成分。

【实验内容】

【例 14-1】 2014 年江苏省 13 个城市国民经济主要指标:x_1—人均生产总值(元),x_2—全社会从业人员年末数(万人),x_3—社会消费品零售总额(亿元),x_4—固定资产投资(亿元),x_5—出口总额(亿美元),x_6—财政总收入(亿元),x_7—税收收入,x_8—居民储蓄存款年末余额(亿元),x_9—居民人均可支配收入(元),x_{10}—居民人均生活消费支出(元),x_{11}—城镇常住居民人均可支配收入(元),x_{12}—农村常住居民人均可支配收入(元)。对江苏省 13 个城市的国民经济发展水平进行主成分分析,并计算 13 个城市国民经济主要指标主成分综合得分。(参见数据文件 data14-1.sav)

【实验步骤】

第 1 步 将原始数据标准化

单击"分析"→"描述统计"→"描述"打开对话框,从左端的对话框中选取变量 $x_1, x_2, \cdots, x_{12}$ 移入到右端的变量框中。勾选"将标准化得分另存为变量"保存标准化后的结果,如图 14-1 所示。就会在数据窗口中增加 $Zx_1, Zx_2, \cdots, Zx_{12}$ 共 12 个变量,它们分别是 $x_1, x_2, \cdots, x_{12}$ 的标准化变量。

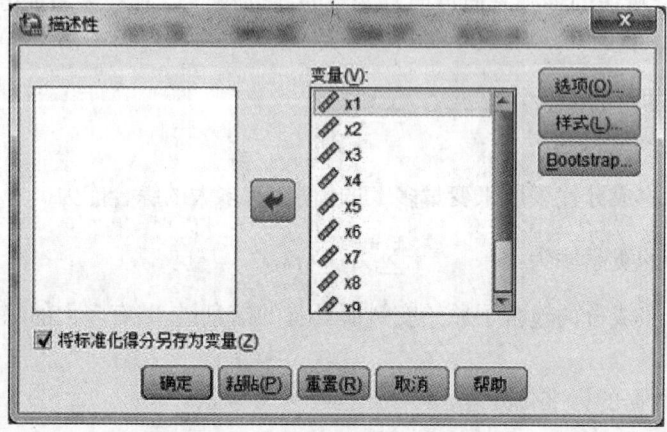

图 14-1 "数据标准化"窗口

第 2 步 主成分分析的设置

1. 菜单选择

按"分析"→"降维"→"因子分析"顺序打开"因子分析"对话框,将 $Zx_1, Zx_2, \cdots, Zx_{12}$ 这 12 个变量移入"变量"对话框中,如图 14-2 所示。

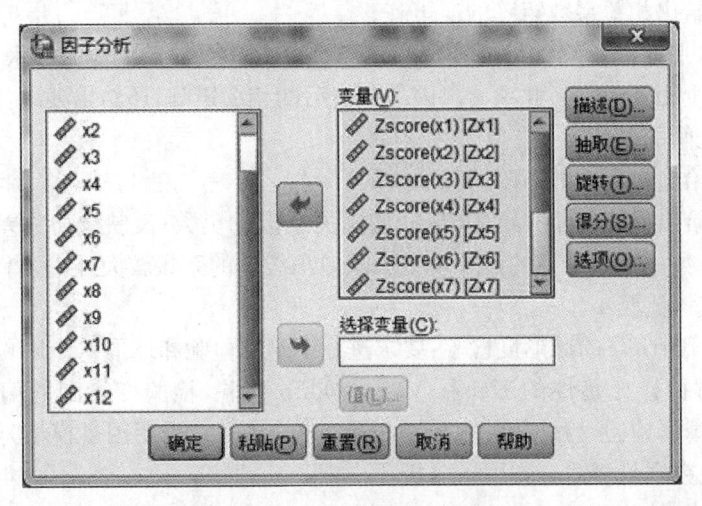

图 14-2 "因子分析"对话框

现对对话框中的各项解释如下。

(1) 变量:选择用于进行因子分析或主成分分析的变量。

(2) 选择变量:用于定义变量选择条件。选入变量以后,单击"值(L)..."按钮,弹出一个"设置值"子对话框,在对话框内输入一个数,表示全部记录中只有该变量取值等于这个数的记录才用于分析。

2. "描述"子对话框的设置

单击"描述(D)..."按钮,弹出此子对话框,设置如图 14-3 所示,现对其中各选项解释如下。

图 14-3 "因子分析:描述统计"对话框

(1) "统计量"选项组。

◇ 单变量描述性:用于输出参与分析的原始变量的均值、标准差等描述统计量。

◇ 原始分析结果:给出因子提取前,分析变量的公因子方差。对主成分分析来说,这些值是分析变量的相关矩阵或协方差矩阵的对角元素。对因子分析来说,是每个变量用其他变量作预测因子的载荷平方和。

(2)"相关矩阵"选项组。

◇ 系数:给出原始分析变量间的相关系数矩阵。

◇ 逆模型:给出相关系数矩阵的逆矩阵。

◇ 显著性水平:给出每个相关系数相对于 0 的单尾假设检验的显著性水平。

◇ 再生:再生相关矩阵。此项给出因子分析后的相关矩阵,还给出残差,即原始相关与再生相关之间的差值。

◇ 行列式:给出相关系数矩阵的行列式。

◇ 反映象:给出反映象相关矩阵,包括偏相关系数的负数;反映象协方差矩阵,包括偏协方差的负数。在一个好的因子模型中除对角线上的系数较大外,远离对角线上的元素的系数应该比较小。

◇ KMO 和 Bartlett 的球形度检验:要求进行 KMO 检验和球形 Bartlett 检验。选择此项则给出对抽样充足性的 Kaiser-Meyer-Olkin 检验,检验变量间的偏相关是否很小。Bartlett 球形检验,检验相关矩阵是否是单位矩阵,它表明因子模型是否是不合适的,也就是说数据是否适合作因子分析。

3."抽取"对话框的设置

单击"抽取(E)…"按钮,弹出此子对话框,如图 14-4 所示,现对其中各选项解释如下。

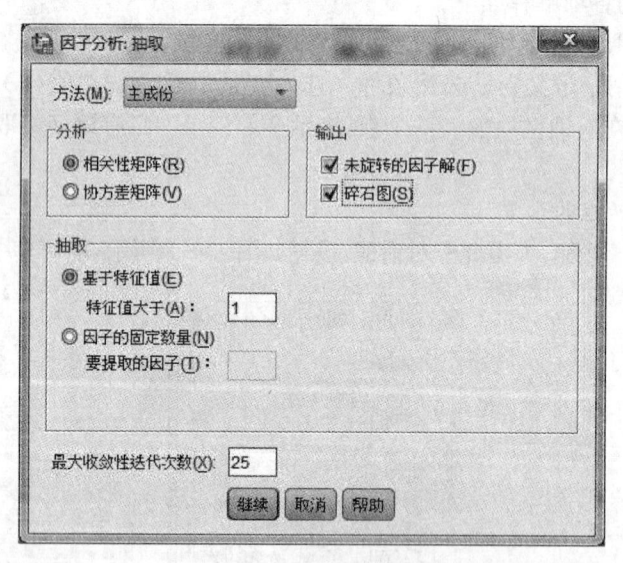

图 14-4 "因子分析:抽取"对话框

(1) 方法:一共有 7 种提取方法,分别说明如下。

◇ "主成分"法:该方法假设变量是因子的纯线性组合。第一成分有最大的方差,后续的成分方差逐个递减。主成分法是常用的获取初始因子分析结果的方法,它假设特殊因子的作用可以忽略不计。

◇ "未加权的最小平方"法:使用未加权的最小平方法来提取因子。未加权的最小平方法在忽略对角线元素的情况下,最小化相关矩阵和再生矩阵差值的平方和。

◇ "综合最小平方"法：使用综合最小平方法来提取因子。综合最小平方法最小化相关矩阵和再生矩阵差值的平方和。相关性用它们值的倒数加权，以便有较高值的变量有较低的权。
◇ "最大似然"法：使用极大似然估计法来提取因子。极大似然估计法生成一个参数的估计，如果样本取自多维正态分布，则这个参数估计是能产生观测的相关矩阵中有最大概率的一个。相关性使用变量值的倒数进行加权，还使用了迭代算法。
◇ "主轴因子分解"法：使用主轴因子法来提取因子。主轴因子法使用多元相关的平方作为对公因子方差的估计值。
◇ "α因子分解"法：使用α因子法来提取因子。α因子法最大化因子的α依赖度。
◇ "映像因子分解"法：使用多元回归法来提取因子。它是由 Guttman 在映像理论的基础上建立起来的。变量的公共部分(称为偏映像)定义为残余变量的线性组合，而不是作为假设因子的函数。

(2) 分析：用于确定相关性矩阵和协方差矩阵。
◇ 相关性矩阵：使用变量的相关矩阵进行分析，当参与分析的变量的测度单位不同时，应该选择此项。
◇ 协方差矩阵：使用变量的协方差矩阵进行分析，当参与分析的变量测度单位相同时，可以选择此项。

(3) 输出：用于指定与因子提取相关的输出项。
◇ 未旋转的因子解：要求显示未经旋转的因子提取结果。此项为系统默认的输出方式。
◇ 碎石图：要求显示按特征值大小排列的因子序号，以特征值为两个坐标轴的碎石图，可以有助于确定保留多少个因子。典型的碎石图有一个明显的拐点，在该点之前是与大因子连接的陡峭的折线，之后是与小因子相连的缓坡折线。

(4) 抽取：选择控制提取进程和提取结果的选项。理论上因子数目与原始变量数目相等，但因子分析的目的是用少量的因子代替多个原始变量。选择提取多少个因子由本组选项决定。
◇ 基于特征值：指定提取的因子应该具有的特征值范围，在此项后面的矩形框中给出，系统默认值为1，即要求提取那些特征值大于1的因子。
◇ 因子的固定数量：指定提取公因子的数目。选择此项后，将指定的数目输入该选项后面的矩形框中，数值应该是0至分析变量数目之间的正整数(一般将提取数目指定在其所有特征值的方差累积贡献率达80%以上)。

(5) 最大收敛性迭代次数：指定因子分析收敛的最大迭代次数，系统默认的最大迭代次数为25。

4. "得分"对话框的设置

单击"得分(S)..."按钮，弹出此子对话框，如图 14-5 所示，现对其中各选项解释如下。

(1) 保存为变量：如果选择此选项，则将因子得分作为一个变量保存起来。对分析结果中的每一个因子都会生成一个新变量。

图 14-5 "因子分析：因子得分"对话框

(2) 方法：在此选项组中选定计算因子得分系数的方法。只有选择了"保存为变量"复选框后，该选项组才会被激活。

◇ 回归：其因子得分的均值为 0，方差等于估计因子得分与实际因子得分之间的多元相关的平方。

◇ Bartlett：因子得分均值为 0，超出变量范围的特殊因子平方和被最小化。

◇ Anderson-Rubin：是为了保证因子的正交性而对 Bartlett 因子得分的调整，其因子得分的均值为 0，标准差为 1，且彼此不相关。

5. "选项"对话框的设置

单击"选项(O)..."，弹出如图 14-6 所示的对话框，各项解释如下。

图 14-6 "因子分析：选项"对话框

(1) 缺失值：有以下几种处理缺失值的方法。

◇ 按列表排除个案：在分析过程中对指定的分析变量中有缺失值的观测量一律剔除，即所有带有缺失值的观测量都不参与分析。

◇ 按对排除个案：成对剔除带有缺失值的观测量。即在计算两个变量的相关系数时，只把这两个变量中带有缺失值的观测量剔除。如果一个观测量在正进行相关系数计算的变量中没有缺失值，其他变量中带有缺失值，则该观测量仍参加相关系数的计算。选择此项可以最大限度地利用得来不易的原始数据。

◇ 使用平均值替换：用变量的平均值代替该变量的所有缺失值。

(2) 系数显示格式：选择系数的显示格式，有以下几种。

◇ 按大小排序：载荷系数按其数值的大小排列并构成矩阵，使在同一因子上具有较高载荷的变量排在一起，便于得出结论。

◇ 取消小系数：不显示那些绝对值小于指定值的载荷系数。需在其后面的框中输入 0~1 之间的数作为临界值，系统默认的临界值为 0.10。选择此项可以突出载荷较大的变量，便于得出结论。

【实验结果及分析】

本次运行的主要结果如表 14-1、表 14-2 及图 14-7 所示，具体分析如下。

1. 特征值和方差贡献表

表 14-1 是特征值和方差贡献表，"总计"部分为各成分对应的特征根，"方差百分比"部分为各因子的方差贡献率，"累积％"部分为累积方差贡献率。从表中可以看出，前 2 个主成分已经解释了总方差的 94.958％，故可选择前 2 个主成分进行分析。

表 14-1 特征值和方差贡献表

成 分	初始特征值			提取载荷平方和		
	总计	方差百分比	累积%	总计	方差百分比	累积%
1	9.954	82.952	82.952	9.954	82.952	82.952
2	1.441	12.006	94.958	1.441	12.006	94.958
3	.390	3.252	98.210			
4	.115	.959	99.169			
5	.050	.417	99.586			
6	.022	.182	99.769			
7	.017	.139	99.908			
8	.007	.057	99.965			
9	.002	.019	99.983			
10	.002	.015	99.999			
11	.000	.001	100.000			
12	4.108E-6	3.424E-5	100.000			

提取方法:主成分分析。

2. 主成分的碎石图

图 14-7 是主成分的碎石图,结合特征根曲线的拐点及特征根值,从图上可以看出,前 2 个主成分的折线坡度较陡,而后面就趋于平缓。该图从另一个侧面说明提取 2 个主成分为宜。

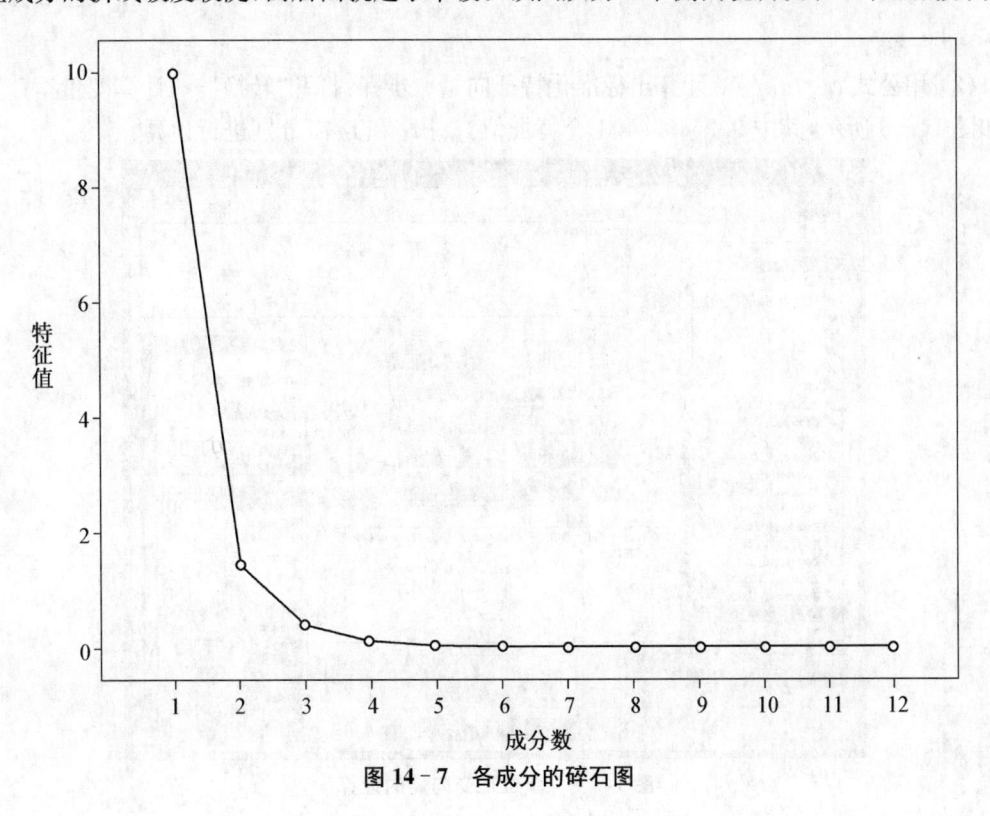

图 14-7 各成分的碎石图

3. 计算主成分

表 14-2 是因子载荷矩阵,并不是主成分分析中所需要的单位正交向量,要得到单位正交向量还需进行如下运算。

表 14-2 成分矩阵[a]

	成分 1	成分 2
Zscore(x1)	.885	−.446
Zscore(x2)	.742	.642
Zscore(x3)	.930	.199
Zscore(x4)	.952	.184
Zscore(x5)	.852	.250
Zscore(x6)	.954	.273
Zscore(x7)	.948	.287
Zscore(x8)	.962	.142
Zscore(x9)	.932	−.349
Zscore(x10)	.927	−.363
Zscore(x11)	.923	−.366
Zscore(x12)	.900	−.361

提取方法:主成分分析。

a. 已提取 2 个成分。

(1)将表 14-2 因子载荷矩阵中的数据输入 SPSS 数据编辑窗口中,将 2 个变量名分别命名 a_1 和 a_2。

(2)用公式 $e_{ij}=a_{ij}/\sqrt{\lambda_i}$ 计算出标准化特征向量。步骤:打开"转换"→"计算变量",计算过程如图 14-8 所示,其中 9.954 为第 1 个特征值。对 t_1 和 t_2 需分别进行计算。

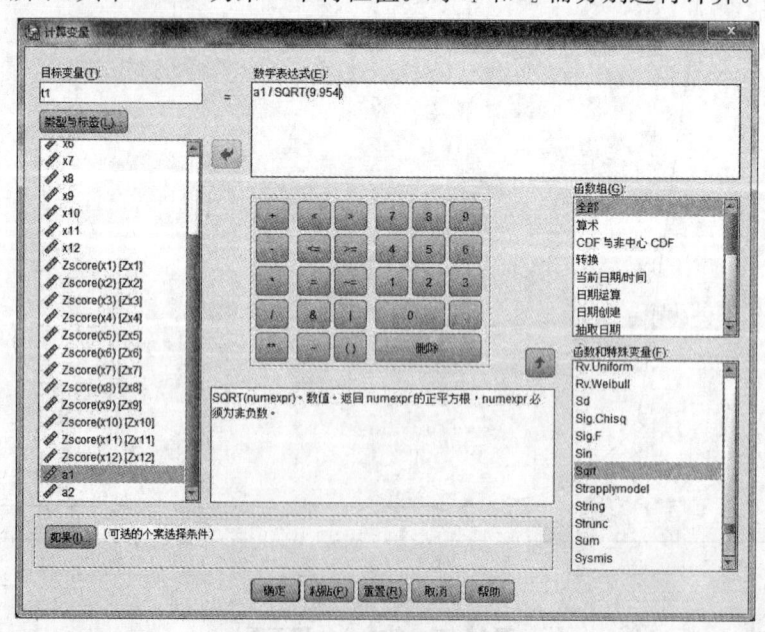

图 14-8 单位正交向量的计算

(3) 计算结束后得到的单位特征向量矩阵,如表 14-3 所示。

表 14-3 单位特征向量矩阵

t_1	t_2
0.281	−0.372
0.235	0.535
0.295	0.166
0.302	0.153
0.27	0.208
0.302	0.227
0.3	0.239
0.305	0.118
0.295	−0.291
0.294	−0.302
0.293	−0.305
0.285	−0.301

(4) 计算主成分。

根据公式 14-1,打开"转换"→"计算变量"对话框,在计算变量对话框的目标变量文本框中输入 y_1(第一主成分得分),如图 14-9 所示。单击确定按钮,在 SPSS 数据编辑窗口将会出现一个名为 y_1 的变量,即为第一主成分得分。

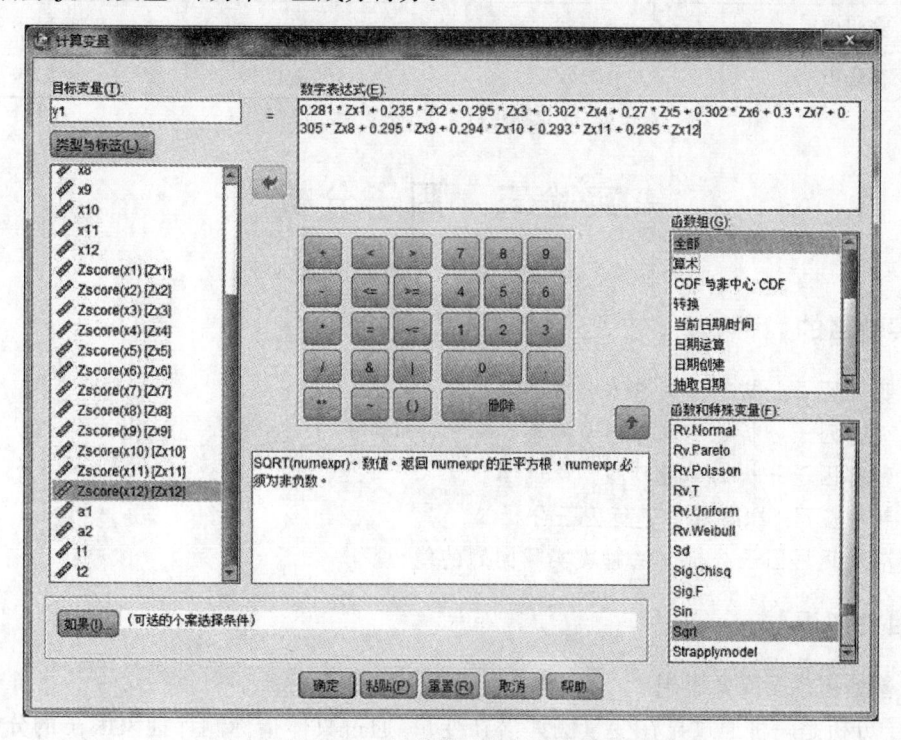

图 14-9 计算第一主成分表达式

同理,在计算变量对话框的目标变量文本框中输入 y_2(第二主成分得分),单击确定按钮,在 SPSS 数据编辑窗口将会出现一个名为 y_2 的变量,即为第二主成分得分。

最后,计算综合得分。其公式为 $y_{综合}=0.82592*y_1+0.12006*y_2$,则各主成分及综合得分情况如表 14-4 所示。通过综合得分的高低,可知 13 个城市国民经济发展水平中,苏州市最高,宿迁市最低。

表 14-4 主成分及综合得分情况

城 市	y_1	y_2	$y_{综合}$
南京市	3.76	0.00	3.10
无锡市	3.30	−1.32	2.56
徐州市	−1.17	1.74	−0.76
常州市	0.94	−1.75	0.57
苏州市	7.31	1.42	6.21
南通市	0.71	0.69	0.67
连云港市	−3.16	0.38	−2.56
淮安市	−2.81	0.41	−2.27
盐城市	−1.51	1.05	−1.12
扬州市	−1.36	−0.70	−1.21
镇江市	−0.83	−2.04	−0.93
泰州市	−1.56	−0.62	−1.36
宿迁市	−3.62	0.73	−2.90

实验二 因子分析

【实验目的】

1. 明确因子分析有关的基本概念。
2. 理解因子分析的基本思想与原理。
3. 理解因子分析的一般步骤。
4. 熟练应用 SPSS 软件进行因子分析。
5. 培养运用因子分析方法解决实际问题的能力。

【相关知识】

1. 基本概念及基本思想

因子分析是一种通过显在变量测评潜在变量,通过具体指标测评抽象因子的分析方法。它是将实测的多个指标,用少数几个潜在指标(因子)的线性组合表示。因子分析主要应用到两个方面:一是寻求基本结构,简化观测系统;二是对变量或样本进行分类。

因子分析的基本思想是根据相关性的大小把变量分组,使得同组内的变量相关性较高,而不同组的变量相关性较低。每组变量代表一个基本结构,这个基本结构称为一个公共因子。对于所研究的问题就可试图用最少个数不可测的公共因子的线性函数与特殊因子之和来描述原来观测的每一个分量。

2. 统计原理

因子分析的出发点是用较少的相互独立的因子变量来代替原来变量的大部分信息,可以用下面的数学模型来表示:

$$\begin{cases} x_1 = a_{11}F_1 + a_{12}F_2 + \cdots + a_{1m}F_m \\ x_2 = a_{21}F_1 + a_{22}F_2 + \cdots + a_{2m}F_m \\ \cdots \\ x_p = a_{p1}F_1 + a_{p2}F_2 + \cdots + a_{pm}F_m \end{cases} \tag{14-2}$$

式中,$x_1, x_2, \cdots, x_p$ 为 p 个原有变量,是均值为零,标准差为 1 的标准化变量;$F_1, F_2, \cdots, F_m$ 为 m 个因子变量,m 小于 p,表示成矩阵形式:

$$X = AF + a\varepsilon \tag{14-3}$$

式中,F 为因子变量或公共因子,可以理解为高维空间中互相垂直的 m 个坐标轴;A 为因子载荷矩阵,是第 i 个原有变量在第 j 个因子变量上的负荷;如果把变量 x_i 看成 m 维因子空间中的一个向量,则 a_{ij} 为 x_i 在坐标轴 F_j 上的投影,相当于多元回归中的标准回归系数;ε 为特殊因子,表示了原有变量不能被因子变量所解释的部分,相当于多元回归分析中的残差部分。

因子分析中还有几个重要的相关概念,说明如下:

(1) 因子载荷:因子分析表达式中各因子的系数值,它的统计意义是第 i 个变量与第 j 个因子的相关系数,用来反映公共因子与各个原始变量之间的相关程度。因子载荷绝对值越大,说明各个因子对当前变量影响程度越大。高载荷的变量可以帮助理解公共因子的意义并据此给公共因子命名。

(2) 变量共同度:即公因子方差或公共方差,变量 x_i 的共同度是因子载荷矩阵 A 中第 i 行元素的平方和,数学定义为:

$$h_i^2 = \sum_{j=1}^{m} a_{ij}^2 \tag{14-4}$$

h_i^2 越接近于 1(原有变量 x_i 在标准化前提下,总方差为 1),说明公共因子解释原有变量的信息越多。通过该值,可以掌握该变量的信息有多少丢失了。如果大部分变量的共同度都高于 0.8,则说明提取出的公共因子基本反映了各原始变量的 80% 以上的信息,仅有少数的信息丢失,因子分析的效果较好。

(3) 公共因子 F_j 的方差贡献。因子载荷矩阵 A 中第 j 列各元素的平方和,即:

$$S_j = \sum_{i=1}^{p} a_{ij}^2 \tag{14-5}$$

公共因子 F_j 的方差贡献反映了该因子对所有原始变量总方差的解释能力,其值越大,说明因子重要程度越高。

3. 分析步骤

因子分析有两个核心问题：一是如何构造因子变量；二是如何对因子变量进行命名解释。因子分析有以下5个基本步骤。

第1步　将原始数据进行标准化

进行因子分析是在标准化数据的基础上进行的，所以须将原始数据标准化。

第2步　确定待分析的原有若干变量是否适合于因子分析

进行因子分析要求原有变量之间存在较强的相关性，如果没有较强的相关关系，则无法从中综合出能反映某些变量共同特征的少数公共因子变量来。

SPSS提供的几种检验变量是否适合于因子分析的方法有：

（1）巴特利特球形检验（Bartlett Test of Sphericity）。以变量的相关系数矩阵为出发点，其原假设是相关系数矩阵为一个单位阵，其统计量是根据相关系数矩阵的行列式得到的。如果该值较大，且其相伴概率小于显著性水平，则应拒绝原假设，说明原始矩阵不可能是单位阵，即原变量之间存在相关性，适宜作因子分析；反之，不宜作因子分析。

（2）Kaiser-Meyer Olkin（KMO）检验。KMO值越接近于1，则所有变量之间的简单相关系数平方和远大于偏相关系数平方和，因此越适合于作因子分析；KMO值越小，越不适合于作因子分析。

第3步　构造因子变量

建立变量的相关系数矩阵R，求R的特征根及相应的单位特征向量，根据累积贡献率的要求（或特征值大小的要求），取前m个特征根及相应的特征向量，写出因子载荷矩阵A。

第4步　利用旋转使得因子变量更具有可解释性

将原有变量综合为少数几个因子后，如果因子的实际含义不清，则极不利于进一步分析。一般需利用旋转方法使提出的因子含义更加清晰，使因子具有命名可解释性。

第5步　计算因子变量的得分

因子变量确定后，对每个样本数据，我们希望得到它们在不同因子上的具体数值，这些数值就是因子得分，它和原变量的得分相对应。有了因子得分，我们在以后的研究中就可以针对维数少的因子得分来进行。

计算因子得分的模型为：

$$F_j = \beta_{j1} X_1 + \beta_{j2} X_2 + \cdots + \beta_{jp} X_p \quad j=1,2,\cdots,m \tag{14-6}$$

估计因子得分的方法有回归法、巴特莱特法等。

【实验内容】

【例14-2】 我国31个省、直辖市和自治区农村居民家庭每人消费支出主要指标包括食品消费支出（x_1），衣着消费支出（x_2），居住消费支出（x_3），家庭设备及用品消费支出（x_4），交通通信消费支出（x_5），文教娱乐消费支出（x_6），医疗保健消费支出（x_7），其他消费支出（x_8）。对全国31个省、直辖市和自治区农村居民家庭每人消费支出进行因子分析。（参见数据文件14-2.sav）

【实验步骤】

第1步　将原始数据标准化

单击"分析"→"描述统计"→"描述"打开对话框，从左端的对话框中选取变量$x_1, x_2, \cdots$，

x_8 移入到右端的变量框中。勾选"将标准化得分另存为变量"保存标准化后的结果,就会在数据窗口中增加 $Zx_1, Zx_2, \cdots, Zx_8$ 共8个变量,它们分别是 $x_1, x_2, \cdots, x_8$ 的标准化变量。

第2步 因子分析设置

1. 菜单选择

按"分析"→"降维"→"因子分析"打开"因子分析"对话框,将 $Zx_1, Zx_2, \cdots, Zx_8$ 这8个变量移入"变量"对话框中,表示对这8个变量数据进行因子分析,如图 14-10 所示。

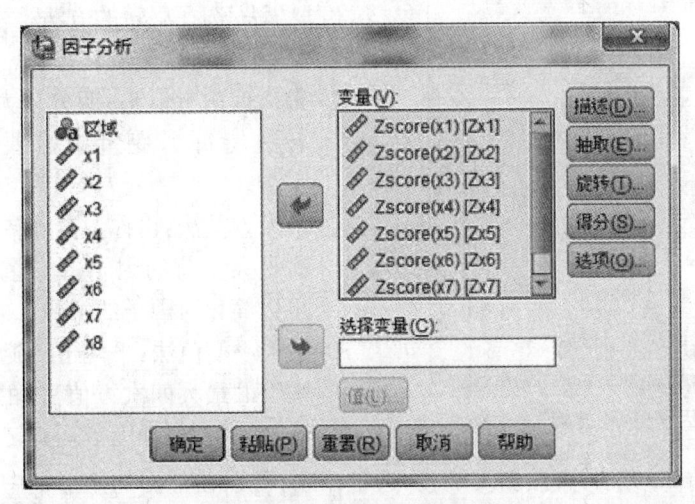

图 14-10 "因子分析"对话框

2. "描述"对话框的设置

单击"描述(D)..."按钮,弹出此子对话框,设置如图 14-11 所示。各项的意义在图 14-2 中已解释,这里不再赘述。

图 14-11 "因子分析:描述统计"对话框

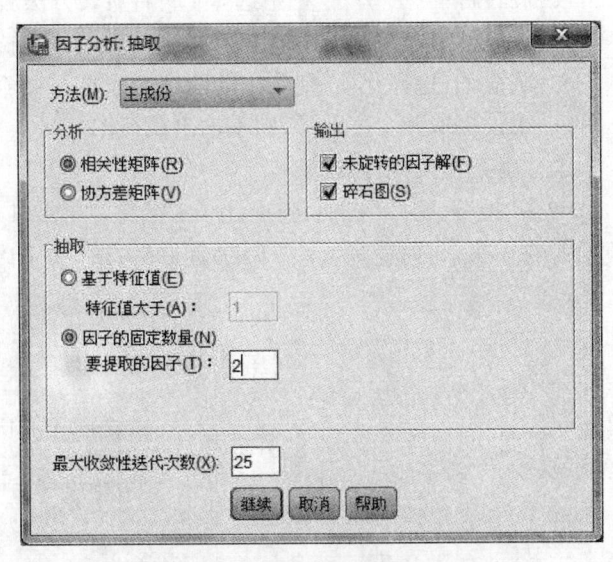

图 14-12 "因子分析:抽取"对话框

3. "抽取"对话框的设置

单击"抽取(E)..."按钮,弹出此子对话框,设置如图 14-12 所示。各项的意义在图 14-3 中已解释,这里不再赘述。

4. "旋转"对话框的设置

单击"旋转(T)..."按钮,弹出此子对话框,设置如图 14-13 所示,现对其中各项解释如下。

(1) 方法:选择旋转的方法。主要有以下几种。

◇ 无:不进行因子旋转。

◇ 最大四次方值法:四分最大正交旋转,该旋转法使每个变量中需要解释的因子数最少。

◇ 最大方差法:也称正交旋转法。它将每一个有最大负荷的因子的变量数最小化,因此可以简化对因子的解释。

◇ 最大平衡值法:平均正交旋转,是"最大方差法"和"最大四次方值法"的结合,表示全体旋转,对变量和因子均旋转。

图 14-13 "因子分析:旋转"对话框

◇ 直接 Oblimin 方法:直接斜交旋转,选定该项,可以在下面的矩形框中输入 Delta1 值,该值介于 0 和 1 之间,0 表示最高的相关系数。

◇ Promax:斜交旋转法,它比直接斜交旋转更快,因此适用于大数据的因子分析。选择该法,在其下的 Kappa 栏内输入控制斜交旋转的参数,系统默认为 4。

(2) 输出:选择输出哪些结果。

◇ 旋转解:当在"方法"栏中选择了一种旋转方法后,此选项才被激活。对正交旋转,输出旋转模型矩阵、因子转换矩阵。对斜交旋转,则输出模型、结构和因子相关矩阵。

◇ 载荷图:选择此项,则输出前两个因子的二维载荷图,或前三个因子的三维载荷图,如果仅提取一个公因子,则不输出载荷图。

5. "得分"对话框的设置

单击"得分(S)..."按钮,弹出此子对话框,如图 14-14 所示,选择"保存为变量",即将因子得分保存下来。并选择"方法"下的"回归"方法,表示以回归方法确定因子得分。

图 14-14 "因子分析:因子得分"对话框

以上各项设置完成后提交系统运行。

【实验结果及分析】

因子分析的运行结果如表 14-5～表 14-8 和图 14-15 所示,具体分析如下。

1. KMO 和 Bartlett 的检验

表 14-5 输出的是 KMO 和 Bartlett 的检验。KMO 检验比较了观测到的变量间的相关系数和偏相关系数的大小,用于检验指标是否适合进行因子分析。一般而言,KMO 值大于 0.5 意味着因子分析可以进行,本例的 KMO 值为 0.868,说明所选变量很适合做因子分析。同时,Bartlett 球度检验是通过转化为 χ^2 检验来完成对变量之间是否独立进行检验。可以看出,Bartlett 球度检验统计量的观测值为 327.822,相应的伴随概率为 0,小于显著性水平 0.05,因此拒绝 Bartlett 球度检验的零假设,认为相关系数矩阵与单位矩阵有显著差异,即原有变量适合进行因子分析。

表 14-5 KMO 和 Bartlett 检验

KMO 取样适切性量数		.868
Bartlett 的球形度检验	近似卡方	327.822
	自由度	28
	显著性	.000

2. 公因子方差

表 14-6 显示了所有的变量共同度数据。第一列数据是因子分析初始解下的变量共同度,它表明:如果对原有 8 个变量采用主成分分析方法提取所有特征值(8 个),那么原有变量的所有方差都可被解释,变量的共同度均为 1。事实上,因子个数小于原有变量的个数才是因子分析的目标,所以不可提取全部特征值。第二列数据是在按指定提取条件提取特征值时的变量共同度。可以看到:所有变量的绝大部分信息(大于 80%)可被因子解释,这些变量的信息丢失较少。

表 14-6 公因子方差

	初始值	提 取
Zscore(x1)	1.000	.967
Zscore(x2)	1.000	.913
Zscore(x3)	1.000	.849
Zscore(x4)	1.000	.857
Zscore(x5)	1.000	.928
Zscore(x6)	1.000	.896
Zscore(x7)	1.000	.908
Zscore(x8)	1.000	.900

提取方法:主成分分析。

3. 特征值与方差贡献表

表 14-7 是特征值与方差贡献表，使用主成分法提取因子，使用最大方差法旋转。

表 14-7　特征值与方差贡献表

成分	初始特征值 合计	初始特征值 方差的%	初始特征值 累积%	提取平方和载入 合计	提取平方和载入 方差的%	提取平方和载入 累积%	旋转平方和载入 合计	旋转平方和载入 方差的%	旋转平方和载入 累积%
1	6.816	85.195	85.195	6.816	85.195	85.195	4.001	50.008	50.008
2	.402	5.023	90.218	.402	5.023	90.218	3.217	40.210	90.218
3	.250	3.129	93.347						
4	.190	2.376	95.723						
5	.131	1.642	97.365						
6	.106	1.325	98.690						
7	.073	.907	99.598						
8	.032	.402	100.000						

提取方法：主成分分析

表 14-7 中，第一列是因子编号，以后每三列组成一组，每组中数据项的含义依次是特征值、方差贡献率和累计方差贡献率。

第一组数据项(第二列～第四列)描述了因子分析初始解的情况。可以看到：第 1 个因子的特征值为 6.816，解释原有 8 个变量总方差的 85.195(＝6.816÷8×100)，累计方差贡献率为 85.195；第 2 个因子的特征值为 0.402，解释原有 8 个变量总方差的 5.023，累计方差贡献率为 90.218。其余数据含义类似。在初始解中由于提取了 8 个因子，因此原有变量的总方差均被解释，累计方差贡献率为 100%。

第二组数据项(第五列～第七列)描述了因子解的情况。可以看到：由于指定提取 2 个因子，2 个因子共解释了原有变量总方差的 90.218。总体上，原有变量的信息丢失较少，因子分析效果较理想。

第三组数据项(第八列～第十列)描述了最终因子解的情况。可见，因子旋转后，总的累计方差贡献率没有改变，也就是没有影响原有变量的共同度，但却重新分配了各个因子解释原有变量的方差，改变了各因子的方差贡献，使得因子更易于解释。

4. 碎石图

在图 14-15 中，横坐标为因子数目，纵坐标为特征值。可以看到：第 1 个因子的特征值很高，很像"陡峭的山坡"，对解释原有变量的贡献最大，第 2 个特征值次之，第 3 个以后的因子特征值都较小，对解释原有变量的贡献很小，已经成为可忽略的"高山脚下的碎石"，因此提取 2 个因子是合适的。

图 14-15 碎石图

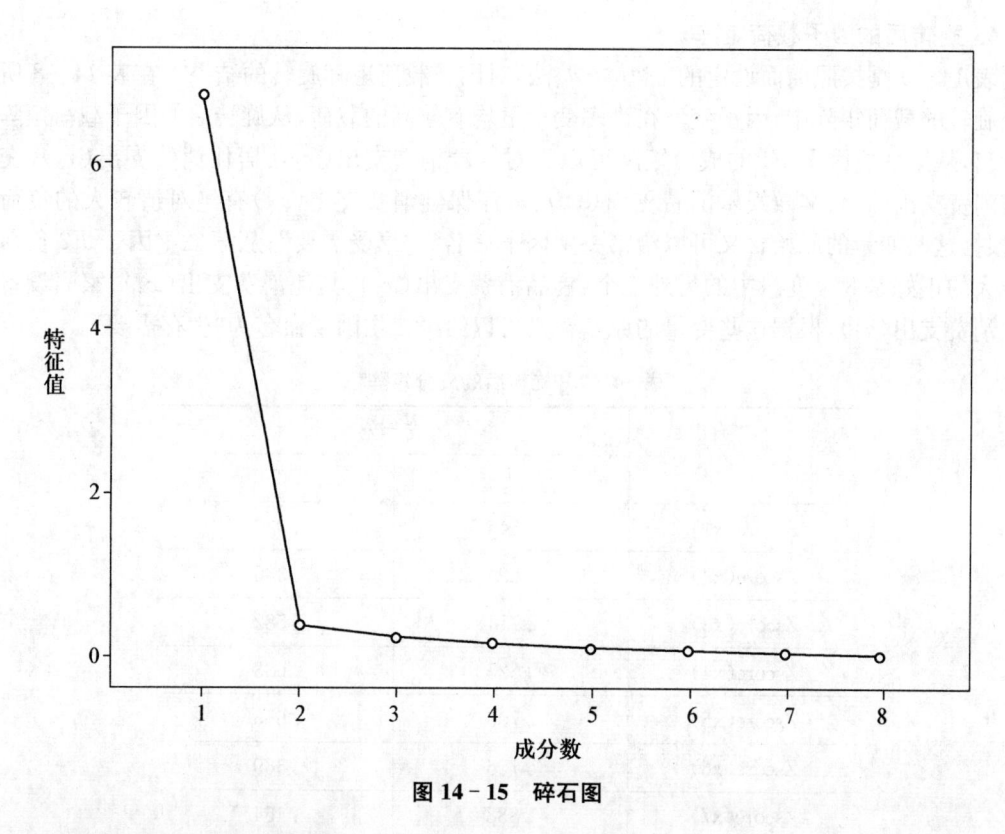

5. 旋转前的因子载荷矩阵

表 14-8 是旋转前的因子载荷矩阵,表的底部表明使用的是主成分分析法,2 个主成分被抽取出来。

表 14-8 旋转前成分矩阵[a]

	成 分	
	1	2
Zscore(x1)	.869	.460
Zscore(x2)	.892	−.341
Zscore(x3)	.921	−.038
Zscore(x4)	.921	.098
Zscore(x5)	.963	.023
Zscore(x6)	.944	−.075
Zscore(x7)	.928	−.215
Zscore(x8)	.943	.103

提取方法:主成分分析。
a. 已提取 2 个成分。

6. 旋转后的因子载荷矩阵

表14-9是按照前面设定的"最大方差法"对因子载荷矩阵旋转的结果。在表14-8所示未经旋转的载荷矩阵中,因子变量在许多变量上均有较高的载荷,从旋转后的因子载荷矩阵可以看出,从第一主因子$F1$的成分矩阵可以看对衣着消费支出(x_2)、居住消费支出(x_3)、交通通信消费支出(x_5)、文教娱乐消费支出(x_6)、医疗保健消费支出(x_7)有绝对值较大的负荷系数,根据这些变量的原始含义可以给第一主因子命名为"享受需要";从第二主因子$F2$负荷系数较大的正好是8个变量中的另外三个:食品消费支出(x_1)、其他消费支出(x_8)、家庭设备及用品消费支出(x_4),根据这些变量的原始含义可以给第二主因子命名为"生存需要"。

表14-9 旋转后的成分矩阵[a]

	成 分	
	1	2
Zscore(x1)	.346	.920
Zscore(x2)	.894	.336
Zscore(x3)	.714	.582
Zscore(x4)	.625	.683
Zscore(x5)	.706	.656
Zscore(x6)	.756	.569
Zscore(x7)	.838	.454
Zscore(x8)	.638	.702

提取方法:主成分分析。
旋转方法:Kaiser标准化最大方差法。
a. 旋转在3次迭代后已收敛。

7. 因子转换矩阵表

表14-10是因子转换矩阵表。表明因子提取的方法是主成分分析,旋转的方法是最大方差法。用来说明旋转前后主因子间的系数对应关系,据此可以对主因子进行相互转换。

表14-10 因子转换矩阵

成 分	1	2
1	.749	.662
2	−.662	.749

提取方法:主成分分析。
旋转方法:Kaiser标准化最大方差法。

8. 因子得分及综合因子得分情况

各因子的得分已保存在数据文件中,综合因子得分为:

$$F_{综合}=0.500\ 08\times F_1+0.402\ 10\times F_2$$

可通过"转换"→"计算变量"进行计算,如表14-11所示。

表 14-11 各地区在各因子得分值和综合得分值

区 域	F_1	F_2	$F_{综合}$
北京	2.897	1.110	1.895
天津	1.303	−0.507	0.448
河北	0.255	−0.667	−0.141
山西	0.225	−0.746	−0.188
内蒙古	0.468	−0.445	0.055
辽宁	0.483	−0.521	0.032
吉林	0.867	−0.885	0.078
黑龙江	0.757	−0.869	0.029
上海	0.640	3.143	1.584
江苏	1.209	0.753	0.907
浙江	1.680	1.333	1.376
安徽	−0.344	0.000	−0.172
福建	−0.915	1.512	0.150
江西	−0.881	0.198	−0.361
山东	0.407	−0.089	0.168
河南	0.148	−0.777	−0.238
湖北	−0.367	0.151	−0.123
湖南	−0.850	0.534	−0.211
广东	−1.505	2.120	0.100
广西	−1.197	0.168	−0.531
海南	−1.574	0.573	−0.557
重庆	−0.645	−0.081	−0.355
四川	−0.687	0.021	−0.335
贵州	−1.061	−0.454	−0.713
云南	−0.940	−0.277	−0.582
西藏	−0.900	−0.980	−0.844
陕西	0.567	−1.070	−0.147
甘肃	−0.444	−0.813	−0.549
青海	−0.103	−0.621	−0.302
宁夏	0.243	−0.684	−0.153
新疆	0.265	−1.128	−0.321

本 章 小 结

1. 主成分分析和因子分析都是在多个原始变量中通过它们之间的内部相关性来获得新的变量(主成分变量或因子变量),达到既能减少分析指标个数,又能概括原始指标主要信息的目的。它们各有特点:主成分分析是将 m 个原始变量提取 $k(k \leqslant m)$ 个互不相关的主成分;因子分析是提取 $k(k \leqslant m)$ 个支配原始变量的公共因子和1个特殊因子,各公因子之间可以相关或互不相关。

2. 提取公因子主要有主成分分析法和公因子法,若采用主成分法,则主成分分析和因子分析基本等价,该法主要从解释变量的总方差角度,尽量使变量的方差被主成分解释,即主成分分析方法倾向得到更大的共性方差。而公因子法主要从解释变量的相关性角度,尽量使变量的相关程度能被公因子解释,当因子分析的目的为确定结构时会用到该法。

3. 因子分析提取的公因子比主成分分析提取的主成分更具有解释性。主成分分析不考虑观测变量的度量误差,直接用观测变量的某种线性组合来表示一个综合变量,而因子分析的潜在变量则校正了观测变量的度量误差,且它还可进行因子旋转,使潜在因子的实际意义更明确,分析结论更真实。

4. 两者分析的实质和重点不同。主成分分析的模型为 $Y=BX$,即主成分 Y 为原始变量 X 的线性组合。因子分析的数学模型为 $X=BF+\varepsilon$,即原始变量 X 为公因子 F 与特殊因子 ε 的线性组合。可知,主成分分析主要是综合原始变量的信息,而因子分析重在解释原始变量之间的关系。主成分分析实质上是线性变换,无假设检验,而因子分析是统计模型,某些因子模型是可以得到假设检验的。

5. 两者的 SPSS 操作都是通过"分析"→"降维"→"因子分析"过程实现的,主成分分析不需要因子旋转,而因子分析需要经过旋转。

思 考 与 练 习

1. 对数据 data14-3.sav 的2012年各地区的城镇居民平均每人全年家庭收入来源进行主成分分析。

2. 对数据 data14-4.sav 的2015年江苏省各市、县的经济发展指标体系进行因子分析,研究影响各市、县经济发展的主要因素,并对其评价。

3. 居民食品消费包括:粮油类、肉禽蛋水产品类、蔬菜类、调味品、糖烟酒饮料类、干鲜瓜果类、糕点及奶制品类以及饮食服务等。2009年1~2季度中国大中城市居民食品消费如数据 data14-5.sav 所示,运用主分成分分析法,分析各个城市食品消费支出的主成分综合得分,并对各个城市的食品消费水平进行评价。(资料来源:杨维忠等,SPSS统计分析与行业应用,清华大学出版社,2011)

4. 为了研究大学生的价值观,某研究人员抽样调查了15名大学生关于价值观的9项测验结果,包括合作性、对分配的看法、行为出发点、工作投入程度、对发展机会的看法、对社会地位的看法、权力距离、对职位升迁的态度、领导风格的偏好等,分值区间为[1,20]。请根据这9项指标进行因子分析,得到较少维度的几个因子。(资料来源:邓维斌等,SPSS 19统计分析实用教程,电子工业出版社,2012。参见数据文件:data14-6.sav)

参考文献

[1] 薛薇. 基于 EXCEL 的统计应用. 北京:中国人民大学出版社,2006.
[2] 王斌会. EXCEL 应用与数据统计分析. 广州:暨南大学出版社,2011.
[3] 宋廷山. 应用统计学——以 Excel 为分析工具. 北京:清华大学出版社,2012.
[4] 赖国毅,陈超. SPSS 17.0 中文版常用功能与实用实例精讲. 北京:电子工业出版社,2010.
[5] 徐艳秋,毛军,朱辉. SPSS 统计分析方法及应用实验教程. 北京:中国水利水电出版社,2011.
[6] 杨维忠,张甜. SPSS 统计分析与行业应用案例详解. 北京:清华大学出版社,2011.
[7] 何晓群. 多元统计分析(第二版). 北京:中国人民大学出版社,2009.
[8] 夏怡凡. SPSS 统计分析精要与实例详解. 北京:电子工业出版社,2010.
[9] 吴培乐. 经济管理数据分析实验教程 SPSS 18.0 操作与应用. 北京:科学出版社,2012.
[10] 邓维斌,唐兴艳等. SPSS 19 统计分析实用教程. 北京:电子工业出版社,2012.
[11] 沈渊等. SPSS 17.0 统计分析及应用实验教程. 杭州:浙江大学出版社,2013.
[12] 冯岩松. SPSS 22.0 统计分析实用教程. 北京:清华大学出版社,2015.
[13] 卢纹岱,朱红兵. SPSS 统计分析(第 5 版). 北京:电子工业出版社,2015.
[14] 薛薇. 基于 SPSS 的数据分析(第三版). 北京:中国人民大学出版社,2014.
[15] 李卫东. 应用多元统计分析. 北京:北京大学出版社,2008.
[16] 王学民. 应用多元分析(第三版). 上海:上海财经大学出版社,2009.